Die Geschichte der Navigation

von Dr. Friedrich Wilhelm Pohl

44 00
55
50
45
40
35
30
Entrance into yᵉ Pond
Low Sandy Beach
I S L E

Die Geschichte der Navigation

von

Dr. Friedrich-Wilhelm Pohl

Koehlers Verlagsgesellschaft mbH · Hamburg

Bildredaktion und Bildtexte:
Clas Broder Hansen, Hamburg

Die Deutsche Bibliothek – CIP-Einheitsaufnahme

Dr. Friedrich-Wilhelm Pohl:
Die Geschichte der Navigation /
von Dr. Friedrich-Wilhelm Pohl
Hamburg ; Koehler 1999
ISBN 3-7822-0773-4

ISBN 3-7822-0773-4

Gestaltung und Produktion: Inge Mellenthin
Lithografie: johannes bauer digital, Hamburg
Druck und Bindung: Druckerei zu Altenburg, Altenburg.

Printed in Germany

Inhalt

Die Welt ist klein: Sie heisst Mittelmeer

Die Grenzen der Seefahrt sind die Grenzen der Welt. Die den Europäern zuerst überlieferte ist das Mittelmeer. Bevor sie es beherrschen, blühen hier ihnen fremde Reiche und gehen wieder unter. Aber das Mittelmeer liegt nicht nur in der Mitte der bekannten Welt. Es vermittelt sie auch. Durch die Seefahrt lernt eine Mittelmeerkultur von der anderen – auch die Kunst der Seefahrt.

Mythische Anfänge

Am Anfang war die Arche. Das erste biblische Schiff rettet die Menschheit und die bekannte Welt. Ihr Erbauer Noah nimmt von allen Lebewesen je ein Paar an Bord und überlebt mit ihnen die Sintflut. Am Anfang schon hat das Schiff also etwas Rettendes und Tröstli-

Windrose in sechs Sprachen aus »Atlantis Majoris«, Amsterdam 1657.
Sammlung Tamm

ches an sich. Es trägt den Menschen über Gefahren hinweg, die er allein nicht meistern kann.

Als Jason mit den Argonauten auf seiner ARGOS aufbricht, um im Lande Kolchis das Goldene Vlies, ein vergoldetes heiliges Widderfell, zu stehlen, ist die Absicht schon eine andere. Man will sich bereichern. Auch Jason ist jedoch über die Phase des Einbaums und des Schilfbootes schon hinaus. ARGOS ist ein Kriegsschiff.

Für Odysseus ist das Schiff wieder die Rettung und ein unfreiwillig gewähltes Mittel, Erfahrungen zu machen. Zehn Jahre läßt der Dichter Homer seinen Helden durch das Mittelmeer auf dem Weg von Troja – an den Dardanellen – nach Ithaka nach Hause irren, hunderte von Hexametern der »Odyssee« entlang. Odysseus hat es mit den verführerischen Sirenen zu tun, mit der unglaublichen Kalypso, und er muß mit dem Zyklopen fertig werden. Wer zur See fährt, wird nicht dümmer. Sogar der listenreiche Odysseus, der auf die Idee kommt, den Trojanern ein hölzernes Pferd zu schenken, in dem sich eigene Soldaten verstecken, kann noch dazulernen.

Um die Strecken zurückzulegen, die ihn nachweislich nach Nordafrika und Sizilien führen, muß er bereits über offene See gehen. Die Straße von Messina, in der er den Ungeheuern Skylla und Charybdis begegnet, ist eher die Ausnahme. Oft genug geht es über den offenen Okeanos, wie Homer das Mittelmeer nennt.

Zweitausend Jahre später ist der Sagenheld Sindbad unterwegs, eine Figur aus dem Epos »1001 Nacht«. Auch seine Figur ist vermutlich nichts anderes als eine dramaturgische Klammer, um die Erfahrung vieler Seereisen in einer Geschichte zu vereinen. Sindbad belehrt den Leser schon viel genauer über Küsten, Hafenstädte und ihre Bewohner samt deren Eigenarten.

Die Apostelgeschichte zeigt, daß Gottvertrauen allein nicht ausreicht, um Stürme zu überstehen. Der Angeklagte und Gefangene des Römischen Reiches namens Paulus wird von Jerusalem über Kreta und Malta nach Rom gebracht, um dort als römischer Bürger seinen Prozeß zu bekommen. Der Apostel erlebt, wie im Sturm die Seeleute die Ladung über Bord werfen, um das Schiff zu erleichtern und die Wirkung der Brecher zu mildern. Nach Tagen in rauher See erreichen sie eine unbekannte Küste, setzen das Schiff auf den Strand und erfahren, daß sie in Malta angekommen sind. Damals war Abenteuer, was heute Sportsegler im Urlaub absolvieren. Die Reise des Apostels kann als verbürgt gelten, gehört nicht mehr in den Kreis der Mythen.

Aber es dauert noch lange, bis die Seefahrt nicht mehr nur aus meist schlechten Erfahrungen besteht. Irgendwann wird sie systematisch und damit lehrbar. Vorher aber schälen sich aus den Nebeln der Mythen und Sagen die Mittelmeerkulturen heraus, entwickeln astronomisches Wissen und bauen ihre Schiffe, blühen auf und gehen unter.

Ägypter und Kreter – Die Küste ist nicht das letzte Wort

Reihen versilberter Paddel ziehen die Sklaven nach den Rhythmen von Harfen, Flöten und Pfeifen durch das Wasser. An den kurzen Masten des Schiffes blähen sich purpurfarbene Leinensegel. Sie dienen mehr dem Schmuck als dem Vortrieb. Das Heck ist vergoldet. Unter einem goldbestickten Baldachin räkelt sich eine Herrscherin, der ein Ruf als beispielloser Geliebter vorausgeht.

So beschreibt Plutarch die Fahrt der Kleopatra zum Hafen Tarsus in Kleinasien im Jahre 42 v. Chr. Sie wird Marcus Antonius treffen, der es trotz ihrer Unterstützung nicht schafft, römischer Kaiser zu werden. Schon lange vor Kleopatras Yacht kennen die Ägypter Boote, zuerst aus Schilf und Papyrushalmen, dann aus Holz. Aber sie bewegen sich an der Küste, auch später, als aus den Booten Schiffen werden. Die Ägypter sind keine Seefahrernation. Ihre schon sehr fortgeschrittenen astronomischen Kenntnisse – sie haben das Jahr mit 365 Tagen bestimmt – nutzen sie zur Bestimmung der richtigen Saat- und Erntetermine, nicht für die Seefahrt.

Und doch unternehmen sie Seereisen. Schon in der Mitte des 3. Jahrtausends vor Christus, so sagt es eine Pyramideninschrift in Sakkara, unternehmen sie eine Reise in das sagenhafte Goldland Punt, das südlich der Sambesimündung an der Ostküste Afrikas gelegen haben muß. Nach vier Jahren kehrt Admiral Hannu mit Gold und Silber, kostbaren Hölzern und Harzen wie Myrrhe zurück. In diesen Jahren wird Punt immer wieder angesteuert.

Aber dann verschwindet Punt aus dem öffentlichen Bewußtsein. Nur die mächtige Pristerkaste bewahrt das Wissen um Punt als

Pascaarte
Middelandsche-Zee
Tabula Hydrographica
de partibus Occidentalioribus
Maris Mediterranei
Amstelodami.
Apud Ioan. Ianßonium.
Catalonia
Valentia.
Murcia.
Granada.
Estrecho di Gibraltar
Coste de Fez.
Coste d'Alger.
Maiorca
Mare
B A R B A
Duytsche mylen 15 voor een graade
Spaansche mylen 17 ½ voor een graat
Fransche en Engelsche mylen 20 voor een graat

Westliches Mittelmeer aus »Atlantis Majoris«, Amsterdam 1657.
Sammlung Tamm

Staatsgeheimnis. Fast 1 000 Jahre später, um 1500 v. Chr., brechen Ägypter während der Herrschaft ihrer Pharaonin Hatschepsut wieder mit fünf Schiffen nach Süden auf, um die Staatskasse zu füllen. Diese Schiffe sind Galeeren, also Ruderschiffe, mit einem Rahsegel. Auch diese Reise gelingt.

Aber die Ägypter sind nicht allein. An den Küsten Ostafrikas konkurrieren sie mit Semiten, den Vorfahren der Araber. Im Mittelmeer ist zu dieser Zeit eine ägäische Kultur großgeworden, die auf Kreta blüht: die minoische Kultur. Sie traut sich über die See. Ihre Navigatoren orientieren sich an Sonne und Sternen. Nach 2000 v. Chr. nehmen Schiffbau und Seehandel der Kreter einen großen Aufschwung. Die Kreter handeln zum Beispiel mit Anatolien und segeln an die heutigen türkischen Küsten. Im zweiten Jahrtausend v. Chr. gründen die Kreter Kolonien an den Küsten des östlichen Mittelmeers. Die Seemacht Kreta reicht bis Apulien im heutigen Italien. Es soll ein Vulkanausbruch sein, der die Kreter entscheidend schwächt. Die Mykener vom griechischen Festland nutzen die Schwäche und bringen Kreta unter ihre Kontrolle.

Aber auch die Kreter sind in diesen Jahrhunderten auf See nicht allein. Plötzlich tauchen die sogenannten Seevölker auf und bedrängen die Küsten Ägyptens. Zur Zeit der zentralistischen Herrschaft der Mykener beginnen sie im 14. und 13. Jahrhundert v. Chr. mit ihren Wanderungen. Hundert Jahre später werden sie Ägypten unter den Pharaonen Meneptah und Ramses III. gefährlich.

Bis heute liegt die Existenz der Seevölker hinter einem geheimnisvollen Schleier. Auch sie trauen sich schon über die offene See, und ihre Namen und Ursprünge sind mit einiger Sicherheit bekannt. Es sind einmal Völker eindeutig ägäisch-anatolischen Ursprungs einschließlich der Achäer und der Philister, die vielleicht auch Pelager sind. Die Tursa sind unterwegs, die Sardana und die Sakalasa, die man für Tyrrhener, Sarden und Sikuler hält.

Auch die Etrusker bauen im ersten Jahrtausend vor Christus eine Seemacht auf. Sie importieren Luxusgüter aus dem vorderen Orient über Griechenland für eine finanziell potente Käuferschicht: Gold und Elfenbein, Bronzen, ägyptische Fayencen, vergoldete syrische und zyprische Silberschalen und griechische Keramik. Die Zeit der Etrusker geht mit dem Erstarken Roms zu Ende.

Nicht nur die etruskische Welt wird durch Seefahrt größer. Auch die Ägypter wissen schon lange, daß der Nil nicht alles ist. Im Golf von Suez bricht 600 v. Chr. eine Flotte auf. Es sind keine umgebauten Flußkähne mehr, wie sie nach Punt segelten. Diese Flotte besteht aus ernstzunehmenden Schiffen, etwa 40 Meter lang und zehn Meter breit, mit einem Segel und etwa dreißig Mann Besatzung. Sie besitzen ein Deck, was darauf schließen läßt, daß sie nicht mehr nur für die Küstenfahrt bestimmt sind. Die Aufgabe dieser Flotte heißt: Umsegelung Afrikas von Osten nach Westen. Drei Jahre lang werden sie im Auftrag des Pharao Necho unterwegs sein und auf der Reise das Kap der guten Hoffnung zweitausend Jahre vor Bartolomäus Dias umrunden.

Diese Umsegelung Afrikas hat stattgefunden. Die Weltkarte des Eratosthenos zeigt fast dreihundert Jahre später einen von Wasser umgebenen Kontinent. Man wußte also Bescheid. Dieser Expedition von Osten her kommen auf dem größten Teil der Reise die Strömungen rund um Afrika zugute. Nur an der Westküste, am Senegal und nördlicher stören Strömungen aus Norden und der Passat. Die Besatzungen versorgen sich unterwegs selbst. Herodot beschreibt, wie sie an Land gehen, säen, ernten und dann weiterfahren. Es sind aber keine Ägypter, die zuerst Afrika umrunden. Necho entscheidet sich dafür, diese Aufgabe Spezialisten anzuvertrauen, Phöniziern aus dem heutigen Syrien, den besten Seefahrern ihrer Zeit.

Phönizier und Karthager – Wege über die See

Es genügt nicht, eine geniale Idee zu haben. Man muß sie auch unter die Leute bringen. Das gelingt den semitischen Phöniziern. Ihre Buchstabenschrift ist ein entscheidender Sprung auf dem Weg zur Rationalisierung der Welt. Endlich braucht niemand mehr Zeichen und Hieroglyphen auswendig zu lernen, sondern nur noch ein paar Buchstaben, genau zweiundzwanzig Konsonanten.

Das Instrument zur Verbreitung dieses Wissens ist das Schiff. Die Phönizier werden darum bedeutsam, weil sie begnadete Händler sind und Seehandel treiben, im ganzen Mittelmeer. Sie stammen aus der Gegend Palästinas und kolonisieren den Westen des Mittelmeers.

Mit dem Untergang der kretisch-mykenischen Kultur beginnt ihre große Zeit als Herren der See. Ihr Zentrum ist Tyros an der Levante. Es gibt um 1000 v. Chr. keine andere Stadt der bekannten Welt, mit der Tyros keine Handelsbeziehungen hat.

Aber die Phönizier leiden unter einer großen Steuerlast: Sie sind den Assyrern aus dem Zweistromland zwischen Euphrat und Tigris im heutigen Irak tributpflichtig. Und sie reagieren, wie alle Menschen reagieren, denen zu hohe Steuern zuwider sind. Sie gründen Niederlassungen in fernen Ländern. Auf diese Weise kommt es zu phönizischen Kolonien weit im Westen. Die mutigen Seeleute fahren bis über die Meerenge von Gibraltar hinaus. Tanger ist eine phönizische Gründung.

Es sind bauchige Schiffe, mit denen sie Sizilien, Sardinien, das heutige Frankreich, Iberien und die afrikanische Mittelmeerküste ansteuern, unter Segel und Rudern. Als Kriegsschiffe verwenden sie Biremen mit zwei Ruderreihen übereinander, mit Kampfdeck und Rammsporn. Und dann gründen die Phönizier die Hauptstadt ihrer Nachfolger, Karthago, übersetzt Neustadt, beim heutigen Tunis. Ein ganz wichtiges und kostbares Handelsgut wird die Purpurschnecke aus Nordafrika, mit der sie den Rest des Mittelmeeres versorgen.

Tyros muß sich 573 v. Chr. Nebukadnezar II. nach langjähriger Belagerung ergeben. Die Griechen beginnen im östlichen Mittelmeer, ernsthaft gegen die Phönizier zu konkurrieren. Sie verlieren an Bedeutung. Alexander der Große erobert Tyros, Sidon und Byblos, um in den Besitz der phönizischen Flotte zu kommen.

Die Karthager erben die Kenntnisse der Navigation von den Phöniziern. Mit zwei Seereisen gehen sie in die Geschichte ein. Hanno segelt um 500 v. Chr. an der afrikanischen Westküste entlang, ebenfalls auf der Suche nach neuen Niederlassungen und Kolonien. Ein griechischer Bericht erzählt von 30 000 Kolonisten, die bis hinunter zur Sierra Leone sechs Kolonien gründen und die Flüsse Senegal und Gambia aufwärts fahren.

Himilko segelt nach Norden auf der Suche nach den begehrten Metallen Silber und Zinn. Die Fahrt an den Küsten Westeuropas entlang führt ihn bis nach Cornwall auf der englischen Insel. Konkurrenz für die Karthager wächst in Italien heran. Die Römer versuchen schon bald, sich ins Kielwasser der Karthager zu setzen, um ihnen nach Cornwall in das Land Tin zu folgen. Die semitischen Seefahrernationen Phönizien und Karthago verlieren den Kampf ums Mittelmeer gegen die indogermanischen Griechen und Römer.

Griechen und Römer – Streit um das Weltbild

Parallel zu den Phöniziern, die sich im westlichen Mittelmeer ausdehnen, erobern die Griechen die Küsten des östlichen Mittelmeers. Ihre Bevölkerung wächst zu stark. Erst mit der griechischen Kolonisierung der Küsten Siziliens und Süditaliens im achten Jahrhundert v. Chr. tritt Italien in sein historisches Zeitalter ein.

Die Griechen kommen auch den Etruskern immer näher. Die treten den Griechen mit einer wachen Defensiv- und Offensivpolitik auf den Meeren entgegen. Die Bedrängung durch die Griechen macht Etrurien überhaupt erst zur Thalassokratie, zur Seemacht. Die äußerste Ausdehnung erreichen die Etrusker etwa im sechsten Jahrhundert v. Chr. Die Griechen bilden die Front zum Süden, und die Karthager verhindern die Expansion nach Westen. Eine etruskische legendäre Kolonialexpedition bricht zu den Säulen des Herakles auf zu einer sehr fruchtbaren Insel im Atlantik. Karthago stellt sich der Flotte in den Weg.

Bevor das Etruskische Reich seinen Niedergang erlebt, verbündet es sich noch schnell mit den Kartagern gegen die Griechen, die schon im tyrrhenischen, d.h. etruskischen Meer stehen. Die Flotten der Etrusker und Karthager stoßen mit zusammen 60 Schiffen auf eine phokäische Flotte mit ebenfalls 60 Schiffen im sardischen Meer, vielleicht in der Nähe von Bonifacio. Die Griechen verlieren diese Seeschlacht. Herodot hat sie beschrieben.

Aber Etrurien und Karthago sind nicht zu retten. Erst setzen sich die Griechen, dann die Römer durch. Herakleides von Mylasa besiegt die karthagische Flotte am Kap Artemision an der iberischen Küste im Jahre 490 v. Chr. Die Römer werden Karthago später nach den drei punischen Kriegen 146 v. Chr. den Todesstoß versetzen.

Im gleichen Jahr 490 muß Griechenland sich bei Marathon auch im Osten wehren, gegen die Perser, und zehn Jahre später zeigt Themistokles vor der Haustür Athens bei der Insel Salamis den Persern, daß sie keine Seemacht sind. Er schlägt sie zur See vernichtend mit sei-

Griechische Triere.
Sammlung Tamm

nen Trieren. Die Griechen werden gleichsam mit der Küstenseefahrt geboren. Die zerklüftete Küste und die vielen Inseln machen das Schiff nicht nur zur wichtigsten Waffe, sondern auch zum bedeutendsten Transportmittel.

Die phönizischen Reisen in den Atlantik und die karthagischen Handelsrouten bis nach Cornwall sind auch den Griechen bekannt. Pytheas heißt der griechische Entdecker, der 325 v. Chr. von Massalia, dem heutigen Marseille aus bis nach Island reist, zuerst immer an den Küsten entlang bis nach Britannien und vorwiegend nachts, um den Karthagern auszuweichen. Sein Schiff wird vermutlich größer gewesen sein als die Schiffe der portugiesischen und spanischen Entdecker, wohl mehr als 40 Meter lang, mit einem Rah- und zwei Lateinersegel an drei Masten und 60 Ruderern.

Die äußerste Südwestspitze der englischen Insel, das heutige Lands End, ist damals das Ende der bekannten Welt. Unklar ist, ob Ptheas England links- oder rechtsherum umsegelt.

Den Beweis dafür, wie weit er nach Norden vordringt, ist seine Beschreibung der für ihn völlig unverständlichen Längen des Tages: »Der Tag dauert achtzehn Stunden.« Er wundert sich über Ebbe und Flut und Gezeiten von mehreren Metern. Auf den Shetland-Inseln hört er von Thule, eine Insel, die sechs Tagesreisen im Norden liegt, und steuert sie an. Er segelt bis an die Eisgrenze. Im Auftrag des Perserkönigs Darius I. erreichte schon vorher Skylax von Karyanda zwischen 519 und 512 v. Chr. nach der Umrundung der arabischen Halbinsel Indien. Der Periplus Mari Erythraei, etwa im dritten bis ersten Jahrhundert v. Chr. entstanden, beschreibt einen Seeweg an der Ostküste Afrikas über Sansibar bis nach Indien.

In ihrer Geschichte entwickeln die Griechen eine große Zahl von Schiffstypen. Es existieren viele Bilder auf Vasen und Schalen von Biremen und Trieren, von Ruderschiffen mit Rahsegeln mit zwei, drei oder auch vier Ruderreihen übereinander. Die Handelsschiffe werden hauptsächlich gesegelt und sind kaum schneller als vier Knoten.

Sie legen nach den Eroberungen Alexanders des Großen in einem neuen Hafen an der ägyptischen Mittelmeerküste an, in Alexandria. Nach dem Sieg über die Pharaonen fällt Alexander an der flachen und mit Sandbänken und Untiefen gespickten Küste eine Insel auf. Pharos liegt eineinhalb Kilometer vor der Küste und scheint als Hafen ideal. Auf dem Festland läßt er den Grundstein für die spätere antike Weltstadt Alexandria legen. Auf Pharos aber entsteht unter Alexanders ägyptischem Nachfolger Ptolemaios ein Leuchtturm. Ob von Anfang an ein Feuer auf der Spitze brannte, ist unklar. Auch über die Höhe herrscht keine Einigkeit. Die Angaben schwanken zwischen 53 und 133 Metern. Der Turm wird in die sieben Weltwunder eingereiht.

Die Leistung der Griechen für die Navigation liegt indes nicht nur auf angewandtem, sondern auch auf wissenschaftlichem Gebiet. Eratosthenos von Kyrene (285–205 v. Chr.), ein Astronom und Geograph, stellt sich die Frage, wie groß die Erde sei. Wissenschaftliche Geographie besteht für ihn in der Anfertigung von Karten. Er berechnet den Umfang der Erde auf 39 690 Kilometer. Von Pytheas hat er gehört, und er kennt die Erzählungen über die Eroberungen Alexanders des Großen bis zum Indus. Parmenides von Elea (515–445 v. Chr.) hatte die Kugelgestalt der Erde bestimmt. Noch für Hecateus war um 500 v. Chr. die Welt eine Scheibe. Aber den Seefahrern ist schon lange aufgefallen, daß sie zuerst die Mastspitze, dann das Segel und dann den Rumpf eines Schiffes sehen. Und: Eratosthenos kennt sich in der Trigonometrie seiner Zeit aus.

Eratosthenos fällt auf, daß in seiner Heimatstadt am Tag der Sommersonnenwende die Sonne mittags senkrecht steht. In Alexandria, seinem Arbeitsplatz an der Bibliothek, wirft die Sonne an diesem Tag ihr Licht mit sieben Grad. Die Entfernung zwischen Syene, dem heutigen Assuan, und Alexandria ist ihm bekannt. So berechnet er die Entfernung der Sonne zur Erde und deren Umfang. Die Neigung der Erdachse ermittelt er ebenfalls.

Auch sein Kollege Claudius Ptolemäus wird in Alexandria leben, zur Zeit des Römischen Imperiums unter den Cäsaren Hadrian und Marc Aurel, also bis ins zweite Jahrhundert n. Chr. Ptolemäus zeichnet ein riesiges Kartenwerk, die »Geographia«, und gibt für 8 000 Orte zwischen 10 Grad Süd und 60 Grad Nord und 20 Grad West und 110 Grad Ost die Lage an. Den Nullmeridian läßt er durch die Kanarischen Inseln laufen, die die Phönizier entdeckt haben. Sein Nachschlagewerk gilt bis in die späte Neuzeit. Auch sein geozentrisches Weltbild wirkt nach: Die Sonne kreist um die Erde, und die Erde ist der Mittelpunkt des Universums. Das Christentum übernimmt das ptolemäische Weltbild aus römischer Zeit als Glaubenssatz über viele Jahrhunderte. Der Streit ums Weltbild ist programmiert.

Die Römer gehören nicht zu den großen Entdeckern. Sie beuten die bekannten Kenntnisse allenfalls aus und verwandeln sie ganz pragmatisch in Instrumente zum Bau ihres Reiches. Drusus fährt 12 v. Chr. vom Rhein aus in die Nordsee. Cäsar scheitert an Sturmfluten bei der Besetzung Britanniens. Die Römer sind im Ackerbau zu Hause und werden hervorragende Beamte, Strategen und exzellente Landvermesser. Abenteurer werden sie nie, große Naturwissenschaftler, die sich um die Navigation verdient machen, auch nicht. Was sie wissen und können, erben sie von den Griechen. Erst als sie ihr Reich ausdehnen, brauchen sie eine Handels- und dann auch eine Kriegsflotte.

Es sind die Karthager, mit denen die expandierenden Römer es immer wieder zu tun bekommen. Überall, wo sie landen, ergeht es ihnen wie in der Fabel vom Hasen und vom Igel. Die Karthager sagen: Ick bün all hier – ich bin schon da. Jahrhunderte behilft man sich mit gegenseitigen Verträgen: 508 legen die Kontrahenten fest, daß die Karthager Latium in Ruhe lassen und dafür einige Seegebiete für römische Schiffe tabu sind. Als Sizilier Latium zur See angreifen, baut Rom eine Kriegsflotte und siegt 338 vor Christi Geburt. 256 v. Chr. siegt eine römische Flotte über eine karthagische.

Über Karthago können die Römer siegen, aber Jahrhunderte danach unterliegen sie der Völkerwanderung. Schon im fünften Jahrhundert brechen Wege im Fernhandel zusammen. Erkenntnisse der Geographie, Astronomie und Navigation werden vergessen. Die Erde wird zur Scheibe. Das Wissen um die Navigation und um die Astronomie heben Konstantinopel und Alexandria noch eine Weile auf. Erst die Araber bringen die antiken Kenntnisse wieder ins Mittelmeer und nach Europa zurück.

Andere Welten

Rom geht unter. Die Araber kommen und schneiden die alten mediterranen Handelswege ab. Aber objektiv war die Welt schon immer größer als das Mittelmeer. Im Pazifik besiedeln Menschen die Inselwelt. Die Chinesen treiben Küstenschiffahrt und erfinden den Kompaß. Araber segeln über den indischen Ozean und treiben Seehandel mit China. Und die Wikinger versuchen, sich den Atlantik zu erobern, und zwar mit Navigationsinstrumenten.

Pazifik – Wasserwüste voller Rätsel

Im Jahre 1947 schlägt der Völkerkundler Thor Heyerdahl ein neues Kapitel der Navigationshistorie auf. Heyerdahl, damals 33 Jahre alt, will mit einer Segelreise eine These belegen: Die polynesische Kultur stammt aus Alt-Peru, also mehr oder minder von den Inkas ab. Er braucht 97 Tage, um vom peruanischen Hafen Callao an der Westküste Südamerikas nach Tahiti zu segeln. Mit seinem Balsafloß Kon-Tiki gelingt ihm der Nachweis, daß Reisen von Südamerika in die Inselwelt des Pazifik zumindest prinzipiell möglich waren. Ob sie stattgefunden haben, das ist damit noch nicht bewiesen.

Aber woher sollen die Polynesier sonst gekommen sein? Mit Sicherheit über See. Zudem weisen die Menschen im Dreieck von Hawaii, den Osterinseln und Neuseeland verblüffend gleiche Eigenschaften auf. Allen Inselgruppen gemeinsam ist die Sprache, die Götterwelt, die Kultur – und die Blutgruppe. Bei Polynesiern tauchen ebenso wie bei Südamerikanern gleiches Angelzeug und gleiche Bootspaddel auf, Ponchos, Flöten und Ähnlichkeiten im Kalender. Mit Indern, Chinesen und Melanesiern verbindet die Polynesier nichts außer der Tatsache, Mensch zu sein. Sie brauen keinen Palmwein, sondern andere berauschende Getränke wie die Südamerikanischen Indios, bauen keinen Reis an und essen auch keine Betelnüsse.

Cook wird 1769 in Neuseeland die süße Kartoffel finden, eine amerikanische Pflanze, die unmöglich angeschwemmt worden sein kann. Wenige Stunden im Salzwasser zerstören die Samen, und die Knollen schwimmen nicht. Der große Navigator und Entdecker wird neben dem Kartoffel- auch Baumwollanbau auf den Inselwelten beschreiben. Wie kam die Baumwolle nach Polynesien? Wer auf Vögel tippt, die in ihrem Magen die Samen transportieren, liegt falsch. Vögel rühren Baumwolle nicht an. Genau so wenig wie die Kartoffel können sie angespült worden sein. Das Salzwasser zerstört auch ihre Struktur in kurzer Zeit.

Es bleibt nur eine Möglichkeit: Die Pflanzen kamen in Booten auf die Inseln. Auch Cooks Beobachtungen sprechen schon zu seiner Zeit dafür, daß diese Boote einmal in Amerika aufgebrochen und westwärts gefahren sein müssen. Heute ist bekannt, daß die süße Kartoffel in Peru und bei den Neuseeländischen Maoris Kumara heißt.

Die Polynesier eroberten sich die Archipele also offensichtlich von Westen, nicht etwa von Indonesien aus. Und das ist, gemessen an den Anfängen der Seefahrt, gar nicht so lange her. Sie besiedeln die pazifische Inselwelt etwa in der Mitte des ersten Jahrtausend nach Christus, also vor rund 1 500 Jahren. So weit reichen sogar Familiensagas zurück.

Unabhängig von der Frage ihrer Herkunft bleibt jedoch eine Tatsache: Die Polynesier sind begnadete Navigatoren. Mit traumwandlerischer Sicherheit finden sie sich mit ihren kleinen Ausleger-Booten in den Wasserwüsten des Pazifik zurecht und reisen hunderte von Meilen über die offene See von Archipel zu Archipel. Aber wie?

Überliefert sind Seekarten der Polynesier. Aus Bambusstäben und Muscheln binden sie mit Halmen Geflechte zusammen, die auf wunderbare Weise mit den Positionen verschiede-

Polynesische Boote.
Sammlung Tamm

ner Inselgruppen zueinander übereinstimmen. Diese Karten sind so detailliert, das sie selbst Strömungen und Dünungen auf für uns geheimnisvolle Weise abbilden. Bambusstäbe bezeichnen die Fahrtrouten und die Tagesreisen. Für astronomische Messungen verwenden die Polynesier Knotenschnüre, ähnlich den Rechenschnüren der Inkas, den Quipus.

Aber reichen die Karten schon aus, um sich auf dem Wasser zu orientieren? Oder stehen den Polynesiern damals beim Navigieren noch andere Hilfsmittel zur Verfügung? Sprachforscher scheinen auf einem Gebiet fündig geworden zu sein, das mit Navigationstechniken im engeren Sinne nichts zu tun hat. Unser räumliches Bezugssystem, mit dem wir zum Beispiel von rechts, links, oben und unten sprechen, mit dem wir Karten einnnorden und »unten« dann als Süden bestimmen, ist alles andere als selbstverständlich. Unsere Bezeichnungen funktionieren in einem relativen Bezugsrahmen. Es existieren aber Sprachen, und das weiß man erst seit wenigen Jahren, die ein absolutes Bezugssystem verwenden, das auf den Himmelsrichtungen beruht, und zwar im täglichen Leben – und bei der Navigation. Und solche Sprachen sind im Pazifik zu Hause, zum Beispiel die Sprache Guguu Yimithirr, die im australischen North Queensland gesprochen wird.

Ein Beispiel: Der Sprecher schaut nach Norden und beschreibt ein Bild in seiner Hand, bei dem ein Baum vor einem Haus steht. Für ihn

steht der Baum also nicht vor dem Haus, sondern südlich. Dreht er sich um, steht zwar auf dem Bild der Baum immer noch vor dem Haus, aber für das Denken in dieser Sprache nördlich. Durch ihre Sprache erwerben diese Menschen ein Raumbewußtsein, das seinesgleichen sucht und auf See wie in der Stadt funktioniert. Mit solchen Sprachen läßt sich navigieren. Für den permanenten räumlichen Abgleich dient in solchen Sprachgemeinschaften nicht nur die Sonne, sondern auch Windrichtung und Meeresströmung. Das jedenfalls entdeckten Forscher der Max-Planck-Gesellschaft für Psycholinguistik.

Die Wissenschaftler beschreiben 1999 ein einfaches Experiment. Zitat: »Zeigt man Europäern eine Reihe von Objekten nebeneinander auf einem Tisch und fordert sie nach einer Drehung um 180 Grad auf, diese Reihenfolge zu wiederholen, so kehren sie die ursprüngliche Abfolge genau um, weil sie nach dem Links-rechts-Schema verfahren. Anders jemand, der eine absolute Begrifflichkeit beherrscht: Er merkt sich die Himmelsrichtungen und wiederholt exakt die ursprüngliche Ausrichtung. Solche Sprecher speichern Ereignisse und selbst Träume auch in ihrem Langzeitgedächtnis mit absoluten Richtungsangaben.«

Noch heute vermeiden die nordaustralischen Ureinwohner die englischen Begriffe für rechts und links, selbst wenn sie englisch sprechen. Sie benutzen stattdessen Gesten, die sich immer an den Himmelsrichtungen orientieren. Mit links und rechts können diese Aborigines nichts anfangen, sehr wohl aber etwas mit Nord und Süd, immer in Bezug zu ihrem eigenen Standort. Damit sind sie geradezu prädestiniert zur Seefahrt.

Wer die Kunst der Navigation lernen und treiben muß, wie sie sich in Jahrhunderten in unserem Kulturraum entwickelt hat, der hat einfach Pech: Wir sprechen für die Seefahrt zumindest die falsche Sprache und denken daher falsch. Darum müssen wir leider die Instrumente und Berechnungen der Navigation entwickeln.

Eine Frage liegt nahe: Warum nicht einfach Menschen dieser Sprachgruppen als Navigatoren einsetzen? Wer die Antwort weiß ...

Die Wikinger – Von Insel zu Insel nach Amerika

Wer Ruhm ernten will, muß leiden. Das hatte schon Thor Heyerdahl im Pazifik erfahren müssen. Der Amerikaner Hodding Carter segelt 87 Tage lang, um ebenfalls den Beweis für eine navigationshistorische These anzutreten. Dann bricht die See das Ruder und Carter sein Abenteuer ab.

Im Sommer 1998 wiederholt er die Fahrt. An Bord des nachgebauten Wikingerschiffes SNORRI geht er von Nuuk an der Westküste Grönlands auf große Fahrt nach L'Anse aux Meadows auf Labrador. »Wir wollen die legendäre Reise von Leif Eriksson wiederholen«, verspricht er. Und er kommt an, nach 1800 Meilen, auf den Spuren des berühmten Wikingers.

Schon 1963 werden hier, auf Nord-Neufundland, Überreste von acht Häusern gefunden. Noch 1992 treten Skeptiker an, die diese Siedlung den Eskimos zuschreiben wollen. Aber Grabungen auf Grönland und an der kanadischen Küste lassen keinen Zweifel: 500 Jahre vor Kolumbus sind hier Wikinger an Land gegangen. Archäologen behaupten, daß sie mit den Ureinwohnern ausgedehnten Handel getrieben haben. Die Forscher bringen in den Jahren nach der Entdeckung in L'Anse aux Meadows zum Beispiel Speicher und Vorratskammern ans Tageslicht. Offensichtlich dient die Siedlung den Wikingern nach ihrer Landung als zentrales Terminal in der Neuen Welt. In den Speichern finden sie drei Nüsse der Art Juglans cinerea. Und damit rücken die Reisen der Wikinger noch einmal in ein neues Licht.

Diese Nüsse, die Früchte des Grauen Walnußbaumes, das wissen die Biologen, wachsen etwa bis auf die Breite des heutigen US-Staates Maine. Und Geschichten in den Grönländersagas der Wikinger drängen die Vermutung auf, daß die Nordmänner noch südlichere Gegenden besuchen. Nicht ausgeschlossen, daß Leif Eriksson bis zum 40. Breitengrad vordringt, südlicher noch als New York. Aber erst einmal müssen die Wikinger bis nach Grönland vordringen, um von hier aus als erste Europäer amerikanischen Boden zu betreten.

Im Mittelmeer ist es um diese Zeit still geworden, jedenfalls aus der europäischen Perspektive. Den Reichen der Merowinger und anschließend Karls des Großen im Norden steht im Süden der Islam gegenüber. Er regiert bereits im achten Jahrhundert auf der iberischen Halbinsel, besetzt ganz Nordafrika, Palästina bis weit nach Osten. Bis zum heutigen Pakistan dringt er vor. Das Mittelmeer ist als Handelsraum für die Europäer bis auf die nördlichen Küstenstreifen verloren. Wer sich weiter nach Süden vorwagt, wird von arabischen Korsaren aufgebracht. Kreta, Sardinien, die Balearen und Sizilien werden mit schöner Regelmäßigkeit überfallen und dann zu guter Letzt besetzt.

Groß werden in dieser Zeit italienische Städte: Genua und Venedig. Denn die wichtigen Verkehrsachsen entstehen jetzt zu Lande: zwischen Genua und dem Rhein und zwischen Venedig über die Ostalpen nach Nürnberg und Augsburg. Von hier gelangen Waren bis zur Nord- und Ostsee. So richtig reich wird durch Seefahrt erst Venedig, mit den Kreuzzügen. 1095 ruft Papst Urban II. zum ersten dieser Heerzüge auf. Die Verschiffung der Truppen an die Levante macht Venedig in den folgenden Jahrhunderten zur mächtigen Metropole im östlichen Mittelmeer.

Eine Wikingerkolonie zur See tritt übrigens auch beim ersten Kreuzzug auf. Winimar von Boulogne führt eine Flotte aus Friesland und Flandern. Acht Jahre haben sie von Seeräuberei gelebt. Eine einträgliche Sache. Das beweisen ihre vergoldeten Masten. Diese Piraten-Kommune macht mit beim Sturm auf das Heilige Land.

Die Seefahrt des Okzidents regt sich fast nur noch im Norden. Nordeuropa wird zum einzigen geschlossenen Handelsraum. Und in ihm werden vom neunten Jahrhundert an die Wikinger mächtig, zu Wasser, aber auch zu Lande. Im Gegensatz zu den Schauermärchen, die bis zum heutigen Tage natürlich nicht zu Unrecht erzählt werden, sind die Wikinger jedoch nicht nur brandschatzende, mordende und plündernde Raufbolde. Diese skandinavischen Stämme siedeln vom Ende des siebten Jahrhunderts an den Küsten Nordeuropas an, treiben Ackerbau und Kunsthandwerk und entwickeln daneben auch eine funktionierende Verwaltung und einen Gesetzeskodex.

Und der hat Folgen. Nach dem Gesetz der Wikinger kann nur der älteste Sohn erben. Der zweite und der dritte, sie müssen buchstäblich sehen, wo sie bleiben. Damit ist die Expansion eines ganzen Volkes programmiert. Es ist der Bevölkerungsdruck, der die Wikinger aus dem Osten immer weiter nach Westen und auch nach Süden treibt. Einige versprengte Clans schaffen die Reise bis nach Sizilien. Am Hofe in Byzanz sollen Wikinger als Söldner ihren Mann gestanden haben. Sie segeln im Schwarzen Meer. Seineaufwärts rudern die Wikinger und brennen eine Frankensiedlung ab, dort, wo heute auf der Ile de la Cité in Paris die Kathedrale Notre Dame steht. Keine Küste Nordeuropas, an der sie sich nicht sehen lassen. 793 treten sie mit einem Paukenschlag auf der englischen Insel auf. Sie plündern das Kloster Lindisfarne an der Nordostküste.

Daß sie sich in Buchten und in Flußmündungen niederlassen, scheint ihnen übrigens auch ihren Namen eingetragen zu haben. Bis heute heißen Buchten an den deutschen Küsten Wyk oder Wiek.

Um diese Wanderungen von Bucht zu Bucht zu bewältigen, denken die Wikinger sich ein geeignetes Fahrzeug aus: die Knorr. Sie ist ein hochseetüchtiges flachgehendes geklinkertes Holzboot, das heißt, die Planken überlappen sich. Es ist offen, ohne jeden Komfort, aber so tief gebaut, daß Vieh vom Wind geschützt bleibt. Aber es segelt nicht nur. Bei Flaute und auf Flüssen spucken die Wikinger in die Hände und rudern. Die Knorr heißt auch Langschiff oder Drachenboot. Denn am Bug reckt sich bei besonders prächtigen Booten als Galionsfigur ein Drachenkopf in den Himmel. Oft schmückt ein Drache das längsgestreifte Rahsegel.

Und auch der Begriff Langschiff ist gerechtfertigt. Denn das Längen-Breiten-Verhältnis von etwa 1:4 bis 1:5 ist ungewöhnlich, jeden-

Modell eines Wikingerschiffs.
Sammlung Tamm

Gemälde eines Wikingerschiffs von Gerhard Geidel, Öl auf Leinwand.
Sammlung Tamm

falls im Norden. Hier beginnen die Kauffahrer, aus Lastkähnen die spätere Kogge zu entwickeln, die eher einem segelnden Ei ähnelt. Gegen die wirkt ein Langschiff wie ein Formel 1-Bolide gegenüber einem Pferdefuhrwerk. Und die Eigenschaften zur See halten diesem Vergleich ebenfalls stand. Ein Langschiff von 20 Metern Länge und gut vier Metern Breite erreicht mit 40 bis 60 Ruderern an Bord sechs bis sieben Knoten Geschwindigkeit und mit seinem einen Rahsegel bei achterlichem Wind acht Knoten. Die Kogge wird sich später freuen, wenn sie die Hälfte schafft. Kaum tauchen die Langschiffe am Horizont vor einer Küste auf, springen die Männer mit den wilden Bärten und gehörnten Helmen, wie sie heute noch so gern gezeichnet werden, an den Strand. Wohl dem, der dann das Laufen gelernt hat.

Die Wikinger sind nicht die ersten, die mit ihren Schiffen über die offene See fahren. Das wagten nach Odysseus und Pytheas von Massila auch schon die Araber. Aber die auftretenden Probleme sind nicht zu vergleichen. Es sind: Nebel, Kälte, Eis und Stürme, die ganze Palette, die den Norden so unwirtlich macht, daß man sich bis heute fragt, wie die Menschen auf die Idee gekommen sind, hier zu siedeln.

Aber die Wikinger haben, so scheint es, keine andere Wahl. Sie starten in Norwegen und üben wie die Polynesier das Inselspringen. Im achten Jahrhundert fahren sie hinüber zu den Shetlands, erreichen die Orkneys und die Hebriden, lassen in Schottland und Irland alles mitgehen, was nicht niet- und nagelfest ist. Über die Färöer erreichen sie im Jahre 860 Island, das Eisland.

Es sind bei allen üblen Wetterverhältnissen denn doch günstige Bedingungen, die diese Eroberungen erlauben. In diesen Breiten herrschen vorwiegend östliche Winde, ideal also für Boote, die mit achterlichem Wind schnell laufen wie die Knorr. Und noch etwas kommt den Wikingern entgegen. Diese Inseln und Inselgruppen liegen in erreichbaren Abständen voneinander. Die längste Etappe ist 350 Meilen lang, von den Färöern nach Island, kein Problem für ein Langboot, das für diese Entfernung bei günstigen Bedingungen gut zwei Tage braucht.

Und nicht nur die Abstände sind günstig, auch die geographische Lage der Inseln kommt den Wikingern sehr zupaß. Denn sie orientieren sich an der Sonne und segeln nach der Breite, wie so viele vor und noch nach ihnen. Ihr idealer Breitengrad führt sie – hinterher ist man immer schlauer – unweigerlich bis nach Nordamerika. Die Stadt Bergen zum Beispiel liegt ungefähr auf dem 60. Breitengrad Nord. Dort sind auch die Shetland-Inseln zu finden, weiter westlich die Südspitze Grönlands und Nord-Labrador im heutigen Kanada, die spätere klassische Wikinger-Route.

Aber was braucht es für einen Mut, um abzulegen. Denn wer kann sich schon sicher sein, daß hinter dem Horizont noch etwas anderes kommt als Wasser oder womöglich nur das Nichts? Daß die Wikinger Kenntnis von der Kugelgestalt der Erde hatten, ist nicht überliefert. Die Sicherheit, irgendwo auf ein Ufer zu stoßen oder schon irgendwann wieder zu Hause anzukommen, mit der Kolumbus und Magellan ihre Schiffe besteigen werden, die haben die Wikinger noch nicht.

Was sie stattdessen außer ihrem Mut besitzen, das sind Kenntnisse über den Sonnenstand, den sie über Jahre hinweg aufzeichnen, und das Sonnenbrett. Beide beweisen, daß die Wikinger nicht nur mutige Seefahrer sind, sondern auch nachdenken können. Ein Isländer namens Oddi besitzt Notizen und Berechnungen, mit denen er den Stand der Sonne für das

Nordsee, Skagerrak und westliche Ostsee aus »De Fransche Neptunus«, Amsterdam 1693.
Sammlung Tamm

ganze Jahr berechnen konnte. Andere Wikinger erfinden ein Instrument zur Winkelmessung, mit dem sie dank ihres Wissens über den Sonnenstand die Position auf der Breite messen können. Dieses Sonnenbrett besteht aus einem Brett mit Loch, in dem ein beweglicher Stab steckt. Für jede Tageszeit ist auf dem Stab eine Markierung angebracht. So läßt sich nicht nur von Mittagszeit zu Mittagszeit feststellen, sondern sogar zu verschiedenen Tageszeiten erkennen, ob die Knorr vom Breitengrad abgekommen ist. Ist der Winkel zwischen Horizont und Sonne größer, dann ist die Knorr zu weit nach Süden abgetrieben und muß mehr nördlich steuern – und umgekehrt. Das Knotenbrett der Araber ist vom Sonnenbrett prinzipiell nicht weit entfernt.

Trotzdem, auch diese geniale Erfindung funktioniert wie das Rahsegel, das Wind von achtern braucht, nur unter günstigen Voraussetzungen. Denn das Breitensegeln nach dem Stand der Sonne funktioniert nur, wenn die Sonne auch sichtbar ist. Nachts ist sie verschwunden, und beim typischen nordischen Schietwetter auf

dem Nordatlantik versteckt sie sich hinter Nebel und dicken Wolken, die dunkelgrau und tief über die Drachenboote hinwegfegen.

Wenn da nicht der sogenannte Sonnenstein wäre. Mit seiner Hilfe läßt sich die Sonne auch bei bedecktem Himmel genau anpeilen, läßt sich also mittags ihr Winkel bestimmen und dadurch die Breite. Der Sonnenstein hilft am Tage zu erkennen, ob sich die Knorr weiter südlich oder nördlich halten muß.

Was ist ein Sonnenstein? Wie wohl so oft durch Zufall und weniger durch staatliche Forschungsförderung entdeckte irgendwann ein Wikinger, daß Silikat-Kristall sich blau verfärbt, wenn die Sonne im rechten Winkel darauffällt. Die Wikinger nutzten also, modern gesprochen, ein Polarisationsprisma. Vielleicht aber hatte auch eine Wikingermannschaft irgendwann und irgendwo auf ihren Reisen solch einen Sonnenstein gegen Walfischknochen und Walroßzähne eintauschen können. Kristalle, die ähnlich wie ein Turmalin wirken, sind aber auch in Skandinavien zu finden, zum Beispiel einachsiger Kalkspat, der Licht in eine Richtung bringt und dadurch die Strahlen der verdeckten Sonne konzentriert und für das Auge verstärkt.

Und nachts? Nachts nutzen sie den Polarstern. Dank der Schwankungen der Erdachse näherte sich gerade um die Zeit, um das Jahr 1000 herum, die Achse dem Deichselstern des Sternbildes Ursus minor, Kleiner Bär, stand also genau über dem Nordpol. Wenn Leif, Erik, Thorvald und wie die Kapitäne alle hießen, exakt von Ost nach West oder wieder zurück nach Hause segeln wollten, brauchten sie wiederum nur einen Winkel zu messen, den Winkel zwischen der Schiffsrichtung und der Linie zwischen Schiff und Nordstern. Wird der Winkel größer, weicht das Schiff zu weit nach Süden ab, wird er kleiner, muß Thorvald südlicher steuern. Das macht er mit einem Ruder, das achtern auf der rechten Seite des Langschiffes mit Stricken befestigt ist. Darum heißt bis heute die rechte Seite des Schiffes Steuerbord.

Dieses Steuerruder hat jedoch einen großen Nachteil. Die Ruderkräfte wirken direkt und sind darum schwer beherrschbar. Das begrenzt die Schiffsgröße. Auf die Idee, das Ruder achtern in der Mitte anzubringen, kommen die Wikinger nicht. Spätestens im zweiten Jahrhundert nach Christus rüsten die Chinesen bereits ihre Schiffe mit dem sogenannten Axialruder aus. Nordeuropa braucht noch 1 000 Jahre für diese Entdeckung. Das Mittelmeer noch länger.

Die Wikinger werden noch heute gern bewundert, nicht zu Unrecht. Sie werden mit den Jahren zäh und mit ihren Erfahrungen auch gute Navigatoren. Aber eins sollte man sich vor Augen halten: Daß sie im späten Herbst oder im Winter auf See gehen, so verrückt sind sie nun auch wieder nicht. Die Wikinger halten es damals wie die Sportsegler heute im Norden auch. Vier, fünf Monate Seefahrt sind genug. Alles andere ist denkbar ungesund.

Daran wird sich vermutlich auch der norwegische Wikinger Gunnbjörn gehalten haben. Um 875, es wird also in den Sommermonaten gewesen sein, landet er als erster Wikinger auf Grönland. Aber es dauert noch, bis hier die erste Siedlung errichtet wird.

Der Mann heißt Erik Thorvaldsson und hat den ruppigen Charakter seines Volkes. Und da auch die Wikinger bereits dem Faustrecht abgeschworen und sich Gesetze gegeben haben, muß der Norweger Erik, den sie seiner Haare und seines Bartes wegen den Roten nennen, für drei Jahre in die Verbannung. An der Strafe läßt sich erkennen, daß ein Menschenleben bei den Wikingern nicht so richtig viel wert war. Erik bricht mit seiner Familie auf und entschließt sich, Island anzusteuern. Aber Island ist als Ort der Verbannung noch zu nah am Tatort. Erik kennt Geschichten von einer Insel weiter westlich, steuert mit Sonnenbrett und Sonnenstein diesen Kurs und landet auf Grönland, dem er diesen Namen gibt.

Drei Jahre später, seine Auszeit ist abgelaufen, beginnt er mit der Kolonisierung. Neugierig wie er ist, umsegelt er das Kap Farewell – oder Farvel – und gründet im Süden der Westseite Brattahlid. Auch etwas weiter nördlich lassen sich Siedler nieder und nennen diese Wikinger-Exklave Nuuk. Zu dieser Zeit grünt es grün, wenn Grönlands Blumen blühen. Das innere der Insel besteht auch damals wie heute aus Packeis, aber die Küsten luden zum Bleiben ein, besonders, wenn zu Hause, auf Island zum Beispiel, die Siedlungen aus allen Nähten platzten und Nahrung für alle nicht aufzutreiben war.

Ganz anders Grönland: Flüsse mit Lachsen, Seefische im Meer, Robben, Rentiere, Bären, Kaninchen, wilde Hühner und Vögel. Grönland scheint ein Paradies zu sein. Wenn nicht die Eskimos wären, die sich Inuit nennen. Sie wehren sich gegen die Eindringlinge. Es herrscht herzliche Feindschaft, und man überfällt einander, wie man kann. In den Eskimos finden die Wikinger einen Charakter, den sie von sich selbst schon kennen: Draufgänger, die bei Eiseskälte mit kleinen Kajaks Eisbären jagen. Bis zu 3 000 Wikinger leben in den beiden Hauptsiedlungen. In der Hochphase sind die Wikinger christianisiert. Auf Grönland stehen zwei Klöster und siebzehn Kirchen. Der Häuptling residiert in Brattahlid.

Die Quellen weichen für die folgenden Jahre voneinander ab, aber es kommt nicht aufs Jahr an, in dem die Wikinger Vinland entdecken. Vinland wie Weinland. Denn hier soll einer der Wikinger zum ersten Mal in seinem Leben mit angegorenen Weinreben Bekanntschaft gemacht haben und einer Wirkung, die er schon vom sagenhaften Met her kannte. Wo Vinland liegt, das ist bis heute umstritten. Es wird wohl L'Anse aux Meadows gewesen sein, vielleicht Nova Scotia, vielleicht auch das heutige Neuengland, also Maine oder Massachusetts.

Ob es wirklich Leif Erikssson war, Eriks zweiter Sohn, der als erster Wikinger den Boden gegenüber Grönland betrat, ist nicht sicher. Vielleicht war es der isländische Kaufmann Bjarni, der die Vinland-Küste 986 nach einem

Sturm als erster sah und wieder abdrehte. Sicher ist, daß Leif um das Jahr 1000 Bjarnis Schiff kauft und mit 35 Mann Kurs West ablegt. Er fährt vorbei an Helluland, dem heutigen Baffinland, hält sich weiter südlich, passiert Markland, das heutige Labrador, und geht an Land. Die Männer bauen Hütten und überwintern.

Nach der Rückkehr Leifs packt seinen Bruder Thorvald das Reisefieber. Er wiederholt Leifs Reise mit Bjarnis Schiff und findet sogar Leifs Lager wieder. Nach zwei Wintern gerät aber auch diese kleine Kolonie unter Beschuß. Hier sind es die Indianer, die nicht locker lassen, und Thorvald stirbt etwa 1004 an einem Pfeil.

Aber auch die Wikinger geben nicht auf. Nach der Rückkehr dieser Expedition packen 150 Frauen und Männer Hausrat und Vieh auf drei Langboote und segeln hinüber zu Leifs altem Lager. 1010 macht Leifs und Thorvalds Schwester Freydis die Reise. Thorvalds Witwe Gudrid will ebenfalls in Vinland siedeln. Sie heiratet einen Isländer, und 60 Personen machen sich auf den Weg. Nach zwei Wintern geben sie auf.

Handel mit den Eskimos und den Indianern treiben die Wikinger trotzdem, noch über viele Jahre hinweg. Archäologen fanden einen spektakulären Fund im heutigen US-Staat Maine: eine Silbermünze aus der Zeit des norwegischen Königs Olafs des Stillen. Der regiert 1066 bis 1093. Aber irgendwann erlöschen Handel und Wandel der Wikinger in der Neuen Welt, die sie so noch nicht nennen. Eine Leistung jedoch kann ihnen niemand nehmen: Sie sind die ersten Hochseefahrer, die nichts dem Zufall überlassen und ihre Häfen im Nordatlantik über Jahrhunderte hinweg bereisen.

Sie wollen den Reichtum des Südens nicht zerstören, sondern gewinnen. Dabei machen sie eine Entwicklung durch, wie die Araber: Aus Seeräubern und Entdeckern werden Kaufleute. Was ein universelles Gesetz zu sein scheint. Erfinder, Ingenieure und Techniker müssen Kaufleute werden, wenn ihre Arbeit nicht bedeutungslos sein soll; dafür ist Bill Gates ein schönes Beispiel. Windows ist ein Marketingprodukt. Und auch die Seefahrt hat dafür noch ein kleines, aber passendes Beispiel parat: Die Seeräuberfamilie der Grimaldis verwandelte den Piratenfelsen Monaco in ein begehrtes Steuersparmodell.

Im 15. aber spätestens 16. Jahrhundert ist auch auf Grönland alles vorbei. Die Nachfahren Eriks und Leifs und anderer Island-Emigranten geben die Siedlungen auf. Eine Zwischeneiszeit verrammelt Grönland mit Eisbergen.

Aber sowenig wie Kolumbus der erste Europäer war, der seinen Fuß auf amerikanischen Boden setzte, sowenig war Leif der erste. Die »Navigatio Sancti Brendani Abbatis«, um das Jahr 800 entstanden, sagt anderes. Es soll der heilige Brandan (484–577) gewesen sein, der auf einer haarsträubenden Abenteuerreise Amerika entdeckte.

Der irische Abt Brendan, so wollen diese Annalen wissen, reiste über den Atlantik bis in die Karibik, an den Azoren und Madeira vorbei, hoch bis Jan Mayen, zu den Nebelbänken Neufundlands und zur Chesapeake-Bay. Man ist sich heute einig: Hier werden unterschiedlich Reisen zusammengefaßt, Brendan dient einzig dazu, die verschiedenen Aufzeichnungen als dramaturgisches Gerüst zu verbinden.

Aber es ist etwas dran an dieser »Navigatio«. Irland wird im fünften Jahrhundert missioniert und die frischgebackenen Christen haben nichts eiligeres zu tun als ihrerseits den Glauben in die Welt hinauszutragen, und zwar mit ihren bis zu zehn Meter langen Coracles, Booten aus Weidengeflecht mit Lederbespannung. Diese Mönche erreichen, das jedenfalls ist belegt, schon vor den Wikingern die Färöer und Island.

Der Orient und China – Auf hoher See im Osten

Wie groß ist das Reich? Die Frage soll der Kompaß beantworten. Die Chinesen fahren mit ihm herum, auf dem Lande, um das Reich zu vermessen; denn China ist keine Seemacht. Die Chinesen entdecken schon 1000 v. Chr., daß sich ein schwimmender Megnetit-Stein nach Norden ausrichtet. Vom zweiten Jahrhundert an verwenden sie Magnetstahl. Die Kompaßwagen gibt es bis ins 15. Jahrhundert.

Die Chinesen sind offen für Naturerkenntnis und ihre praktische Nutzung. Ihre ersten mythischen Herrscher sehen sie im Gegensatz zu allen anderen Kulturen eher als Weise denn als erfolgreiche Heerführer, wie selbst Mose es gewesen sein soll. Im frühen Mittelalter verfügen sie über Papier, Schießpulver und eine hochentwickelte Bewässerungskultur, schon lange über den Kompaß, der erst tausend Jahre später in Europa auftaucht, – und über hervorragende Schiffe, nicht nur auf See.

Auf den Flüssen fahren muskelbetriebene Boote mit Schaufelrädern. Den seegehenden

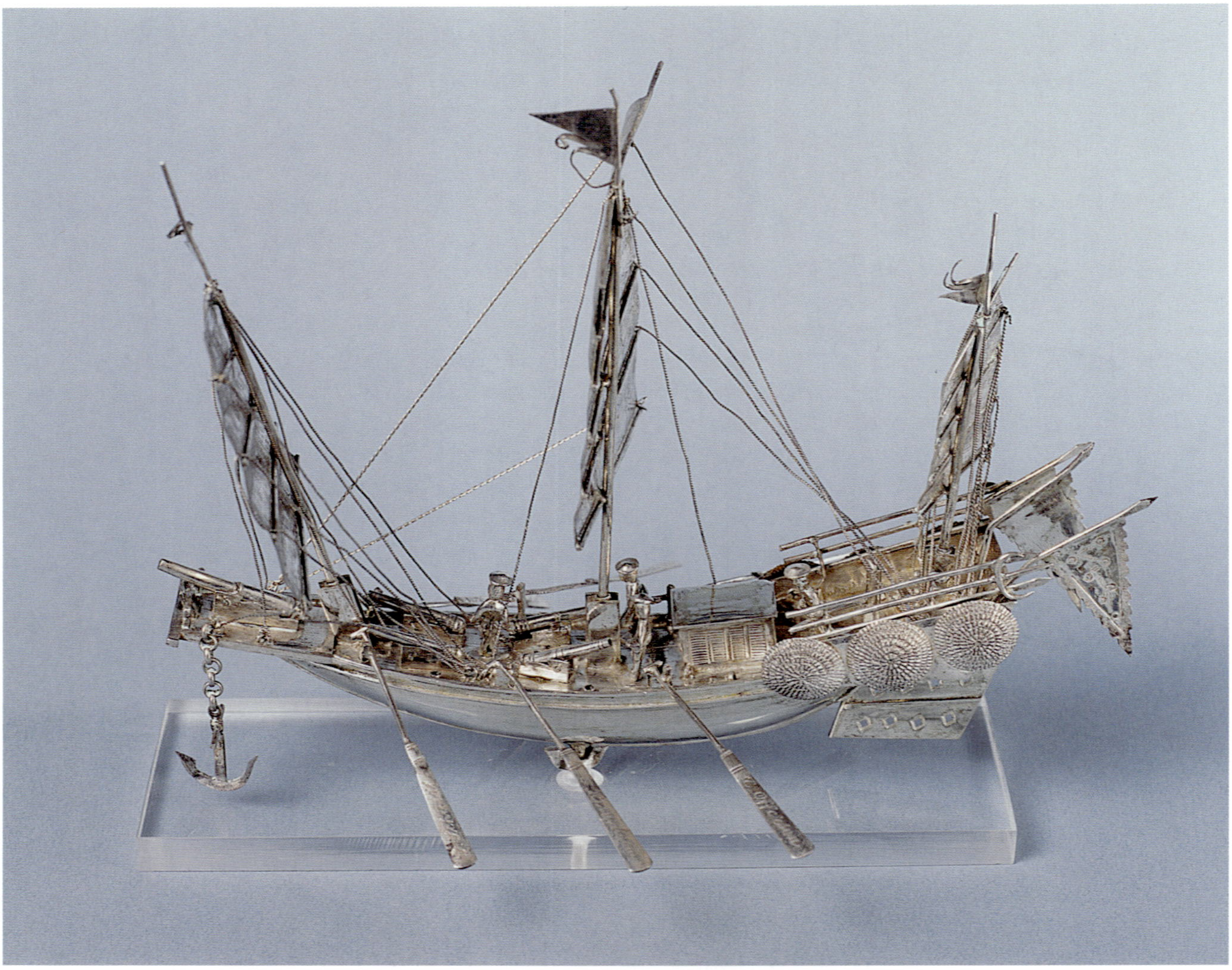

Oben und rechte Seite: Silbermodelle chinesischer Dschunken.
Sammlung Tamm

Schiffen geben die Chinesen wasserdichte Schotten mit auf den Weg, die das Schiff bei Wassereinbruch schwimmfähig halten. Und sie entwickeln einen eigenen Schiffstyp, die dreimastige Dschunke. Die kann schon am Wind segeln, muß also nicht auf Wind von achtern warten. Die durchgehenden Segellatten geben den Segeln einen guten Stand und sorgen für Vortrieb. Außerdem rüsteten die Chinesen die Dschunken mit wirkungsvollen Ankern aus.

Die entscheidende Neuerung im Schiffbau aber 1 000 Jahre vor den Europäern ist das Axialruder. Das Ruder achtern mittschiffs anzubringen bedeutet, es mit Übersetzungen bedienen zu können. Das macht das Rudergehen leichter. Darum können die Schiffe größer werden. Mit diesem Schiffstyp treiben die Chinesen erfolgreich Seehandel bis nach Australien. Sie besitzen Karten bis nach Sansibar, vom Nil und Sudan, sogar von Teilen des südlichen Mittelmeers. Neben dem Kompaß hilft ihnen auch ein recht gut entwickelter Kalender mit zwölf Monaten zu je 30 Tagen. Mit einer Schattensäule messen sie mittags den Sonnenstand.

Die Chinesen sind auch in anderen Branchen Könner. Sie bieten hochklassige Waren an. Die Seide erfinden sie angeblich noch vor dem Beginn jeder schriftlichen Überlieferung. Es soll um 3000 v. Chr. gewesen sein, daß Chinesen zum ersten Mal diesen Stoff aus den Kokons der Seidenraupen herstellen. Sicher ist, daß es um 1000 v. Chr. große bewässerte Maulbeerkulturen gibt, an denen sie die Raupen züchten. Um 400 n. Chr. fällt ihnen auf, daß Feldspat der Keramik Glanz verleiht. Der Ruf ihres Porzellans dringt auch nach Westen.

Und darum bekommen sie Besuch. Es sind noch andere Seefahrer als die Chinesen im nördlich Pazifik unterwegs. 652 erobern die Araber Persien und schicken eine erste Gesandtschaft nach China. Die zweite kommt mit Schiffen: 712 plündern arabische Seeräuber Kanton. Die chinesischen Dschunken konnten es an Seetüchtigkeit und Handlichkeit mit den

Schiffen der Araber und später denen Europas aufnehmen, aber Kriegsschiffe entwickeln sie nie. Die Araber haben freie Fahrt. Und sie fangen an zu handeln. Es ist nicht nur Seide oder kostbares Porzellan, mit dem Handelsschiffe ihre eigenen Länder bekanntmachen. Sie bringen Reis nach Norditalien und sogar bis in die Champagne.

Arabische Schiffe sind bereits seit etwa 2000 v. Chr. unterwegs, zuerst auf Küstenfahrt rund um die arabische Halbinsel. Die sagenhafte Königin von Saba im Süden Arabiens besaß bereits 1000 v. Chr. einen Schatz, mit dem sich lukrativ handeln ließ: Weihrauch. Die Weihrauchstraße führte vom heutigen Oman nach Jerusalem und Aleppo. Aber der Landweg ist gefährlich. Piraten hin und her: Überfälle zu Lande sind häufiger, Krankheiten drohen.

Und dann segeln die Araber über die hohe See nach Indien, quer über den indischen Ozean, mit dem Nordostmonsun im November und Dezember und zurück mit dem Südwestmonsun von April bis September. Zuerst fahren sie auf Binsenbooten und handeln den Bewohnern Kostbarkeiten ab: In Oman sind Specksteine der Induskultur gefunden worden. Der Nordostmonsun bringt sie über Malaysia dann eines Tages auch nach Kanton, wo sie die Säbel sprechen lassen. Sie gründen Städte im Süden an der afrikanischen Ostküste, landen auf Sansibar und Madagaskar. Sie sind nicht weniger mutig als die Wikinger. Ein Stammesfürst warnt im sechsten Jahrhundert seinen Admi-

ral: »Fürchte das Meer mit ganzem Herzen.« Diese Furcht überwinden sie.

Zur Orientierung nutzen sie den Polarstern und das Knotenbrett, Kamal genannt. Das hilft ihnen, sich am Polarstern zu orientieren. Ein horizontal gehaltenes Brett halten sie so, daß es mit seiner Unterseite auf dem Horizont steht und mit seiner Oberseite den Polarstern trifft. Eine Knotenschnur am Brett wird straff gespannt bis zur Wange. Je nach Länge des Auszugs der Schnur zeigt der entsprechende Knoten den Hafen an, der querab zur Sternenrichtung liegt. Das Nationalarchiv im omanischen Muskat bewahrt sogenannte Rachmanis auf, nautische Handbücher: »Das geheime Wissen über das Meer«. Sie enthalten Routenaufzeichnungen mit vorherrschenden Windrichtungen, Strömungen, Sonnenständen und Kompaßzeichen. Das arabische Wort Muska heißt übrigens Griff, Halt, Anhalt oder übertragen Ankerplatz.

Nach den Binsenbooten benutzen die Araber die Dhau, ein karweelgebautes Boot mit dreieckigem Lateinersegel, dessen Planken sie mit Kokosstricken zusammenbinden. Trotz seines Namens: Das Lateinersegel stammt aus dem Indischen Ozean. Aber das Boot kann im Sturm gefährlich werden. Beim Auflaufen gibt es dank der Elastizität seiner Konstruktion nach, aber harte See kann es auseinanderbrechen. Die Portugiesen lernen sie im 15. Jahrhundert noch kennen. Sie sind Vorbild für die Karavelle, ein Schiffstyp, den die Araber aus der Dhau im Mittelmeer weiterentwickeln und mit dem Kolumbus Amerika entdeckt. Die Karavelle kann bereits aufkreuzen. Mit den rahbesegelten Karacken des Mittelmeeres ist das nicht möglich.

Nach Indien und Asien befördern die arabischen Händler auf ihren Dhaus Kupfer und Erz, Leinen und Baumwolle, Teppiche und Datteln. Dafür handeln sie seit dem siebten Jahrhundert Seide und Porzellan, Teak und Reis ein.

Die Araber sind in der Mitte des ersten Jahrtausends schon auf vielen Routen unterwegs. Und dann kommt Mohammed (um 570–632), der Gründer des Islams. Pfeilschnell dringen die Araber in das damals zerstrittene Christentum ein, in Persien und den mittleren Osten. Vor seiner Religionsgründung leben sie in Stammesverbänden und verehren Sonne, Mond und Sterne. Der Monotheismus, der Glaube an den einen Gott Allah, ist ein gewaltiger Schub. Sie bringen das Dezimalsystem über Spanien nach Europa und pflegen diplomatische Beziehungen vom Reich Karls des Großen bis nach China.

Die Folgen für die Seefahrt Europas sind gewaltig. Mit den Arabern kommt nicht nur der Kompaß ins Mittelmeer. Es wird für Europäer auch kaum noch befahrbar. Von drei Seiten besetzt der Islam seine Ufer, von Spanien bis zum Bosporus. Ein arabischer Historiker schreibt später, die Christen hätten keine Planke mehr ungehindert zu Wasser bringen können. Zur Zeit der Römer ist ihr mare nostrum das entscheidende Medium der Handelswege. Diese Zeiten sind vorbei. Der Westen hatte vorher von den Schätzen des Ostens gelebt. Jetzt ist er auf sich selbst gestellt. Er kann sich nur noch von Landwirtschaft ernähren, einer Wirtschaftsform ohne Perspektive. Der Verfall beginnt. Die Armut nimmt zu, der Verfall der europäischen Navigationskunst auch.

Ein rüdes Beispiel für die Depression einer europäischen Hafenstadt ist Marseille. Marseille ist bis zum Beginn seines Niedergangs im achten Jahrhundert eine quicklebendige Metropole. Sie ist Haupteinfuhrhafen für den Norden. Von Marseille aus können sich Passagiere nach Rom und Konstantinopel einschiffen, auch nach Spanien. Die Seeräuberei ist weitgehend unterbunden. In Marseille wird das wichtige Öl angelandet, tägliches Nahrungsmittel für Gallien, Spanien und Italien, die selbst nicht genug produzieren. In Marseille werden unzählige Großhändler reich. Hier treffen sich Syrer, Juden, Griechen und Goten, nach einer Überlieferung sogar mit einem angelsächsischen Kaufmann. Die Stadt mit mehrstöckigen Häusern ist übervölkert und hat häufig mit Epidemien zu kämpfen. Im neunten Jahrhundert wird Marseille zur Provinzstadt.

Aber es gibt Ausnahmen. Dreimal, zum letzten Mal im achten Jahrhundert, versuchen die Araber vergeblich, Konstantinopel zu erobern. Der griechische Block hält stand. Byzanz kann sich dank seiner Flotte behaupten und bleibt Seemacht im östlichen Mittelmeer.

Und dann ist da noch Venedig. Diese Stadt wird byzantinischer Vorposten im Westen. Die ersten Einwohner Venedigs stranden als Flüchtlinge, die den Hunnen unter Attila, den Franken und den Langobarden auf die öden Inseln der Lagune entkommen können. Im sechsten und siebten Jahrhundert leben die Venezianer vom Fischfang und von der Salzgewinnung. Parallel zu den Eroberungen des Islams entwickeln sie im achten Jahrhundert ihren Seehandel. 875 zerstören sie ihre Rivalenstadt Comacchio an der Pomündung.

Die Venezianer machen sich entschlossen die Adria untertan und segeln an die Küsten der Levante. Trotz der Verbote des byzantinischen Kaisers handeln sie mit den islamischen Hafenstädten und übernehmen die einstige Rolle von Marseille. Der Handel mit Sklaven aus Dalmatien ist eine lukrative Sache. Auch christliche Sklaven werden verkauft. Venedig entwickelt sich zu einer eigenen Welt mit eigener Flotte, mit autonomer Regierung und freier Fahrt im östlichen Mittelmeer. Selbst in der deutschen Sprache überleben arabische Worte der Seefahrt aus dieser Zeit: Admiral, Kabel, Monsun, Barke, Schaluppe. In südeuropäischen Sprachen sind es viel mehr.

Das Mittelmeer ist also in Ost und West unterteilt. Christliche Seefahrt findet nur im Osten statt. Auch Städte wie Bari, Salerno, Amalfi und Neapel können sich eine eigene Flotte und Fahrtrouten erhalten. Auch christliche Pilgerfahrten nach Jerusalem finden noch statt. Und Venedig wird immer mächtiger und reicher. Die Stadt stellt für den 6. Kreuzzug 1248 bis 1254 fünfzehn große Transportschiffe zur Verfügung. Diese sogenannten Nefs sind für ihre Zeit riesig, mit einem Längen-Breiten-Verhältnis von fast 2 : 1, also sehr pummelig geraten. Quellen geben eine Länge von 31 Metern und eine Breite von 14 Metern an. Unten ist der Laderaum, darüber der Pferdestall. Die Pferde hängen in Gurten unter dem nächsthöheren Deck und schaukeln bei Seegang hin und her. Kein Vergnügen, auch nicht für die einfachen Soldaten, die ebenfalls hier hausten. Darüber wohnten die Edelleute. Die Herrschaft sonnte sich im sogenannten Paradies, einem zweistöckigen Heckaufbau. Das Schiff kam auf gut zehn Meter Höhe.

Modell einer arabischen Dhau.
Sammlung Tamm

Das wichtigste Schiff Venedigs ist jedoch die Galeere. Ein gerudertes Schiff mit Lateiner-Hilfssegel und bis zu drei Masten, schlank als Kriegsgaleere, etwas fülliger als Transportschiff. Spätere Versionen verlangen drei und fünf Ruderer an den Riemen. Die Sitze sind zum Mittelgang erhöht. Dort schwingt der Bootsmann die Peitsche. Den Takt gibt eine Trommel vor. Die Ruderer stehen auf, ziehen den Riemen mit ganzer Kraft durch und lassen sich wieder auf die Ruderbank fallen. Nur im Gefecht und bei Paraden sind alle Riemen besetzt. Sonst arbeiten die Ruderer in drei Schichten. Galeeren sind bis mehr als 60 Meter lang und haben bis zu 20 Riemen an jeder Seite.

Die Rivalen Genua und Venedig besitzen etwa je hundert Galeeren. Sie fertigen die Bauteile vor. In Venedig arbeiten im Arsenal bis zu 16 000 Menschen in Tag- und Nachtschichten. In zwei Tagen bauen sie eine Galeere zusammen, in zwei Stunden ist eine stillgelegte Galeere kriegstüchtig gerüstet. Das Holz kommt aus Dalmatien. Die Galeeren halten jedoch wenig von der Fahrt über die offene See. Ihre Kapitäne kleben lieber am Ufer. Das zeigen Reiseberichte. Wikinger, Chinesen und Araber sind da schon weiter.

Die Kreuzzüge in den ersten Jahrhunderten des neuen Jahrtausends werden den Islam vorübergehend schwächen. Erst im 12. Jahrhundert lockern sich die Fesseln für die europäischen Seefahrer. Aber die Handelswege zu den Gewürzen des Orients sind verschlossen. Hier einen direkten Weg zu suchen unter Umgehung der islambeherrschten Weltteile, darauf kommt es an.

Der Weg wird gefunden. Gleich zu Anfang des 16. Jahrhunderts vernichten die Portugiesen das islamische Handelsmonopol im Indischen Ozean schnell und skrupellos. 1509 zerstört Almeida bei Diu in einer der ganz entscheidenden Schlachten der Weltgeschichte die unbewaffneten arabischen Galeonen mit kanonenbestückten leichten Seglern. Denn in Europa gibt es im Winter kein frisches Fleisch. Trockenfleisch schmeckt ohne Gewürze nicht. Mit einem großen Markt für Spezereien ist zu rechnen. Die Portugiesen machen das spanische Antwerpen zu ihrem Gewürzmarkt. Die Stadt wird ungeheuer reich und tritt die Nachfolge Genuas als europäisches Handelszentrum an.

Die Weltgeschichte macht eine Kehrtwendung. Das Zeitalter der westeuropäischen See- und Kolonialherrschaft beginnt.

Exkurs: Der Kompaß

Man muß erst drauf kommen. Auch der Kompaß hat das Schicksal, daß ein bekanntes Phänomen lange warten muß, bis es praktisch angewendet wird. Magneteisenstein ist schon lange bekannt, aber ihn zur Richtungsfindung zu verwenden, das gibt der Stein selbst nicht her. Es muß ein Geistesblitz auf den Magneten stoßen.

Der Ursprung des Kompaß liegt zwar im Dunkeln, aber daß die Chinesen seit 1000 v. Chr. zuerst Magneteisenstein als Richtungsweiser verwenden, das gilt als unbestreitbar. Er ist, da sind sich die Historiker ziemlich sicher, keine Entdeckung der konfuzianischen Herrscherkaste. Die pragmatischen und von ihren Herren belächelten Taoisten nutzen den Magnetit zuerst. Und darum, so folgern manche, wird er nicht zuerst dazu verwendet, sich im Reich zu orientieren oder gar Seefahrt zu betreiben, sondern um die Ausrichtung der Gräber zu bestimmen. Naturkenntnis zu fördern, daran war den Mandarinen, den Beamten, nicht gelegen. Kaufleute werden in China isoliert, Seefahrer bekommen eines Tages Berufsverbot. Wissen und Welterfahrung kratzen an der Herrschaft, auch das Wissen um den Kompaß, den die Chinesen erst seit dem 11. Jahrhundert auch auf See verwenden. Mit Hilfe des Magneten steuern sie Ostafrika und Indien an.

Die Reisen des islamischen Eunuchen Cheng-Ho mit Kompaß-Hilfe im Pazifik und im indischen Ozean bis nach Persien und Australien dienen nicht nur der Befriedigung der Neugier und dem Handel, sondern der Verteidigung. Es gilt, die Gegner kennenzulernen. Nach den Erfahrungen mit den Mongolenüberfällen und der Mongolenherrschaft – 1126 vertreiben die Mongolen die Sung-Dynastie aus dem Norden Chinas – schafft die Ming-Dynastie Anfang des 15. Jahrhunderts die Seefahrt ab.

Von Veränderungen halten die Chinesen nichts mehr. Sie isolieren sich und verhindern alle Handelsbeziehungen. Handel, besonders der zur See, widerspricht dem Autokratismus und dem Zentralismus, den die Chinesen von den Mongolen geerbt haben. Ihr Wissen bleibt für den Rest der Welt nicht folgenlos – aber für sie selbst. Für ihre eigene Seefahrt brauchen sie den Kompaß mangels Bedarf nicht mehr zu verbessern. Und die geringe soziale Stellung der Handwerker führt generell neben der selbstgewählten Isolation dazu, daß China aus

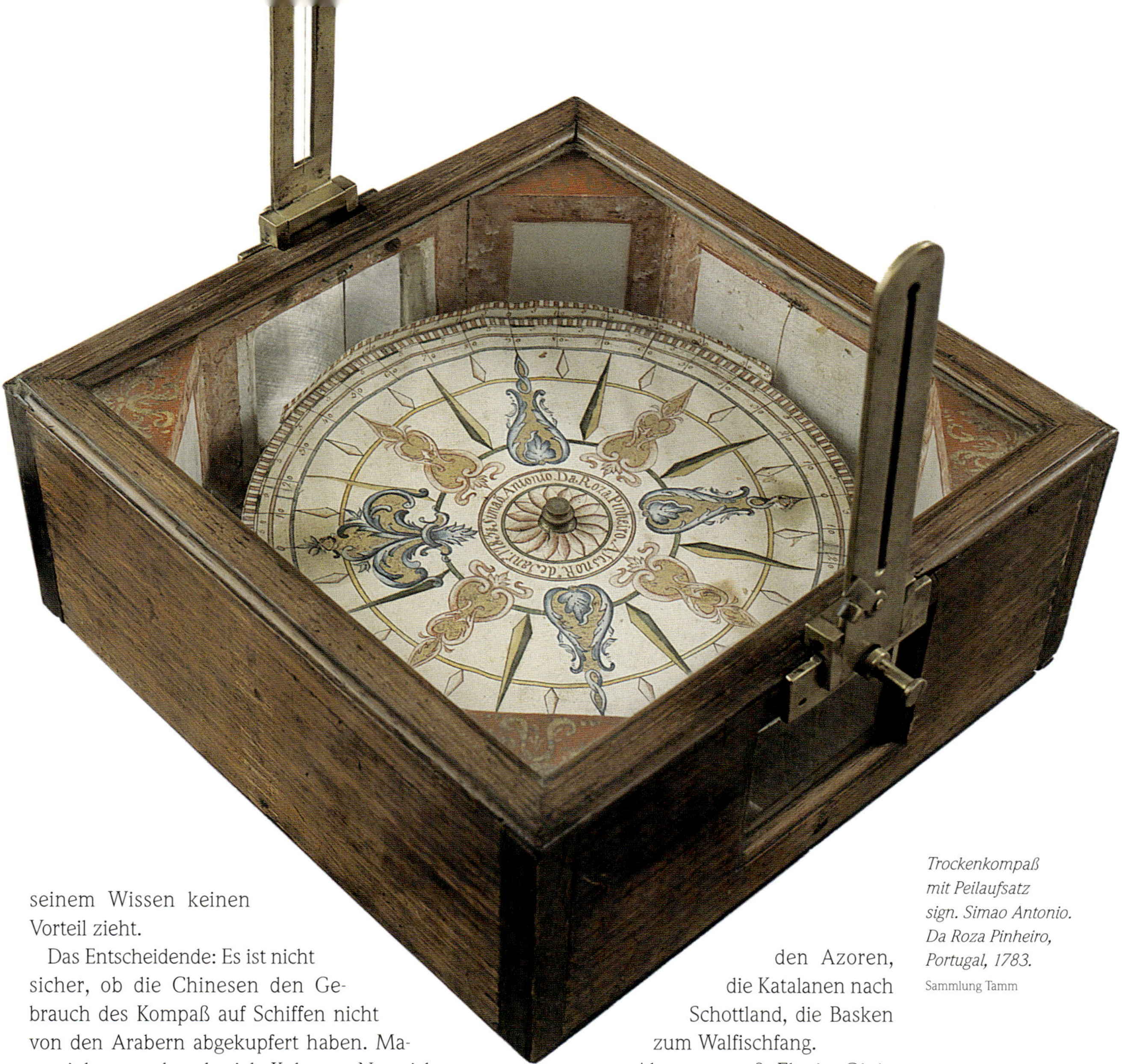

Trockenkompaß mit Peilaufsatz sign. Simao Antonio. Da Roza Pinheiro, Portugal, 1783.
Sammlung Tamm

seinem Wissen keinen Vorteil zieht.

Das Entscheidende: Es ist nicht sicher, ob die Chinesen den Gebrauch des Kompaß auf Schiffen nicht von den Arabern abgekupfert haben. Magnetit kennen damals viele Kulturen. Nur nicht alle machen ihr Wissen praktisch nutzbar. Reiseberichte widerlegen die Legende, die Chinesen seien die ersten gewesen, die mit einem Schiffskompaß segeln. Europäer stellen bei der Begegnung mit chinesischen Seeleuten nämlich fest, daß deren Kompasse schlechter sind als die eigenen. Das Logbuch Vasco da Gamas überliefert, die Kompaßqualitäten der Araber im Indischen Ozean könnten es mit denen der Portugiesen aufnehmen.

Denn der Kompaß wird im Mittelmeer, in Italien weiterentwickelt und wandert so nach Europa. Im 12. Jahrhundert taucht er plötzlich im Mittelmeer auf. Quellen von 1187 und 1206 erwähnen ihn. Die Araber bringen ihn mit. Der frühe Kompaß braucht einen Wassernapf und einen schwimmenden Strohhalm. Auf dem liegt eine Nadel, die vorher durch Reibung an einem Magnetit magnetisiert wird. Mit solch einem Instrument segeln die Normannen zu den Azoren, die Katalanen nach Schottland, die Basken zum Walfischfang.

Aber es muß Flavio Gioia aus der italienischen Stadt Amalfi kommen, dem der Überlieferung nach 1302 der entscheidende Griff gelingt – wenn es sich bei seiner Person nicht um eine Erfindung handelt. Sicher ist das nicht. Es sind auf jeden Fall die Neapolitaner, die als erste mit einem richtigen Schiffskompaß unterwegs sind. Den Weg des Kompaß über die Araber belegt die Tatsache, daß sie schon im neunten Jahrhundert in Amalfi und Pisa Handelsstützpunkte unterhalten.

Der Schiffskompaß ist eine etwas elaboriertere Entwicklung, die sich vom Pfadfinderkompaß grundsätzlich unterscheidet. Folgendes ist wichtig, sich zu merken und zu begreifen: Das Schiff dreht sich um den Kompaß. Darum ist die Magnetnadel mit der Strichrose direkt verbunden. Der Kompaß zu Lande hat eine freischwingende Nadel. Die Rose ist mit dem Gehäuse direkt verbunden.

Die Nadel mit der Kompaßrose dran drehte sich bei den Navigatoren aus Amalfi im Königreich Neapel in einer Bussole, einer Dose. Nach Erfindung des Flüssigkompasses, der die Nadel bei Schiffsbewegungen durch Alkohol dämpft, wird der Name Bussole für alle Trockenkompasse geprägt.

Der Kompaß erlaubt eine vorzügliche Orientierung. Das klingt nach Orient, nach Osten also, und nicht zufällig. Für die Navigatoren des Mittelmeeres ist Ost die bevorzugte Richtung, auch wenn der Polarstern in der navigatorisch bedeutenden Richtung liegt. Aber im Osten liegt nun einmal das heilige Land. Und auf die Ostmarkierung der Rose malten die Kompaßbauer darum eine Lilie oder ein Kreuz, die sogenannte Orientierung.

Der nächste Begriff, der noch in aller Mund und Ohr ist, stammt ebenso aus der Entwicklung des Kompaß. Girolamo Cardano erfindet die kardanische Aufhängung, die den Kompaß frei schwingen läßt. Angeblich soll ihm die Idee zu dieser Technik gekommen sein, als er einen schwankungsfreien Kutschsessel

Nautisches Etui, 1596. Vermutlich für König Philipp II. angefertigtes Prunkstück. Vergoldete Bronze, Emaille. Geschmückt mit Gravierungen: kleine Schiffe, Seeungeheuer, Landkarten. Es ist eine Verbindung von nautischen und topographischen Instrumenten.
Marinemuseum Madrid

für Kaiser Karl V. erfinden will. Anekdoten über Anekdoten. Er übernahm das Prinzip ganz einfach von den Halterungen der Öllampen.

Ob mit oder ohne Aufhängung, die Nadel zeigt eine Richtung. Aber sie zeigt fast nie nach Norden, zum Nordpol, nicht einmal unbedingt zum magnetischen Nordpol. Schon bald wird das den Navigatoren klar. Sie entdecken die magnetische Mißweisung. Die Richtungsweisung des Kompaß ist mit einem natürlich vorgegebenen Fehler behaftet. Und dieser Fehler ändert sich ständig, entsprechend dem Ort und der Zeit der Beobachtung. Je nach Standort zeigt sich eine westliche oder östliche Abweichung zum geographischen Nordpol.

Das merkte schon Kolumbus, der mit einem Trockenkompaß unterwegs war. Er stellte auf astronomischem Wege eine Abweichung seines Kompasses bei den Azoren fest und bestimmte sie. Je weiter er nach Westen fuhr, um so mehr verschob sich die Abweichung von Nordost nach Nordwest.

Diese Abweichung, die Deviation, kann zwischen 0 und 180 Grad betragen! Der Hintergrund: Die Erde ist von einem magnetischen Feld umgeben. Dieses Feld hat wie jedes magnetische Feld zwei Pole. Magnetischer Nordpol und magnetischer Südpol fallen nun aber leider nicht mit den geographischen Polen zusammen. Die magnetischen Pole sind auch keine festbegrenzten Punkte oder Flächen, sondern haben einen Durchmesser zwischen 40 und 60 Seemeilen. Innerhalb dieser Flächen stellt sich eine Magnetnadel senkrecht zur Erdoberfläche.

Die Magnetpole verändern ihre Position langsam und stetig, elliptisch zum geographischen Pol. Das heißt, diese Mißweisung ist zum Glück berechenbar. Auf modernen Karten ist sie angezeigt. Sie muß zum Kompaßkurs hinzugerechnet oder subtrahiert werden: Der Navigator nimmt eine sogenannte Beschickung vor. Bis sich der Kompaß vom Magnetfeld der Erde unabhängig macht, ist es jedoch noch ein weiter Weg, der Jahrhunderte braucht.

Der erste Kreiselkompaß von Anschütz.
Raytheon/Anschütz

Die grosse Neugier – Segeln bis ans Ende der Welt und zurück

Die Seewege in den Orient sind durch den Islam verschlossen. Die begehrten Gewürze scheinen unerreichbar. Es sei denn, man kauft in Venedig, bei den Monopolisten. Welche Alternative gibt es? Lassen sich die fernen Länder nicht auch erobern? Das Ziel heißt Indien. Und viele brechen auf, es über die See zu erreichen. Die Mittel zu diesem Zweck sind noch nicht erwachsen. Aber die Seefahrer riskieren alles für den Ruhm und den Reichtum. Der Norden geht vorher seinen eigenen Weg.

Die Hanse – Handel im Norden

Fünfzehn Jahre lang dauerte das erste Tauchbad. Das Holz des Wracks lag in einer wachsartigen Substanz, damit es später nicht reißt und zerbröselt. Die zweite Tauchphase dauerte drei Jahre. Es ist das bisher einzige Mal, daß dieses Verfahren für ein ganzes Schiff angewendet wurde, für eine Hanse-Kogge. 1962 finden Arbeiter im Schlamm der Weser einen hölzernen Schiffsrumpf. Der flache Schiffsboden, die steilen Wände und der Steven und die Klinkerbauweise lassen auf ein Schiff dieses Typs schließen.

Die Bremer Kogge ist das erste Schiff seiner Art, das derart gut erhalten ist. Die Schiffsarchäologie tappt vor diesem Fund ziemlich im Dunkeln. Die Kogge existiert auf Siegeln ihrer Zeit, in Modellen und zeitgenössischen Tafelaufsätzen. Diese ist gut 23 Meter lang, trug ein Deck mit Kastell, mit Aufbau also, ist 7,60 Meter breit und beweist, daß die Siegel und Modelle treffsicher sind. Weitere Ergebnisse der Schiffsforscher: Im Frühjahr 1380 liegt sie am Ausrüstungskai der Werft, ohne Ballast und Mast. In einem Hochwasser, vermutlich mit Eisgang, reißt sie sich los, treibt die Weser abwärts und kentert. Der Totalverlust wird im Schlick konserviert.

Das achterliche Kastell zeigt, daß nur ein hoher Mast von 21 Metern Länge mit einem schmalen hohen Segel als Besegelung der Kogge in Frage kam. Eine Kursänderung verlangte also bei der Kogge einigen Aufwand. Die Wanten störten. Also muß das Segel mit der Rah gefiert, also heruntergelassen und auf dem Deck gedreht werden. 200 Quadratmeter Tuch werden am Mast gehangen haben. Die Verdrängung lag bei 80 Tonnen. Die Größe der Besatzung ist unklar. Die Kogge steht ab Mai 2000 im Deutschen Schiffahrtsmuseum in Bremerhaven.

Das Beste an diesem Schiff: eine Toilette im Achterschiff, ein stabiler Sitzring über dem Wasser für den freien Fall. Ein beispielloser Luxus für die Zeit ihrer Entstehung, die Zeit der Hanse.

Für die Hanse ist alles anders. Die Verhältnisse im Norden des Heiligen Römischen Reiches deutscher Nation unterscheiden sich von denen im Mittelmeer gewaltig. Der Norden bleibt sich selbst überlassen. Alles blickt nach Süden. Es gilt mehr oder minder das Faustrecht. Darum entsteht ein Verbund deutscher Händler im Ausland als Gesellschaft zu gegenseitigem Schutz und zur Verfolgung gemeinsamer Interessen. Das Ergebnis: Dieser Zusammenschluß handelt wie ein Staat, ist aber nur ein Städtebund. Auf der Höhe ihrer Zeit beherrscht sie den Handel zwischen Nowgorod, Stockholm, Brügge, Köln, London, Hamburg, Lübeck und Lissabon.

Kaufleute aus Köln und Westfalen sind die ersten, die in England Gleichberechtigung mit den Angelsachsen erreichen. Die Bremer verbünden sich mit dem norwegischen Bergen. Ab 1200 nennen sich diese Vereinigungen Hanse. Das Wort Hansa ist althochdeutsch und heißt bewaffnete Schar. Die Hanse wird in Lübeck gegründet und ist eine Vereinigung zum Schutz der Handelswege und eine Wirtschaftsgemeinschaft. Schon 1226 errichten die Lübecker in Travemünde ein Hafenzeichen als

Modell einer Hansekogge.
Sammlung Tamm

Markierung. 1539 wird daraus ein 31 Meter hoher Leuchtturm, der heute noch steht und erst 1974 durch ein neues Feuer auf dem Dach eines Hotels ersetzt wird.

Die Hanse ist wichtig für die Geschichte der Seefahrt, weniger für die Geschichte der Navigation. Die Hanse erfindet keine neuen Instrumente und Verfahren, nur eigene Schiffe, und beweist, was zu ihrer Zeit mit den vorhandenen Kenntnissen im Norden auch politisch möglich ist. Als nämlich 1361 König Waldemar von Dänemark mitten im Frieden die Ostseeinsel Gotland überfällt und ihre Hauptstadt Visby erobert, erklärt der Städtebund Hanse Dänemark den Krieg, als sei sie ein souveräner Staat. Eine Hanse-Flotte zerstört Kopenhagen. Dieser Sieg bringt der Hanse den entscheidenden Erfolg. Sie wächst auf 160 Städte an.

Historiker haben bereits vermutet, daß die kommende Macht Europas auf seinen Wäldern

Der Sund und Kopenhagen aus »De Fransche Neptunus«, Amsterdam 1693

Sammlung Tamm

beruht und der Niedergang des Islams im Osten am fehlenden Holz liegt. Zum Bau einer Flotte braucht man einen ganzen Wald. Alle seefahrenden Nationen suchen darum Zugang zu den Kiefernwäldern der Ostseeländer für die Masten. Auch mit Holz für Masten macht die Hanse jedenfalls glänzende Geschäfte.

Das wichtigste Instrument der Hanse ist das Schiff. Die Hanse handelt über See in Europa, und ihr Schiff ist die Hulk, die auch Kogge heißt. Sie ist eine skandinavische Konstruktion des 12. Jahrhunderts, eine Fortsetzung der Wikinger-Knorr mit anderen Mitteln, breiter, um Waren aufzunehmen, und mit eingezogenem Deck. Die Kogge fährt anders als das Langschiff mit Axialruder am Achtersteven. An Bug und Heck trägt sie Plattformen für Soldaten, die Kastelle. 200 Jahre lang ist die Kogge das typische Schiff des Nordens und des Westens. Sie überzeugt auch im Mittelmeer. Piraten sollen mit Koggen 1304 nach Süden gefahren sein und dort das Fürchten gelehrt haben. Auch auf der Amerikaroute ist sie zu sehen.

Die Nordländer entwickeln die Kogge weiter zur Hulk: Unter den Kastellen entstehen Wohnräume, achtern für Offiziere und Passagiere, vorn für die Mannschaften. Zwanzig bis vierzig Mann sind an Bord. Die längste Route führt lange Zeit mit Salzladung aus der Bretagne bis nach Livland. Hanse-Koggen fahren später auch Getreide nach Venedig und Genua, weil die Türken nach der Eroberung Konstantinopels die Handelswege in die Kornkammern am Schwarzen Meer abschneiden. Weil Spanien und Portugal nur Augen für Übersee haben und England und Holland um die Macht kämpfen, übernimmt die Hanse den Transport rund um Europa.

500 Jahre hält der Hanse-Bund. Aber 1689 findet der letzte »Hansetag« statt. Der Westfälische Friede von 1648 nach dem Dreißigjährigen Krieg gibt fremden Nationen die Kontrolle über mehrere deutsche Flüsse. England beherrscht mittlerweile Deutschlands Wollhandel, und die norddeutschen Städte verlieren an Bedeutung. Nur Hamburg kann sich aus dem allgemeinen Niedergang heraushalten.

Karracke, um 1450. Das Modell ist eine Nachbildung einer Weihgabe aus der Wallfahrtskapelle San Simon de Mataro in Barcelona.
Marinemuseum Madrid

Seit Antwerpen an die Spanier gefallen ist, nimmt Hamburgs Handel zu. Die ehemalige Hansestadt wird Zuflucht für Flüchtlinge aller Art und darf sich rühmen, das erste Kaffeehaus in Deutschland zu besitzen.

Die Hanse scheitert, weil der Stern des Kaisers sinkt, die Territorialherren ihre Konkurrenten werden und die Geld- und Warenströme an ihr vorbeifließen. 1494 kündigt der Zar die Stapelrechte in Nowgorod. Nach dem Sieg über die spanische Armada 1588 im Kanal schließt Elisabeth I. von England die Niederlassung in London. Amerika ist entdeckt. Die Schiffe der Spanier und Portugiesen fahren in die Neue Welt und nach Indien. Die Musik spielt jetzt nicht mehr auf den europäischen Binnenmeeren, sondern auf dem Atlantik und im Pazifik.

Die Entdecker – Der Kampf um die Welt

»Das Schiff schlingerte so stark und zog so viel Wasser, daß ihnen, wollten sie nicht lotrecht untergehen, nichts anderes übrig blieb, als den Fockmast zu kappen, da dieser ihnen durch sein starkes Schwanken die Bordwände zu sprengen drohte. Und als sie im Begriff waren, ihn abzuhacken, wurde das Schiff von einer solch schweren See erfaßt, daß er ihnen aus der Verankerung brach und in das Meer geschleudert wurde, so daß sie nur mehr das Tauwerk zu kappen brauchten. Doch im Fallen schlug der Mast mit großer Wucht gegen den Bugspriet und riß ihn aus dem Kielschwein heraus, wodurch das Schiff am Bug fast zur Gänze offen lag.« Aber die Galeone SÃO JOÃO kämpft weiter, im Indischen Ozean im Jahre 1552. »Aber sie gingen dennoch unter Segel, um zu sehen, ob es für sie nicht doch noch eine Möglichkeit der Rettung gebe, und sie versuchten, das Steuerruder zu gebrauchen, aber das Schiff ließ sich in keiner Weise steuern, da eine der Ruderketten, die das Meer geholt hatte, fehlte. Und nun kam bereits die Küste in Sicht. Dies begab sich am achten Juni.«

Die Mannschaft setzt die portugiesische Galeone an der ostafrikanischen Küste bei Natal auf den Strand und versucht, sich an Land durchzuschlagen. Nahrungsmangel und Überfälle der Kaffern setzen ihnen schwer zu. Nur wenige überleben. SÃO JOÃO scheitert an der See. Andere Portugiesen werden aufgebracht, zum Beispiel die Karracke SANTO ANTÓNIO im Jahre 1565 auf dem Weg von Brasilien nach Portugal. Die SANTO ANTÓNIO hat in schwerem Sturm bereits Ladung über Bord geworfen und Macht Wasser. Die Mannschaft steht an den Pumpen. Auf den Kapverden will die Mannschaft das Schiff dichten. »Und als wir bereits Sicht von den Inseln hatten, tauchten am 29. Juli, dem Tag der Heiligen Martha, auf dem offenen Meer eine Karracke und eine Zabra der Franzosen auf. Und sobald die Franzosen unser Schiff erblickten, folgten sie ihm, bis sie des Nachts um drei auf Rufnähe herankamen und uns aufforderten, daß wir uns ergeben sollten.« Ein Gewitter und günstiger Wind rettet das Schiff an diesem Tag.

»Als wir nun am Montag, dem dritten September, wegen der von mit bereits geschilderten Notlage die Inseln ansteuerten, und der Lotse sich ihnen schon nahe wähnte, wurden wir von einem französischen Korsaren eingeholt, dessen Schiff wie alle dieser Art bestückt und ausgerüstet war. Das unsere aber war unbewaffnet und hatte keine Artillerie an Bord ... Da aber das Schiff gar so schlecht mit Waffen ausgerüstet war und die meisten Männer, die auf ihm fuhren, so wenig Mut besaßen, fand Jorge nicht mehr als sieben, die bereit waren, ihm bei der Verteidigung des Schiffes zur Seite zu stehen ... Dieses Gefecht währte an die drei Tage, ohne daß es die Franzosen gewagt hätten, uns zu entern.«

Seekarte, gezeichnet auf zwei zusammengefügten unregelmäßigen Pergamenthäuten. Sie wurde von dem Spanier Juan de la Cosa (1450–1509) im Hafen von Santa Maria angefertigt und trägt das Datum 1500.
Marinemuseum Madrid

Der Atlantische Ozean mit Gibraltar, Azoren, Kanarischen Inseln und Kapverden aus »Atlantis Majoris«, Amsterdam 1657

Sammlung Tamm

Aber der Mut der sieben Aufrechten nützt nicht. »Das Schiff der Franzosen, das an dem unseren anbordete, hatte an die achthundert Mann an Bord, unter denen sich viele Engländer und Schotten und auch einige Portugiesen befanden, und war als Kriegsschiff auf das beste gerüstet; denn fast alle auf ihm trugen blanke Waffen und einige sogar Beinschienen ... Das Schiff aber war vom Bug bis zum Heck gepanzert. Seine Mars- und Focksegel, die sich in bestem Zustand befanden, hatte man ordentlich gerefft, und die Bordwände waren so sauber, daß es schien, als sei

das Schiff gestrichen worden und befinde sich den ersten Tag auf See; in Wahrheit aber war es bereits vor vielen Monaten ausgelaufen und hatte bereits einige andere Schiffe aufgebracht.«

Man segelt gemeinsam zu den Azoren. Die Mannschaft soll ausgebootet werden. Die Franzosen wollen sich mit der SAN ANTÓNIO davonmachen. Aber falsche Winde und schweres Wetter vereiteln den Plan. Also steuert der Franzose mit seiner Prise Frankreich an. Es ist wieder das Wetter, das alle Absichten durchkreuzt. »Von dem französischen Schiff war

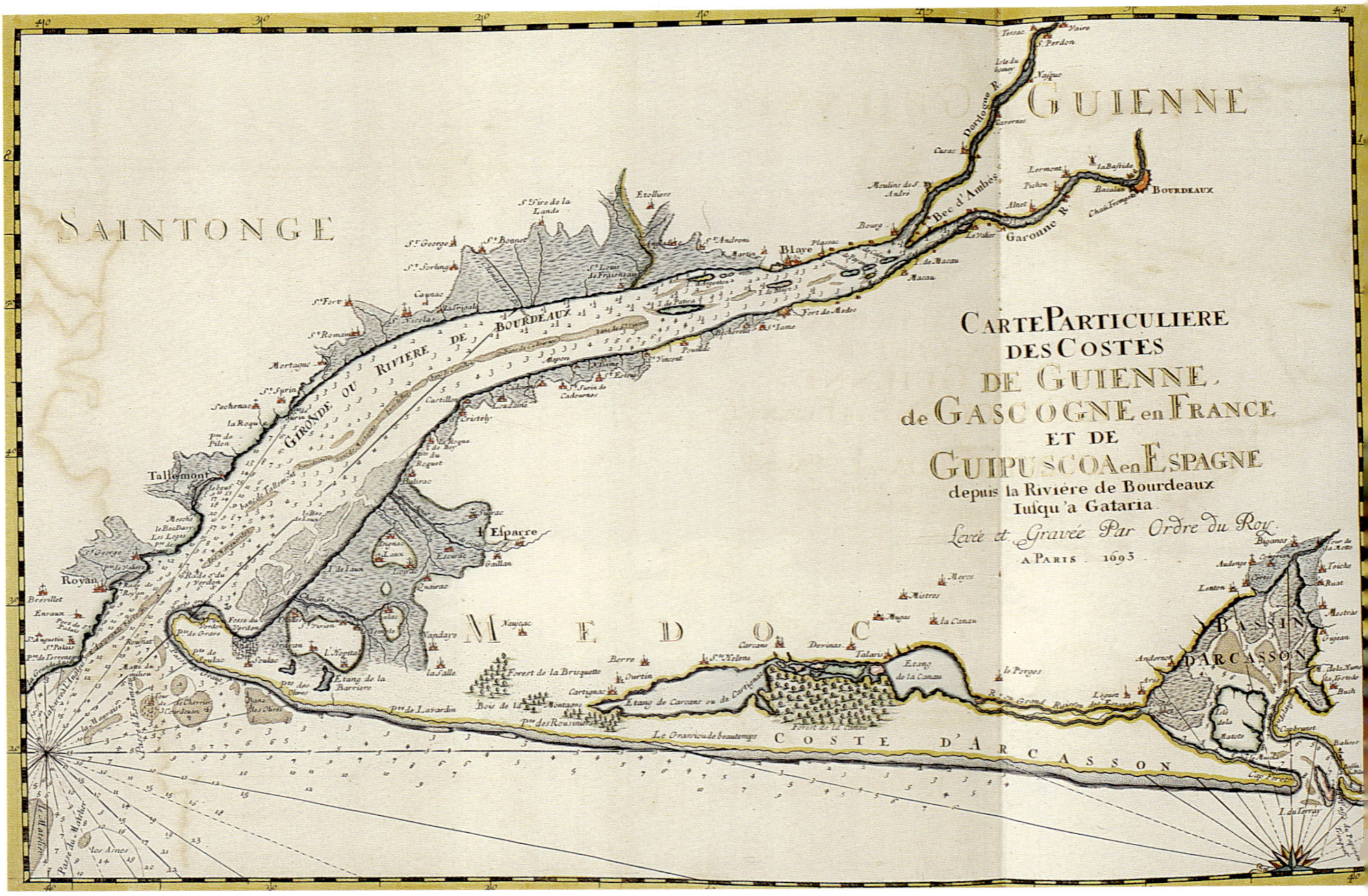

Französische Biskayaküste mit Bordeaux und Arcachon aus »De Fransche Neptunus«, Amsterdam 1693.
Sammlung Tamm

nichts mehr zu sehen. Und jenen Franzosen, welche auf unserem Schiff zurückgeblieben waren, verschlug es die Sprache, denn sie mußten feststellen, daß der rasende Sturm das Steuerruder zerbrochen hatte.« Aber noch schwimmt die SANTO ANTÓNIO. »In diesem Augenblick erhob sich eine Woge, die viel höher als die anderen war, und als diese auf unser Schiff zukam, unten so dunkel und schwarz und oben so weiß, da erkannten wir, daß wir im nächsten Augenblick das Ende unseres Lebens vor Augen haben würden. Hierauf brach sie sich mit einem Windstoß am Bug und schlug mit solcher Gewalt über dem Schiff zusammen, daß sie den Fockmast samt Segel, Rahen und Tauwerk mit sich riß. Darüber hinaus entführte sie den Bugspriet, den Schiffsschnabel und das Bugkastell mitsamt fünf Männern.«

Ein zweiter und ein dritter Brecher nehmen Besan und Großmast mit, nebst einem französischen Offizier des Prisenkommandos. Der französische Korsar taucht wieder auf, wundert sich, daß SANTO ANTÓNIO immer noch schwimmt und verschwindet in der nächsten Bö. Nach Tagen des umherirrens im Nordatlantik, jetzt irgendwo vor der Biskaya, erleben die Portugiesen christliche Seefahrt: »Am 29. September, dem Tag des Erzengels Michael, kam gegen Morgen ein Schiff in Sicht, dem wir zuwinkten und zu verstehen gaben, daß wir seiner Hilfe bedürften, um uns zu retten, denn es fuhr ganz nahe an uns vorbei. Aber jene, wer immer sie auch waren, hatten so wenig Nächstenliebe, daß sie uns nicht beistehen wollten, als sie uns auf einem solchen Stück Schiff dahintreiben sahen.«

Die Fahrt, von der ohne Ruder und Segel eigentlich nicht mehr die Rede sein kann, geht weiter. Die Pumpen sind in Betrieb. Es kommt wie es kommen muß: Das Schiff treibt auf die rabiate galizische Küste zu. »Dort aber, wenn es strandete, bestand für keinen von uns die Möglichkeit, sich zu retten, denn dieser Teil der Küste ist rauh und unwirtlich, wie jeder weiß.« Sie begegnen anderen Schiffen, die sie offensichtlich bei ihrem Zustand für eine Geistererscheinung halten. Auch eine Karavelle, die am 3. Oktober auf Rufweite herankommt, hat offensicht-

Die Häfen von Lissabon und Setubal aus »De Fransche Neptunus«, Amsterdam 1693.
Sammlung Tamm

lich besseres zu tun, als die armen Teufel zu retten. Endlich erbarmt sich eine Barke der Unglücksraben, die sechzehn Tage weder Wasser noch Wein zu trinken gehabt haben. Die Barke schleppt die SANTO ANTÓNIO nach Cascais.

Im Hafen sind Werften, und daß die perfekt arbeiten, läßt sich nicht gerade sagen. Diese Erfahrung macht die Karracke SÃO TOMÉ im Jahre 1589. Auch sie will wie die SÃO JOÃO vom portugiesischen Hafen Cochim an der indischen Ostküste um das Kap der guten Hoffnung herum nach Hause. Nach einigen schweren Seen macht das Schiff auf zwanzig Grad Süd Wasser. »Schuld daran war die Kalfaterung, welche die Ursache dafür ist, daß viele Schiffe verlorengehen, weil sie ohne Sorgfalt vorgenommen wird und weil die Handwerker ihr sehr wenig Aufmerksamkeit schenken, als ob sie keine Verantwortung für all die Menschenleben und all die Ware trügen, die sich auf diesen großen Schiffen befinden.« Auf hoher See hilft dann auch kein Gutachter mehr und keine Werftgarantie. SÃO TOMÉ strandet ebenfalls an der ostafrikanischen Küste.

Bernardo Gomes de Brito faßt diese Horrorgeschichten und noch einige andere in seiner Sammlung »Historia Tragico Maritima« zusammen mit Berichten von 1552 bis 1602. Leicht läßt sich erkennen: Dies ist die heroische Zeit der Seefahrt. Die Portugiesen sind die Pioniere. Sie leiten das Zeitalter der Entdeckungen ein. Im 16. Jahrhundert beherrschen sie den Handel mit Indien, nachdem sie die Araber aus dem Feld geschlagen haben. In ihrem Gefolge erschließen sich die europäischen Seefahrer und Navigatoren den Rest der Welt.

Die Epoche beginnt, als sich der portugiesische König Dionysos – portugiesisch Diniz – um 1300 von Genuesern und Venezianern zeigen läßt, wie man Schiffe für weite Seereisen ausrüstet. Doch venezianische, genuesische und katalanische Seefahrer wagen sich trotz überragender Kenntnisse nicht in den Atlantik hinaus. Aber dessen Küste bewohnen nun mal die Portugiesen, die zum Festland hin ziemlich isoliert sind. Es sind portugiesische Galeonen, Karracken und Karavellen, die den Kraftakt wagen, weiter nach

Madagaskar und
die Küste von
Mosambik aus
»The English Pilot«,
London 1761.
Sammlung Tamm

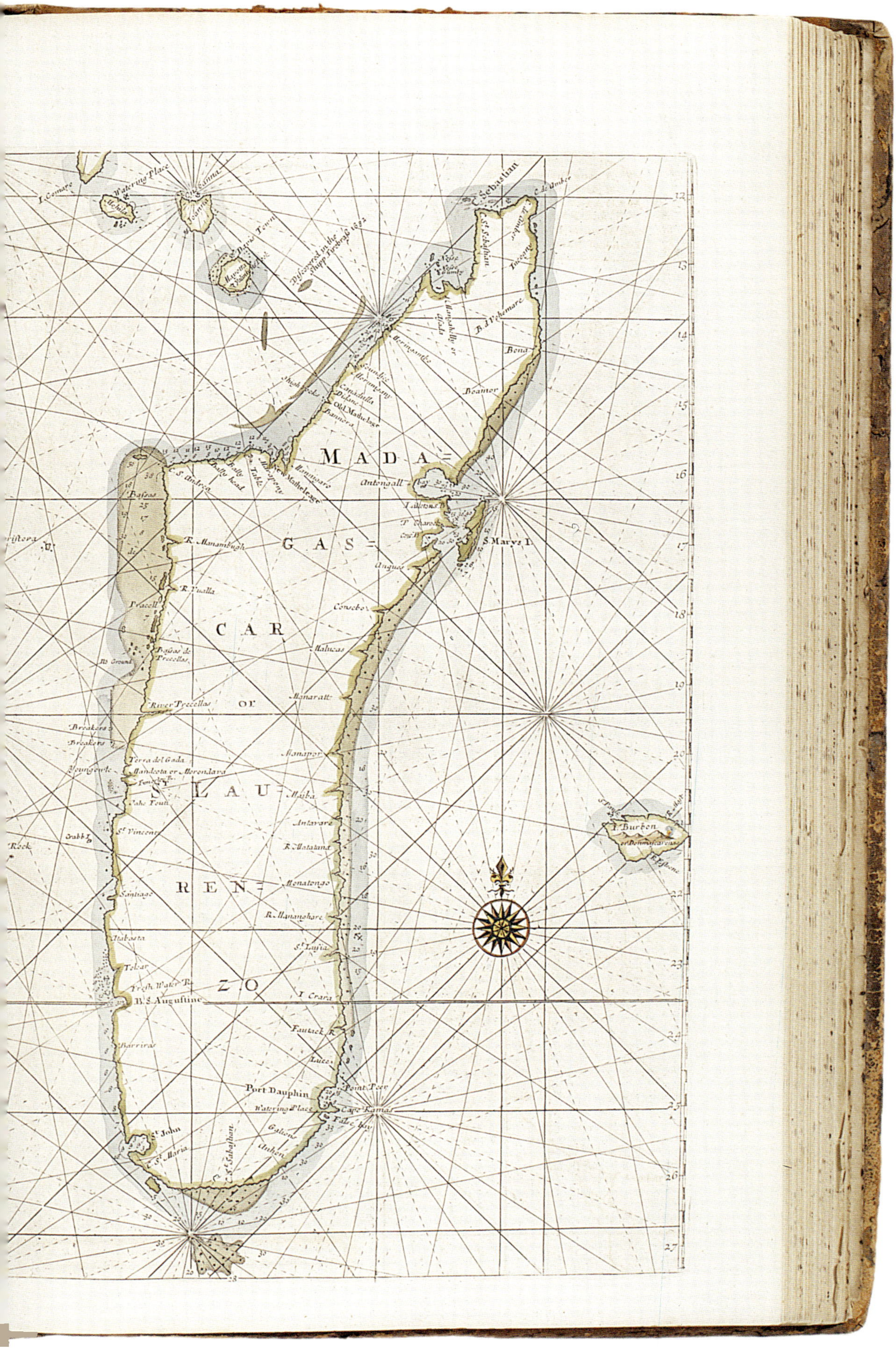
MADA
GAS
CAR
OR
S. LAU
REN
ZO
S. Marys I.
Antongall Bay
Port Dauphin
B. S. Augustine
Cape Ramas
Watering Place
I. Burbon
R. Manambugh
River Tyecellas
Terra del Gada
St. Vincent
Santiago
St. John
Bona
Beamor
Conesbe
Malucas
Manaratt
Manapor
Antavare
Monatongo
Fautack
Luces
St. Sebastian

Süden zu segeln, als jemals ein Europäer gekommen ist.

Warum nehmen die Portugiesen ihr Herz in beide Hände? Noch zu Beginn des 15. Jahrhunderts nämlich glaubt man nicht nur in den Hafenstädten, daß ein Schiff Richtung Süden seinem sicheren Verderben entgegensegele. Die Westafrikanische Küste gilt als Schwelle des Todes. Hier beginnt die Welt der Meeresungeheuer, mörderischer Hitze und völlig unbekannter Gefahren.

Es ist das liebe Geld, daß die Portugiesen auf die Idee bringt, nach einer Alternative zu den bekannten Gewürzrouten über den Persischen Golf und den vorderen Orient zu suchen. Der Handel mit Orientgütern, besonders mit dem für die Fleischkonservierung so wichtigen Pfeffer, liegt in der Hand von Genua und Venedig. Die müßten auszuschalten sein, wenn es denn einen Weg nach Osten gibt, vorbei an den Ungeheuern. Man könnte auch marktgerecht anbieten, denn die Scheichs und Emire erheben ungeheure Zölle auf dem Landweg von Massawa nach Alexandria oder von Dschidda nach Beirut. Türkische Korsaren machen den genuesischen und venezianischen Schiffen mittlerweile das Leben schwer. Mit Geduld und Mut finden die Portugiesen den Weg.

Der Initiator heißt Dom Henrique (1394–1460), vierter Sohn König Joãos I. Portugal ist seit 1139 Königreich. Als Heinrich der Seefahrer erobert Henrique sich die Geschichtsbücher. Er gründet in Sagres ein Observatorium und eine Seefahrtschule. Er lädt die Navigations-Koryphäen ganz Europas ein, hier zu forschen und zu lehren. Hier können kluge Köpfe ihre Erkenntnisse erproben: Araber, Juden, Christen. Es kommt darauf an, sich von den Küsten zu lösen und die offene See anzusteuern. Zu den Lehrern in Sagres gehört auch der greise Mallorquiner Jaume Ferrer. Ferrer startete schon 1345 von Palma aus zur afrikanischen Westküste und ging in der Mündung des Rio de Oro im heutigen Senegal an Land. Sein Denkmal steht heute auf der Plaça Drassanes in Palma.

Für die Fahrt über die offene See müssen Voraussetzungen geschaffen werden: Instrumente und taugliche Schiffe müssen her. Technische Grundlage der Forschungsfahrten, die sich dann in Eroberungszüge verwandeln, werden das Heckruder, das Astrolabium, der magnetische Kompaß, neuartige Segel und die Karavelle mit drei Masten.

Die Karavelle ist eine neues Schiff mit Segeleigenschaften, von denen die Kapitäne Jahrtausendelang geträumt hatten. Gegen sie sind die bisher bekannten Kauffahrteischiffe schwimmende Basare. In dieser Epoche verwenden die Reeder drei Schiffstypen auf den Wegen nach Brasilien und Amerika. Der jüngste, die Karavelle, gilt gleichzeitig auch als sicheres und schnellstes Schiff. Sie ist klein, mit drei Masten und drei Lateinersegeln ausgerüstet, verdrängt selten mehr als zweihundert Tonnen und hat Platz für bis zu hundertfünfzig Mann. Sie segelt bereits am Wind und hat einen geringen Tiefgang, was enorm zu ihrer Sicherheit in Küstennähe beiträgt. Ein Rahsegel am Großmast verleiht ihr zusätzliche Kursstabilität vor dem Wind. Sie wird dasjenige Schiff sein, das am wenigsten Schiffbrüche zu verzeichnen hat. Denn seit 1418 segeln die Portugiesen im Auftrag Heinrichs mit Kurs Süden und eröffnen mit der Geschichte der Entdeckungen auch eine Geschichte der Katastrophen.

Und dann sind da noch die Karracke und die Galeone, die die Seelasten der Epoche tragen. Wie alle Schiffe ihrer Zeit außer Dhau, Karavelle und den geruderten Schiffen wie Knorr und Galeere sind sie bei Gegenwind hilflos. Die Karracke ist ein Transporter mit hoher Ladekapazität. Auch Genueser und Venezianer benutzen sie. Sie trägt im 16. Jahrhundert vier Decks, Bug- und Heckkastell und starke Planken. Die Segeleigenschaften sind alles andere als überragend, ein schwimmender Basar eben. Die Galeone, länger und schmaler, hat auch die Aufgaben eines Kriegsschiffes, ist leichter und wendiger als eine Karracke und mit Artillerie bestückt. Mit diesen Schiffen entdecken Portugiesen und Spanier eine Welt, die größer ist, als es Europäer sich jemals hätten träumen lassen. Sie bringen Afrika, Amerika und Asien in die Nähe Europas, ermöglichen Entdeckung Eroberung, Kolonisation und Handel.

Und das Axialruder trägt das seine dazu bei: Die Tonnage der portugiesischen Schiffe verdoppelt sich vom 15. auf das 16. Jahrhundert. Gegen Ende des 16. Jahrhunderts legen die Werften Karracken mit einer Verdrängung von 1 500 Tonnen auf Kiel. Im Volksmund heißen die denn auch »hölzerne Berge«, oder »schwimmende Babylons«. Daß die Reisen verlustreich sind, liegt unter anderem – neben dem Wetter und der Piraterie – auch daran, daß sie hoffnungslos überladen werden. Sie legen in Indien mit vollgepacktem Deck ab, so daß die

Das Kap der Guten Hoffnung aus »The English Pilot«, London 1761.

Sammlung Tamm

Mannschaft der Kisten und Ballen wegen noch nicht einmal richtig die Segel bedienen kann. Die Mannschaft nimmt nämlich gern auf eigene Rechnung noch dies und das mit an Bord, was zum ursprünglichen Ladeplan nicht so recht passen will. Kein Wunder, daß so viele Fahrten buchstäblich schief gingen, wenn die Ladung verrutschte. Auch die Portugiesen haben darum eine Warnung parat: »Wenn du beten lernen willst, fahre zur See.« Wir erinnern uns an die arabische Warnung. Das Leben ist ein Kampf, gegen die Natur und auch gegen die Menschen.

Denn auch die Seefahrtschule in Sagres kann eines nicht verhindern: Die Verluste auf den Reisen verknappen das Personal. Es sind immer weniger fähige Kapitäne und Besatzungen, die auf Reisen gehen. Die Entdecker auf den Karavellen sind aus anderem Holz geschnitzt als die Profiteure. Von der zweiten Hälfte des 16. Jahrhunderts an werden die Karracken und Galeonen von Männern kommandiert, die von Nautik selten auch nur einen Schimmer haben, von Adeligen, die sich die Patente kaufen und mehr Ehrgeiz als Kenntnisse haben.

Bald fehlt es dem eine Million Menschen großen Volk der Portugiesen an Nautikern und Matrosen. Wer will noch zur See fahren, wenn die Wahrscheinlichkeit, eine Reise auf der Indienroute zu überleben, ständig sinkt? Zu Beginn des 17. Jahrhunderts will kaum jemand mehr an Bord gehen. Das »Shanghaien« von Mannschaften wird zur Regel. Die Männer werden in Hafenkneipen betrunken gemacht, an Bord verfrachtet und so lange in Ketten gehalten, bis das Schiff ausgelaufen ist.

Portugal ist ein Beispiel für Aufstieg und Untergang einer Macht zur See. 1557 sind die Portugiesen auf der Höhe der Zeit. Der chinesische Kaiser schenkt ihnen Macao. Aber der Niedergang steht vor der Tür. Korruption, Nepotismus und schlechte Verwaltung schwächen die Position in Indien. Das Agrarland Portugal muß Grundnahrungsmittel einführen, weil der Getreideanbau durch Wein verdrängt wird, den die Kolonie braucht. Die

Die Straße von Malakka aus »The English Pilot«, London 1761.
Sammlung Tamm

Überseefahrten werden aber zu teuer, um diese Einfuhren bezahlen zu können. Der Indienhandel lohnt nicht mehr, denn die Preise für die einst kostbaren Gewürze sinken. So wird es auch Spanien mit dem Gold der Azteken gehen. Das luxuriöse Leben finanzieren Hof und Adel in Lissabon mit Krediten. Die zu erwartenden Schiffsladungen werden verpfändet. 1560 ist der portugiesische Staat bankrott und nur noch ein Schatten seiner selbst. Durch Bestechung und Gewalt gelingt es 1580 König Philipp II. von Spanien, portugiesischer König zu werden. Er zwingt die Portugiesen in eine Personalunion.

Portugal ist paradoxerweise durch seine Entdeckungen und den Indienhandel ein ausgelaugtes und menschenleeres Land. Tropenkrankheiten, Schiffsuntergänge, Kämpfe mit Eingeborenen und Piraten reduzieren die Bevölkerung um etwa dreihunderttausend Menschen. Während der ersten Hälfte des 16. Jahrhunderts betragen die Schiffsverluste zwölf Prozent der gesamten Flotte. In den folgenden hundert Jahren steigt die Zahl auf achtzehn Prozent. In dieser Zeit sinken hundert bis hundertdreißig Großschiffe.

Zuerst sind es, wie das Schicksal der San António bezeugt, französische Korsaren, gegen die die portugiesischen Handelsschiffe sich wehren müssen. Im 16. Jahrhundert beginnen auch Holländer und Engländer, die Galeonen und Karracken zu plündern, denn Portugal ist ja spanisch geworden und hat England und Holland darum zum Feind. Die portugiesische Kampfflotte wird in der Seeschlacht vor Calais 1588 zusammen mit der spanischen Armada fast vollständig vernichtet. Die Armada besteht aus 132 Schiffen. Das größte verdrängt 1 300 Tonnen und trägt 30 bronzene Kanonen. Die Engländer bringen 197 Schiffe ins Gefecht, das schwerste von 800 Tonnen mit 55 Kanonen. Das Problem der Spanier: Es sind immer noch Galeeren in ihrer Front. Das kann nicht gutgehen. Die Engländer segeln schneller und manövrieren intelligenter.

Piraterie ist den Kapitänen Nordeuropas bald zu wenig. Durch den Verlust ihrer Kriegsflotte können die Portugiesen ihre Überseebesitzungen nicht mehr ausreichend schützen, England und Holland verdrängen Portugal aus dem Indischen Ozean und übernehmen selbst den lukrativen Zwischenhandel.

Aber ersteinmal muß der Rest der Welt entdeckt und erobert werden, von den Portugiesen und dann auch von den Spaniern. Heinrich, der »Seefahrer« heißt, aber wohl selbst nie ernsthaft das Land verlassen hat, schickt seine besten Navigatoren auf große Fahrt. Zuerst erobert er 1415 das maurische Ceuta (Sebta), die Festung gegenüber Gibraltar, dem Dschibl al tar, dem Affenfelsen, um einen Brückenkopf in Afrika zu haben. 1418 entdecken die Kapitäne Heinrichs Madeira. 1427 entdeckt der Spanier Diego de Sevilla die Azoren, andere Spanier 1402 bis 1405 die Kanarischen Inseln.

Tausend Jahre lang gilt das Kap Bojador an der afrikanischen Westküste, etwas südlicher als die Kanaren, als das Ende der Welt. Phönizische Galeeren und Ferrer hatten den Mut besessen, darüberhinaus zu fahren. Gil Eanes gelingt ebenfalls das Kunststück, aber erst 1434. Kap Bojador ist im wahrsten Sinne des Wortes ein Wendepunkt. Von nun geht es Schlag auf Schlag. 1441 läuft auch Nuño Tri-

stram den Senegal an. Er bringt die ersten schwarzen Sklaven nach Portugal. Auch dies ist ein historischer Markstein. Im selben Jahr segelt Dinis Dias um das Kap Verde. Die davor liegenden und bisher unbewohnten Inseln werden portugiesisch und ab 1456 besiedelt. Guinea und die sagenhafte Goldküste erreicht Fernão Gomees 1470. Im Jahr davor verpachtet König Alfons dem Privatunternehmer den Guinea-Handel mit der Auflage, die Erforschung der Küste jährlich um 100 Meilen voranzutreiben. Das gelingt. Den Kongo erreicht Kapitän Diego Cão 1481.

Die Portugiesen tasten sich weiter vor. Bartolomeu Dias umrundet 1486 das Kap der guten Hoffnung, die Südspitze Afrikas. Die Hoffnung gilt dem sagenhaften Reich des Priesterkönigs Johannes, daß hinter den maurischen Reichen vermutet wird. Epoche macht aber Vasco da Gama. 1497 legt er mit vier Schiffen ab, um den Seeweg nach Südafrika und Indien zu suchen.

Nachdem die »Geographia« von Ptolemäus übersetzt ist, wird die Anerkennung der Kugelgestalt der Erde in der Wissenschaft und der Navigation allgemein anerkannt. Sie war nie ganz in Vergessenheit geraten. Von ihr hört auch der Sohn eines Genueser Webers und macht sich seine Gedanken. 1472 geht Cristobal Colón das erste Mal zur See. Er fährt von Genua aus nach England, Portugal und Madeira. Er wird seine entscheidende Reise in spanischem Auftrag durchführen. Über ihren Beichtvater La Rábida lernt Kolumbus die spanische Königin Isabella von Kastilien in Südwest-Andalusien kennen. Mit ihrem privaten Geld und finanzieller Unterstützung katalanischer und valencianischer Kaufleute sucht er die Alternative zum portugiesischen Weg nach Indien: im Westen. Mit den drei Karavellen Santa Maria (22 Meter lang, etwa 280 Tonnen), Pinta (140 Tonnen) und Niña (100 Tonnen) bricht er in Palo in der Provinz Huelva auf. Der Historiker Jacob Burckhardt urteilt über Kolumbus: »Von den Entdeckern ferner Länder ist nur Columbus groß, aber sehr groß gewesen, weil er sein Leben und eine enorme Willenskraft an ein Postulat setzte, welches ihn mit den größten Philosophen in einen Rang bringt. Die Sicherung der Kugelgestalt der Erde ist eine Voraussetzung alles seitherigen Denkens.«

Columbus segelt viermal über den Atlantik, 1492 und 1493, 1498 und 1502. Er landet zuerst auf der Insel Hispaniola, dann auf Kuba, Puerto Rico, Jamaica und dem Festland. Auf Kuba erklärt er seinen Matrosen, sie stünden nun auf dem Kontinent, aus denen die Heiligen Drei Könige stammten und kam zu dem Schluß, Kuba müsse Saba sein. Schade nur, daß die Eingeborenen nicht mehr wissen, wie man den Namen ihrer Insel richtig ausspricht.

Die Entdeckungen sind noch längst nicht abgeschlossen. Die Welt ist größer. John Cabot, ein Genueser im Dienst der englischen Krone, erreicht Neufundland und 1498 Brasilien. Zwei Jahre später landet dort auch der Portugiese Pedro Cabal, offenbar nur zufällig. Er nennt das Land erst Vera Cruz, dann Santa Cruz. Den heutigen Namen erhält es dann nach dem roten Barzilholz, das Anfang des 16. Jahrhunderts nach Europa eingeschifft wird.

Amerigo Vespucci, ein Florentiner und Agent der Medici in Sevilla entdeckt den Amazonas und segelt 1501 an der Küste Brasiliens bis zum

Rio Grande. Sein Brief über diese Reise »Mundus Novus« macht die Runde. Lothringer Mönche in St. Dié lesen ihn auch. Sie bereiten gerade 1507 eine neue Ausgabe der »Geographia« des Ptolemäus vor. Der Herausgeber Martin Waldseemüller schließt aus Vespuccis Schrift, daß der einen neuen Kontinent entdeckt haben müsse. Kurzentschlossen schreibt er »Amerika« auf die Karte nach Amerigos Vornamen.

Es sind die Franzosen, die das Kriegsschiff zu dieser Zeit verändern. Die Zeiten des Rammens und Enterns sind vorbei, als sie 1506 Kanonen auf ihre Oberdecks stellen. Wenig später nimmt Albuquerque Goa an der indischen Ostküste ein, 1511 Malakka. Goa wird der wichtigste portugiesische Indien-Hafen. Von hier aus ist die Javasee und das Südchinesische Meer kontrollierbar. 1515 nimmt er Hormuz ein, das Tor zum Persischen Golf. Die Portugiesen besitzen bald 40 Niederlassungen von Mosambique bis Nagasaki. Diesen Hafen läuft Antonio de Monta 1542 an. Europas Macht im fernen Osten ist geboren. Den Vorschlag, China zu erobern, lehnt Phillip II. übrigens ab. Zu seinem und Europas Glück. Die Sache hätte nach hinten los gehen können.

Schon 1513 überquert Balboa den Isthmus von Panama: Er steht vor dem Pazifik. Fernão de Magalhães, ein Hidalgo, also Edelmann, hinkt 1516 vor den Thron seines Königs Manuel in Lissabon. Er ist schon auf der östlichen Indien-Route gesegelt und hat die Idee, auf westlichem Wege zu den Molukken zu segeln. Magellan ist klar, daß Kolumbus nicht Indien entdeckt hat. Der König lehnt ab. Portugal ist satt. Magellan wandert 1517 aus und findet beim spanischen König Karl I., dem späteren Kaiser Karl V., mehr Gehör.

Im August 1519 liegen fünf reisefertige Schiffe im Hafen von Sevilla, angeblich verproviantiert für drei Jahre. Korruption hat bereits ein Drittel der Vorräte verschwinden lassen. Über den Schiffstyp, mit dem Magellan als erster die Erde umrunden wird, ist nicht viel bekannt. Wahrscheinlich sind es dreimastige Rahsegler. Das Flaggschiff TRINIDAD, so viel ist bekannt, verdrängt 110 Tonnen und ist etwa 25 Meter lang. Mit dieser Flotte entdeckt Magellan die gleichnamige Straße in Feuerland und damit den Seeweg nach Westen in den Pazifik. 1521 stirbt er im Streit mit Eingeborenen auf den Philippinen, ohne die Molukken gefunden zu haben. Ihm stehen keine Koordinaten seines Zieles nach Länge und Breite zur Verfügung. Nur ein Schiff der Flotte schlägt sich zurück nach Sevilla durch: die VICTORIA. Im September 1522 legt sie an. Von 268 Mann sehen 18 die Heimat wieder. Erst 1577 umsegelt die GOLDEN HIND mit ihrem Kapitän Sir Francis Drake, einem großen staatlich lizensierten Freibeuter vor dem Herren, als erstes englisches Schiff Kap Horn, um in den Pazifik zu reisen.

Spanischen Schiffe segeln auf den Spuren des Kolumbus jetzt scharenweise nach Amerika, das bis heute auch Westindien heißt. Aber seit 1534 dürfen sie Spanien nur in Geschwaderfahrt mit mindestens zehn Schiffen verlassen, der Piraten wegen. Die Reise beginnt immer im Mai, meistens in Sevilla, wo Vespucci eine Seefahrtschule gegründet hat. Eine Woche braucht die Flotte zu den Kanaren. Von Teneriffa aus steuern sie die Neue Welt an und brauchen für den Atlantik etwa 40 Tage bis zu den ersten Inseln.

Die Rückfahrt geht über die Bermudas und die Azoren. Wenn die Schiffe ablegen, fallen Stützpunkte wie Havanna wieder in den Fieberschlaf der Malaria. Die Kapitäne halten sich nördlich, um westliche Winde zu erreichen. Nach 1562 versammeln sich die Flotten in Havanna, um ebenfalls der Piraten wegen im Geschwader zu segeln. Auch auf dieser Route gehen Hunderte von Schiffen unter, die heute Anlaß für Schatzsucher sind, mit ambitionierter Technik die Wracks aufzuspüren, die zu Lebzeiten oft genug Reichtümer im Laderaum transportierten. Aktenlager wie das Archivo de Indias in Sevilla horten tonnenweise vergilbte Dokumente: Ladelisten, Logbücher, Positionsskizzen, Aussagen von Überlebenden.

Moderne Ortungstechnik hat heutzutage einen Goldrausch in der Tiefe ausgelöst.

Die Spanier und Portugiesen, das merken sie an den Piraten, sind nicht allein auf der Welt. Engländer und Franzosen beginnen im 16. Jahrhundert, Amerika zu plündern, hauptsächlich im Norden. Ende dieses Jahrhunderts machen sich die Holländer mit sehr seetüchtigen Schiffen bemerkbar. 1594 segeln die Holländer zum ersten Mal zu den Gewürzinseln, 1599 kommt die Flotte zurück und erzielt einen Reingewinn von 400 Prozent. 1619 erobern die Holländer Djakarta und nennen es Batavia. Der Holländer Abel Tasman umsegelt Australien und hält den Erdteil für nichtsnutzig. Die Insel südlich von Australien trägt heute seinen Namen.

Der pazifische Ozean aus »Atlantis Majoris«, Amsterdam 1657.

Sammlung Tamm

INSVLARVM
HISPANIOLÆ
et CVBÆ
Cum Insulis circum
jacentibus
FLORI
DA
C. de la Florida
Canaal van Bahama
Tropicus Cancri
CUBA
IAMAICO
Occidens
Sep tentrio
Cabo de Canaveral
Havana
Lucaiomeque

Hispaniola und Kuba aus »Atlantis Majoris«, Amsterdam 1657.

Sammlung Tamm

Die Kolumbus-Schiffe SANTA MARIA, NIÑA *und* PINTA *von Hans Peter Jürgens, Tempera.*
Sammlung Tamm

Die Holländer gründen Fernhandelsgesellschaften. Die Ostindische und die Westindische Kompanie sind Kartelle. Die Ostindische Kompanie erhält urkundlich 1602 für Holland das alleinige Recht auf Umsegelung des Kaps der guten Hoffnung. Die Kompanien dürfen Krieg führen und das tun sie auch. 1641 zum Beispiel nehmen die Holländer den Portugiesen Malakka ab.

Die Holländer sind übrigens in der Alkoholbranche bahnbrechend. Auf ihren Reisen verteilen sie Unmengen verschiedener Destillate in der Welt. Sie handeln mit ihrem Genever, mit Calvados, Cognac, Armagnac und Whisky. Ältere Getränke wie Met verschwinden, nachdem sich überall das Schnapsbrennen einbürgert. Hier tun sich die reformierten Länder hervor, zu denen die Niederlande gehören. Im Kielwasser der holländischen Schiffe strömt Schnaps. Ein englischer Historiker drückt es drastisch aus: »Mögen die Niederländer in den Kriegen des 17. Jahrhunderts von den Engländern besiegt worden sein, jedenfalls wurden die Engländer vom Gin jener besiegt.«

Militärisch besiegen die Engländer die Holländer in der zweiten Hälfte des 17. Jahrhunderts hauptsächlich zur See. Im 18. Jahrhundert schlagen sie die Franzosen und werden zur überlegenen Seemacht. Englands große Zeit findet zwischen 1756 und 1763 statt. In diesen Jahren erobern sie Kanada und besetzen einen großen Teils Indiens.

Die Engländer denken auch anders über Australien als die Holländer. Es sind die Reisen von James Cook, die zur englischen Besetzung Australiens und Tasmaniens führen. Mit Australien verbinden sich für die Engländer zwei Hoffnungen: die Hoffnung auf Leinen für die Segel und auf Kiefern für die Masten der Flotte auf der einen Seite. Auf der anderen hoffen sie darauf, Menschen dort loswerden zu können, die sie nicht brauchen können: ihre verurteilten Gefangenen.

Der Anlaß für Cooks erste Reise ist ein rein wissenschaftlicher. Astronomen hatten in der Mitte des 18. Jahrhunderts errechnet, daß am 3. Juni 1769 die Venus durch die Sonne gehen würde. Man schloß: Eine winkelmessende Beobachtung dieses Phänomens von verschiedenen Punkten der Erde aus kann Aufschluß über den Abstand der Erde zur Sonne geben. Die Royal Society beschließt, eine Expedition nach Tahiti zu schicken. Der Leutnant James Cook wird am 25. Mai 1768 auf die Bark ENDEAVOUR befohlen. Bis 1779 macht Cook drei Forschungsreisen in den Pazifik. Auf der dritten Reise in diesem Jahr töten ihn Eingeborene auf Hawaii.

Cook, Jahrgang 1728, ist nicht nur ein hervorragender Seemann. Eines Tages entdeckt er sein Talent und seine Berufung: Seevermessung und Kartographie. Der 368-Tonner ENDEAVOUR segelt wie befohlen nach Tahiti. Es geht aber nicht nur um die Venusbeobachtung. Cook hat geheime Befehle an Bord. Den Engländern geht es um die Macht im Pazifik. Cook soll den großen Südkontinent finden, die Küsten aller Länder, denen er begegnet, vermessen und Karten überall dort anzufertigen, wo sich britischer Besitz lohnt. Auf seiner ersten Reise hat Cook noch keinen Chronometer an Bord. Die Länge kann er also noch nicht exakt bestimmen. Und doch ist er fähig, auf seinen Reisen die Ostküste Australiens mit dem Great Barrier Reef und ganz Neuseeland zu orten und zu zeichnen. Auf seiner zweiten Reise hat er einen exakten Zeitmesser an Bord, ein Gerät zur Bestimmung der geographischen Länge, das die Navigation revolutionieren wird.

Die Tüftler und ihre Instrumente – Die Welt des Winkels

Zuerst schwellen die Beine an und machen jeden Schritt zur Qual. Dann schwillt das Zahnfleisch an und beginnt zu bluten. Die Blutgefäße platzen. Der Körper sieht aus, als sei er über und über mit Blutergüssen bedeckt. Verletzungen heilen nicht mehr. Die Zähne fallen aus. In Gelenken und Muskeln beginnen ebenfalls Blutungen. Wenn jetzt Blutgefäße im Hirn platzen, tritt der Tod ein. Und er läßt kaum jemanden aus, der mit dieser Krankheit kämpfen muß.

Modell der Karavelle PINTA.
Sammlung Tamm

Vor ihr haben die Männer auf den Schiffen die größte Angst, und sie können ihr doch nur selten entgehen: Skorbut. Magellan zum Beispiel verliert die Hälfte seiner Leute an Skorbut, bevor er den Pazifik überqueren kann. Es sind Mangelerscheinungen, die auf langen Seereisen oft dem größten Teil der Mannschaft den Tod bringen: verwurmtes Pökelfleisch und schimmeliger Zwieback, Fisch aus der See und brackiges Wasser aus stinkenden Fässern, das ist der Menüplan. Es fehlen Vitamine: Wochen auf See zu sein, heißt eben auch, auf Obst und Gemüse verzichten zu müssen.

Erst um 1600 entdecken die Ärzte, daß Zitrusfrüchte mit ihrem Vitamin C besonders gut vor Skorbut schützen. Erst im 18. Jahrhundert setzt sich diese Erkenntnis allgemein durch. Von da an geben die Kapitäne nach der fünften oder sechsten Woche auf See täglich eine Ration Zitronensaft aus. So kommen die Engländer zu ihrem Spitznamen Limis, den ihnen die US-Amerikaner geben. James Cook wird auf seinen jahrelangen Reisen seinen Mannschaften übrigens Unmengen Sauerkraut servieren.

Viele Schiffe sind zumindest wochenlang auf See. Nicht nur, weil sie große Entfernungen

Spanisch-arabisches Astrolabium. Vermutlich aus dem Jahre 1002.
Marinemuseum Madrid

zurücklegten, auch darum, weil die Navigation noch nicht in ihr reifes Stadium getreten war. Die Schiffe verirren sich leicht, sobald sie die Küsten aus den Augen verlieren.

Die einzige Methode, die in der heroischen Zeit der Reisen über Ozeane benutzt wird, ist schon lange bekannt und kaum verbesserbar: das Gissen. Dieses Wort soll vom englischen to guess kommen, was vermuten heißt. Es sind geschätzte Schiffsorte, die die Kapitäne ermitteln, mit Log, Gestirn oder Kompaß und Uhr. Sie schätzen die Geschwindigkeit des Schiffes, indem sie eine Behelfsmarke über Bord werfen und mit einer Sanduhr feststellen, wie schnell die Marke achteraus bleibt. Sie bestimmen die Richtung mit den Gestirnen und, soweit schon vorhanden, mit dem Kompaß. Die Sanduhr sagt ihnen, wie lange das Schiff diesem Kurs folgt. Daraus ermitteln sie den Standort. Stürme, Strömungen und die unsichere Messung der Geschwindigkeit führen das Schiff leicht in die Irre. Sie finden die Insel nicht wieder, auf der sie frisches Wasser bunkern wollen. Sie laufen an dem Hafen vorbei, in dem ihre Ladung sehnlichst erwartet wird. Da ist es immer noch sicherer, in Reichweite der Küste zu bleiben.

Um das Kap der guten Hoffnung fahren die Portugiesen fünf Jahre vor der Entdeckung Amerikas mit dem Astrolabium, das sie von Arabern übernommen haben. Dieser Winkelmesser kopiert Methoden der Griechen.

Das Astrolabium beruht auf einer antiken Beobachtung. Die Griechen erkennen, daß ein Standort mit dem Sonnenstand zusammenhängt. Je nachdem ob der Beobachter sich weiter nördlich oder südlich befindet, steht die Sonne mittags tiefer oder höher. Am Äquator steht sie im Zenit. Mit einem Winkelmesser läßt sich also ein Standort im Verhältnis zum Äquator bestimmen, die Breite.

Die Araber bringen das Astrolabium aus Persien ins Mittelmeer wie auch schon den Kompaß. Dort verwenden die Katalanen und Mallorquiner das Astrolabium zuerst. Beim Anvisieren eines Sterns kann mittels eines Lotes und einer Gradteilung die Höhe abgelesen werden. Aber an Bord haben die Navigatoren mit dem Astrolabium bei Seegang ihre Probleme. Das Lot pendelt. Kolumbus hat selbst solch simples Instrument nicht an Bord. Er konnte es wohl noch nicht einmal benutzen. Vermutlich hat er bei seiner Reise auch keinen Jakobsstab auf der SANTA MARIA. Kolumbus verläßt sich auf das Gissen, auf die Koppelnavigation, und auf einen Kompaß. Um so größer ist seine Leistung.

Jakobsstab.
C. Plath

Die Entdecker segeln mit Astrolabium, Quadranten und vom Anfang des 16. Jahrhunderts an auch mit dem Jakobsstab. Der heißt bei den Portugiesen balestilha, bei den Deutschen Gradstock, bei den Engländern Cross-staff, bei den Franzosen arbalète. Alle diese Winkelmesser sind simple Vorläufer des Sextanten.

Den Jakobsstab kennen die Europäer schon seit 1472. Der Regensburger Astronom Johannes Müller erfindet ihn. Er beschreibt ihn selbst in einer Nürnberger Schrift: »Man nehme einen glatten Stab AB und teile ihn von A in gleiche Teile, je mehr, desto besser. Befestige an ihm unterm rechten Winkel verschiebbar einen Querstab CD, dessen beide Arme gleich lang sein müssen. Teile ihn genau in ebensolche Teile, wie sie auf dem Stab AB eingeritzt sind. Befestige an den Punkten A und C und D drei feine Visiernadeln, und das Instrument ist fertig. Die Beobachtung aber geschieht so: Lege das Ende A an das rechte Auge, schließe das linke, richte den Längsstab AB auf den Mittelpunkt des Sterns und verschiebe den Querstab,

Titelblatt des »Atlas Maritime«.
Sammlung Tamm

bis er den Durchmesser des Sterns gerade bedeckt. Darauf lies die Anzahl der Teile ab, welche zwischen dem Punkt A und dem Querstab CD liegen und gehe damit in eine eigens dafür bestimmte Tafel ein, welche ich an einem anderen Ort erklären werde, und du findest den Durchmesser des Gestirns.«

Aber der Jakobsstab eignet sich auch zur Höhenmessung. Hält man aber den Querstab senkrecht und seinen unteren Rand auf den Horizont und den oberen auf das Gestirn, ist der Höhenwinkel des Stern gemessen. Müllers Schüler Martin Behaim bringt den Jakobsstab nach Sagres an die Seefahrtschule. 1492 baut er in Nürnberg den ersten Globus.

Natürlich halten die Portugiesen unter Heinrich dem Seefahrer ihre Absichten, den Seeweg um Afrika nach Indien zu erobern geheim, auch die Ergebnisse. Seekarten sind mit Gold nicht aufzuwiegen. Grundlage für treffgenaue Karten sind Koordinaten. Eratosthenes weiß schon um 200 v. Chr. um die Kugelgestalt der Erde. Aus ihr ergibt sich eine Möglichkeit der Ortsbestimmung mittels dieser Koordinaten, an denen Nord-Süd- und Ost-West-Linien sich schneiden. Linien lassen sich parallel zum Äquator ziehen. Linien, die der Nord-Süd-Richtung folgen, die Meridiane, treffen an den Polen zusammen. Marinus von Tyros zeichnet um 150 Karten mit geographischen Längen und Breiten. Aber dieses Wissen geht im ersten christlichen Jahrtausend verloren und muß erst mühsam wieder gewonnen werden.

Vorläufer der Seekarte sind die Periplus, Segelanweisungen und Ratschläge für das Gissen, mit Zeichnungen von Küstenlinien. Der älteste

Französische Küste mit der Île d'Oléron aus »De Fransche Neptunus«, Amsterdam 1693.
Sammlung Tamm

Der Ärmelkanal, Cornwall und die Scillies aus »De Fransche Neptunus«, Amsterdam 1693.
Sammlung Tamm

bekannte Periplus, ein griechischer, stammt aus dem 4. Jahrhundert vor Christus. Es ist Claudius Ptolemäus (90–168), der sich um die Kartographie verdient macht. Man nimmt dem Mann aus Alexandria noch heute übel, daß er das geozentrische Weltbild vertritt, das dann über Jahrhunderte offizielle Kirchenlehre und Volksglaube ist. Erst Kopernikus greift 1507 die Idee des Aristarchos von Samos (ca. 275 v. Chr.) wieder auf, daß die Sonne im Zentrum der Paneten steht. Aber die »Geographia« des Ptolemäus verwendet Breiten- und Längenkoordinaten. Ptolemäus führt unsere Kartenorientierung ein: Norden ist oben. Und er weiß, daß die Erde eine Kugel ist.

Die ersten Seekarten treten etwa Ende des 13. Jahrhunderts auf. Überlieferungen zeugen davon, daß Steuerleute bei Problemen eines Tages sogenannte Portulankarten aus der Seekiste hervorzaubern, mit erstaunlich genauen Küstenlinien. Diese Portulan- oder Kompaßkarten sind mit einem eigenartigen Maschennetz feiner Linien bedeckt. Sie verwenden eine zentrale Windrose und daneben einen Kranz von Nebenrosen, zuerst 16, dann 32. Die geraden Linien zeigen die Routen, auf denen ein Schiff bei gleichbleibendem Kompaßkurs segelt. Portulankarten existieren für das Mittelmeer und die europäischen Küsten. Sie geben aber die Gegenden in unterschiedlichen Maßstäben wieder. Häufig befahrene Seegebiete sind auf ein und derselben Karte größer gezeichnet als unwichtigere. Die Adria ist größer als Nordafrika. Es sind aber vergleichsweise kleine Weltgegenden dargestellt, so daß Projektionsfehler nicht so sehr auffallen.

Einfluß auf die Karten Portugals haben übrigens auch die Nachfahren des Templerordens. Die portugiesische Abteilung des Ordens nennt sich seit 1318 Christusorden. Er besteht bis ins 16. Jahrhundert und widmet sich der Navigation und Seefahrt. Vasco da Gama soll Ritter Christi gewesen sein, Heinrich Großmeister des Ordens. Die Schiffe segelten unter dem Tatzenkreuz der Templer. Unter ihm fährt auch Kolumbus, der mit der Tochter eines ehemaligen Ordensritters verheiratet ist und von ihm Karten und Segelanweisungen erbt.

Sogenannte Plattkarten versuchen zuerst, die Kugelgestalt der Erde zu berücksichtigen, denn die Entfernungen sind größer geworden. Der Navigator kann eine Kurslinie nur als Gerade auf einer Karte bestimmen und den Kurs als Winkelmaß angeben. Es kommt also darauf an, Breiten und Längen als rechtwinkliges Gitter darzustellen. Plattkarten zerlegen die Kugel in Ellipsen, die spitz zulaufen wie aufgeschnittene Orangenschalen und dann ausgewalzt werden, so daß die Meridiane senkrecht auf den Breiten stehen. Solche Karten sind nur in der Äquatorgegend flächentreu, im Norden und Süden mit immer größerem Abstand vom Äquator immer stärker verzerrt.

Im 16. Jahrhundert erlebt die Kartographie einen ungeheuren Aufschwung. Die entscheidende Entdeckung gelingt Gerhard Krämer, der seinen Namen wie damals üblich latinisiert in Gerhardus Mercator. Die Mercator-Projektion von 1569 wirft die Welt der Karten noch einmal um und korrigiert die Verzerrung der Plattkarte. Mit der Mercator-Projektion werden bis heute Karten gezeichnet. Mercators Idee: Er

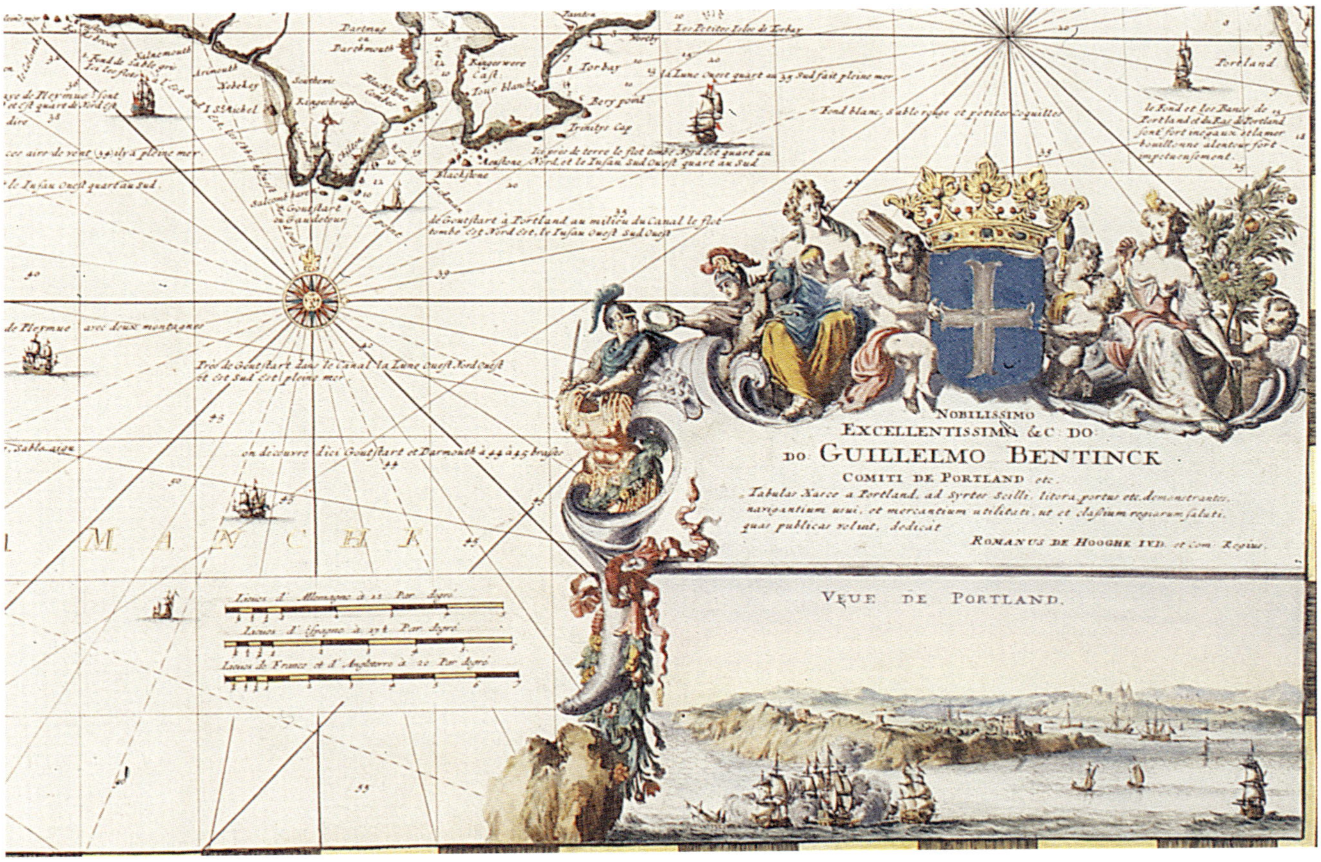

Detailansicht der Karte.

England und Schottland und Irland aus »The Englisch Pilot«, London 1761.
Sammlung Tamm

A New and Correct Chart of
ENGLAND
SCOTLAND
AND
IRELAND
Sold by I. Mount, & T. Page, on Tower hill
LONDON
STERN OCEAN
THE WESTERN ISLES
SCOTLAND
ISLES OF ORKNEY
SHETLAND Is.
THE
NORTH SEA

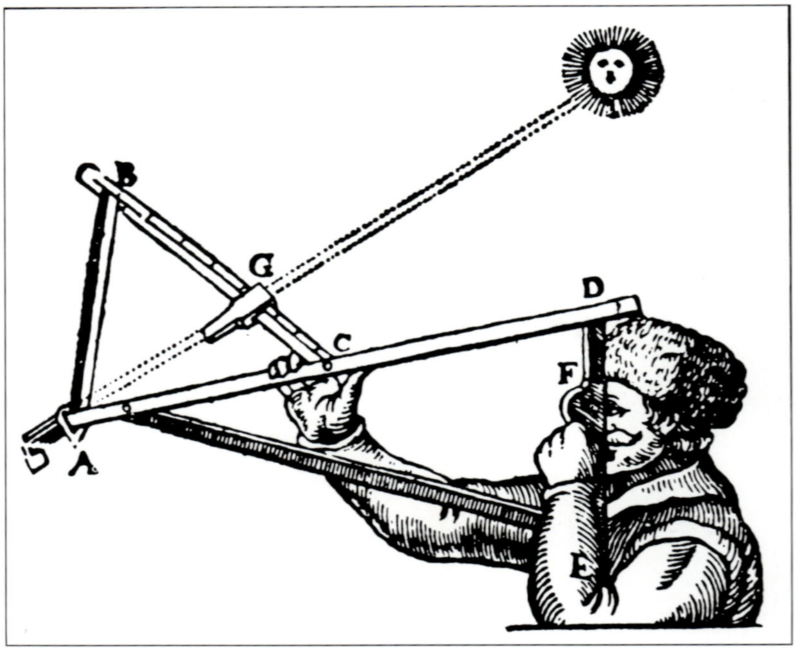

Oben:
Davisquadrant.
C. Plath

Rechts unten:
Davisquadrant,
England 1725.
Sammlung Tamm

projiziert die Erdoberfläche in einen Zylinder mit dem Innendurchmessers des Äquators. Mercator vergrößert die Abstände der Breitenkreise in Richtung der Pole in dem Maße, die der ost-westlichen Verzerrung entspricht. Er zeichnet die erste Weltkarte mit wachsenden Breiten. Der Abstand der Breitengrade wird in Richtung der Pole immer größer. Eine kreisrunde Insel wäre auf der Plattkarte eine Ellipse. Auf der Mercatorkarte ist sie kreisrund, weil mit zunehmender Breite bei gleichbleibender Länge die Breitenminuten anwachsen. Genial. Die Mercator-Karte erfüllt drei Anforderungen: Sie ist winkeltreu, maßtreu und distanztreu. 1589 veröffentlicht der flämische Geograph eine Weltkarte für Seefahrer in sechzehn Blättern.

Karten sind mittlerweile ein großes Thema der Kulturwissenschaften. Eine mehrbändige »History of Cartography« ist in Arbeit und erscheint in der University of Chicago Press. Symposien und Ausstellungen widmen sich dem Thema. Es ist klar geworden, daß Karten neben dem jeweiligen geographischen Kenntnisstand auch immer Machtverhältnisse ausdrücken. Auch die prächtigen Kunstwerke gleichen Karten der heroischen Seefahrerzeit sind nicht nur Projektionsflächen der Erde, sondern auch ästhetischer Standards ihrer Zeit. Karten sind raffinierte Kombinationen von Text und Bild, bei denen Ausschnitte und Rahmen eine ebenso große Rolle wie die eigentliche Darstellung spielen.

Aber es dauert auch damals wieder einmal etwas länger, bis die Karte richtig ernst genommen wird. Erst 1795 richtet die britische Admiralität die Planstelle eines »Hydrographer of the Navy« ein, der Seekarten und Seehandbücher herausgibt.

Genaue Karten sind übrigens nicht jedermanns Freude. Als der französische König Ludwig XIV. eine revidierte Karte Frankreichs in den Händen hält, die seine Kartographen aufgrund neuer Kenntnisse gezeichnet haben, beklagt er sich, er habe mehr Land durch die Wissenschaft als im spanischen Erbfolgekrieg durch seine Feinde verloren.

Aber auch die mechanischen Instrumente entwickeln sich weiter. John Davis, ein Polarforscher entwickelt seinen Davis-Quadranten Ende des 16. Jahrhunderts. Der mißt spürbar genauer als der Jakobsstab den Höhenwinkel. Wenige Jahre später, 1604, stellt der deutsche Mathematiker Clavius den Nonius vor, der die Ablesegenauigkeit entscheidend verbessert. Galilei und Kepler konstruieren ab 1600 das Fernrohr. Zur gleichen Zeit – und angesichts seiner Schlichtheit sehr spät – wird das Handlot eingeführt mit Markierungen zur Tiefenmessung. Hundert Jahre später zeichnet der große Isaac Newton einen Winkelmesser mit zwei Spiegeln. Seine Beschreibung wird erst fünfzehn Jahre nach seinem Tod in der Royal Society vorgestellt, weil sie im Nachlaß von Ed-

mond Halley schlummerte, der sie der Society vorenthielt.

Die Verbesserung der Winkelmessung ist unter anderem das Gebot der Stunde. Der Engländer Harris verbessert 1730 den Davis-Quadranten mit zwei Kreisbögen. Ein Jahr später stellt Hadley den ersten Spiegeloktanten vor. Er setzt sich an Bord durch.

Cook schwärmt 1775 auf seiner zweiten Reise ins Logbuch: »... our trustly friend the watch« und »our never failing guide«. Die Uhr ist sein bester Freund. Wie es dazu kam, daß Cook auf dieser Reise als erster der Entdecker endlich ein Instrument an Bord hat, mit dem er seine Position und die seiner Entdeckungen exakt bestimmen kann, das erzählt der folgende Exkurs in die Welt der Feinmechanik und der Intrigen.

Exkurs: Der Kampf um die Länge

Azoren, 1592. Sechs englische Kriegsschiffe liegen vor den Azoren, wie immer, um dort spanische Frachter auf dem Weg nach Hause abzufangen und um ihre Ladung zu erleichtern. Bei diesem Beutezug fällt ihnen die MADRE DE DEUS zum Opfer, keine Spanierin, sondern eine prächtige Portugiesin mit 32 Kanonen auf dem Weg von Indien nach Lissabon. Der Fang lohnt. Nach kurzem Gefecht bringen die Engländer das Schiff um ihre Ladung, eine Goldgrube, die ihresgleichen sucht.

Sie zählen je drei Tonnen Muskatnüsse und Muskatblüten, 35 Tonnen Zimt, 45 Tonnen Nelken, 400 Tonnen Pfeffer, dazu Kisten voller Gold- und Silbermünzen, Perlen, Diamanten, Bernstein, Moschus, Baumwolle, Ebenholz. Diese Ladung entsprach in etwa dem halben Wert des englischen Staatshaushaltes, eine runde halbe Million Pfund.

Die MADRE DE DEUS, die Muttergottes, ist keine Hanse-Kogge aus Lübeck oder Hamburg, sondern eine portugiesische Galeone. Das Zeitalter der großen Neugier und der Entdeckungen verändert die Welt. Es mischt die Karten der Macht und des Reichtums neu. Die Neugier, der Mut und die Habgier der großen Entdecker lassen Mächte auf die Bühne treten, die vorher im Schatten standen. Andere versinken in Bedeutungslosigkeit. Der letzte Hansetag findet 1689 statt.

Die Überseereisen eines Kolumbus und eines Magellan verweisen die Küstenschiffahrt und damit auch das Mittelmeer und die Ostsee auf den zweiten Rang in der Kunst der Navigation. Die Reichtümer kommen jetzt über See aus Amerika und Indien, nicht mehr auf dem Landweg an die Küsten des Mittelmeeres und des Baltikums.

Der Doge von Venedig und mit ihm die ganze Stadt müssen den Gürtel enger schnallen. Die Osmanen blockieren ohnehin den Weg nach Osten zu den Gewürzen. Die Warenwelt der Hanse kann es mit den Schätzen Indiens, Asiens und Amerikas nicht aufnehmen. Der geostrategische Vorzug eines Heiligen Römischen Reiches und damit auch der europäischen Mitte rieselt wie märkischer Sand durch die Hand: Den Flügelmächten an den nassen Flanken Europas gehört die neue Zeit, zuerst den Portugiesen, dann den Spaniern unter den Habsburgern, dann Frankreich und zu guter Letzt England. Sie werden die neuen Großmächte, und ihr Reichtum schwimmt auf den Ozeanen. Nie war Freibeuterei lohnender als jetzt.

Warum können die Engländer sich die MADRE DE DEUS greifen? Ist den Portugiesen nicht klar, daß hier vor den Azoren die englischen Kaperer auf der Lauer liegen? Das Unglück der MADRE und das Glück der Engländer hat einen einleuchtenden Grund: Die Schiffe segeln auf dem Atlantik und im Pazifik auf Trampelpfaden, ihre Kurse sind vorhersehbar. Und das nicht nur der günstigen Winde wegen. In ihrer Beweglichkeit sind sie beschränkt, denn sie fahren nur auf bekannten Kursen, die ihnen sichere Heimkehr versprechen. Es gibt noch keine wirklich zuverlässige Methode, ihre Position auf einer Karte exakt zu bestimmen, was durch zwei Zahlen auf einem Gitternetz, zum Beispiel auf einer Mercator-Karte, möglich wäre: mit einer Angabe über die Breite, also über die Entfernung zum Äquator und zum Pol, und einer Angabe über die Länge, der Entfernung zu einem Null-Meridian. Denn auf einem Auge sind die Navigatoren noch blind.

Kolumbus segelt auf der Breite über den Atlantik mit Hilfe der Sonne, in gerader Linie auf dem Breitengrad nach Westen. Indien hätte er erreicht, wenn ihm Amerika nicht in die Quere gekommen wäre. Aber die Länge kann er damals noch nicht kennen. Die Entfernung zwischen Europa und seinem Indien kann er nur grob schätzen. Zu ungenau, um die SANTA MARIA punktgenau führen zu können.

Unendlich viele Schiffe und Reichtümer gehen verloren. Das frühere Flaggschiff der spanischen Armada La Capitana Jesus Maria fährt jetzt als Frachter. 1654 sinkt sie auf der Reise von Callao in Peru auf dem Weg nach Perico in Panama vor der Küste von Equador. An Bord befördert sie Unmengen geraubten Inka-Goldes. Der Kapitän überlebt den Untergang, weiß also ungefähr, wo das Schiff auf Grund liegt, aber eben nicht genau genug. 1997 meldet eine norwegische Taucherfirma, die Capitana gefunden zu haben. Gehoben wurde bisher kein Gramm Gold.

Auch Erfahrene und erfolgreiche Seeleute wie ein Vasco da Gama oder ein Sir Francis Drake segeln letztlich Pi mal Daumen. Magellan hat im Pazifik einfach nur Glück im Unglück. Auch ihm ist die Bestimmung der Länge noch nicht bekannt. Gerade seine Reise ist ein Beispiel dafür, welche katastrophalen Folgen diese Unfähigkeit hat: Das Umherirren verlängert die Reise, die Dauer der Reise fördert Skorbut, den Untergang der Mannschaft, den Verlust womöglich des Schiffes und seiner kostbaren Fracht. Hunderte von Schiffen scheitern an Riffen und Stränden, weil sie ihre Position nur nach Nord und Süd, nicht aber nach West und Ost bestimmen können. Tausende von Seeleuten verlieren ihr Leben, weil die Navigation noch in den Kinderschuhen steckt.

Denn die einzige Methode zur Positionsbestimmung neben der Segelei nach der Breite ist das Gissen, angeblich und wahrscheinlich eine Verballhornung des englischen Wortes guess, was soviel wie vermuten heißt. Und es ist wirklich ein Zeichen von Gottvertrauen, mit dieser Methode auf längeren Reisen einen Schiffsort bestimmen zu wollen. Im Mittelmeer, in der Biscaya und der Lübecker Bucht mag das noch funktionieren, nicht aber nach vier Wochen auf dem Atlantik ohne jede Landsicht.

»Wenn man de Längde so korrect könnte hebben als de Brede, so wäre de Kunst van de Seevaerdt vollenkommen«, schreibt Johann Tangermann 1655 in seinem »Wechwyser tho de Kunst de Seevaerdt«. Wie aber die Länge bestimmen, die Meridiane?

Die Breite kennt bereits der Grieche Eratosthenes im 3. Jahrhundert v. Chr.: Wenn die Sonne den höchsten Punkt ihrer Bahn erreicht hat, am Mittag, kann er mit einer Winkelmessung seinen Standort auf der Ost-West-Linie bestimmen, die parallel zum Äquator verläuft. Auf allen anderen Punkten einer Mittagslinie ist zu einer anderen Zeit Mittag. Erathostenes legt damals den Äquator, die Null-Breite, durch Rhodos und teilt damit die zivilisierte Welt in eine nördliche und südliche Hälfte. Durch andere Mittagsorte ergeben sich auch unterschiedliche Längen auf der Mittagslinie, die Meridiane. Den Null-Meridian legte Eratosthenes durch Alexandria. Eine willkürliche, aber verständliche und wohl auch politische Entscheidung. Alexandria war nicht nur eine bedeutende Hafenstadt und hatte mit Pharos auch einen Leuchtturm, mit dem sich Staat machen ließ.

Eratosthenes teilte die Erdkugel noch in 60 Segmente, Hipparchos (190–125 v.Chr.) dagegen entschied sich für 360 und kalkulierte jeden Abschnitt auf dem Äquator mit 113 Kilometern, womit er nur knapp daneben lag: 111 Kilometer oder 60 Seemeilen wären richtig gewesen. Der Geograph Claudius Ptolemäus trug dreihundert Jahre später um 150 n. Chr. Breiten und Längen in sein Kartenwerk ein, mit dem Äquator als Null-Breitengrad: Hier steht die Sonnen senkrecht über dem Betrachter, ein Grenzbereich also, den die Natur vorgibt.

Bei der Bestimmung des Null-Meridians wird wieder deutlich, daß sie von Willkür abhängt. Die Erde dreht sich um die eigene Achse. Jede von Pol zu Pol gezogene Linie hat eine gleiche Berechtigung wie jede andere, anders als die Breitengrade, die zum Pol hin immer kleinere Kreise ziehen. Ptolemäus entscheidet sich als Fixpunkt des Null-Meridians für das ihm bekannte westliche Ende der Welt, die Kanarischen Inseln, die die Römer später Fortunatae, Inseln der Glückseligen nennen.

Später wird man anders vorgehen. Mal wandert der Null-Meridian auf die Azoren, mal auf die Kapverden, nach St. Petersburg, Pisa, Paris und Philadelphia, bevor er endlich in England halt macht, 1884, auf internationalen Beschluß hin – was den Franzosen überhaupt nicht gefällt. Bis 1911 orientieren sie sich noch weiter am Meridian ihres Pariser Observatoriums. Dann erkennen sie zwar Greenwich an, verwenden statt Greenwich-Zeit aber lieber die Formulierung »Mittlere Zeit von Paris, verspätet um neun Minuten, einundzwanzig Sekunden«. Die Geschichte der Länge ist auch eine Geschichte der Eitelkeit.

Die Bedeutung der Länge ist allen klugen Geistern in allen weiteren Jahrhunderten nach Ptolemäus und spätestens in der Zeit der Entdeckungen gegenwärtig. Philipp III. von Spanien verspricht bereits 1567 dem Entdecker des Längengrades, dem Fixpunkt, dem punto

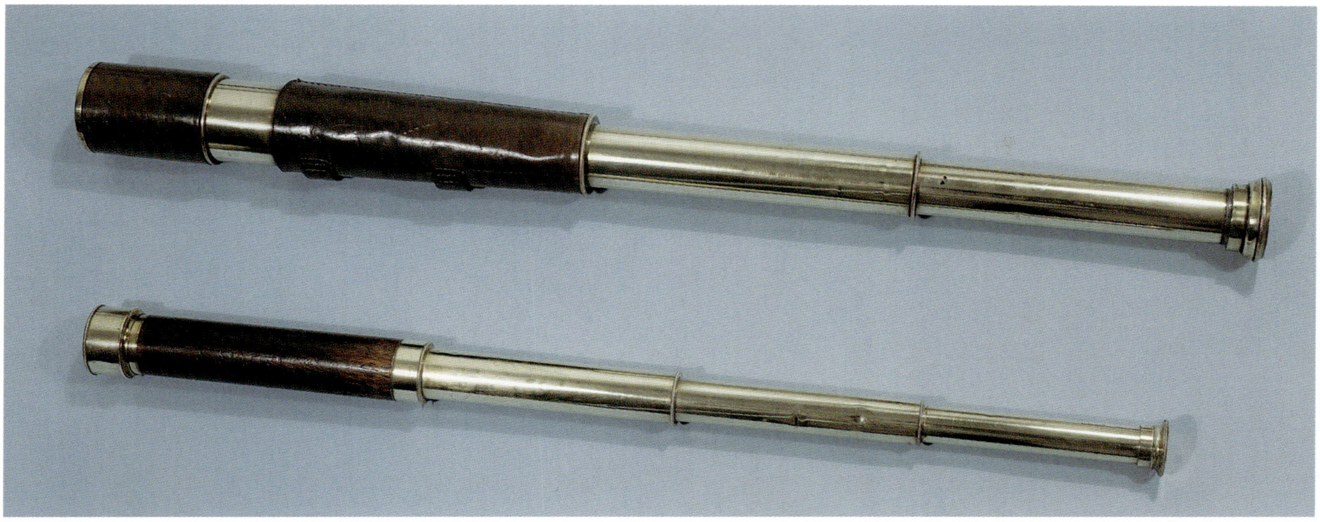

fijo eine fürstliche Rente. Galilei bewirbt sich. Aber der spanische Hof lehnt ab. Galileis Methode der Längenbestimmung mit Hilfe der Jupitermonde, die Ludwig XIV. schlaflose Nächte bereiten wird, taugt nicht für die Seefahrt.

Mit seinem jüngst von ihm entwickelten Fernrohr beobachtet Galilei vier Monde, die um den Jupiter kreisen und versucht, mit seinen Umlaufberechnungen der Monde, das Längengradproblem zu lösen. Von Bord aus aber sind die Jupiter-Trabanten nur schwer zu beobachten. Tagsüber ist der Jupiter nicht zu sehen. Beobachtungen in der Nacht können nur kurze Zeit im Jahr stattfinden, bei bedecktem Himmel gar nicht.

Galilei ist nicht der einzige, der sich bei der Lösung der Länge verrennt. Die Suche dauert gut vier Jahrhunderte, und es sind nicht die schlechtesten Namen, die sich an diesem Problem die Finger verbrennen: neben Galilei Christiaan Huygens, Isaac Newton und Edmond Halley, der Entdecker des gleichnamigen Kometen. Sie alle machen den Fehler, die vollständige Ortsbestimmung auf Erden in Mond und Sternen zu suchen.

Es sind zwei seriöse Fraktionen, die mit Aussicht auf Erfolg um den Längen-Lorbeer kämpfen: diese Astronomen und die Mechaniker. Wie können einfache Mechaniker es wagen, mit der Hohen Schule der Astronomie gleichziehen zu wollen? Die Antwort liegt nahe: Schon dem Altertum war klar, daß der Lauf der Sonne auf der Mittagslinie Zeit und Entfernung miteinander verbindet: Die Sonne macht ihren Weg in der Zeit.

Daran knüpft eine einfache Überlegung an: Weil alle Meridiane in der gleichen Richtung laufen, läßt sich ihr Abstand und damit die Länge aus der Zeitdifferenz ermitteln, die die Sonne von der Erde aus gesehen zwischen zwei Punkten braucht. Der erste Punkt wäre der Heimathafen, der zweite der Standort des Schiffes. Vorausgesetzt man hat ein Instrument, das die Zeit genau mißt. Mit so einem Meßinstrument wäre es möglich, den Zeitunterschied exakt in den geographischen Abstand zu übersetzen. Durch Breite und Länge ist dann die wahre Position gefunden.

Anders formuliert: Die in 360 Längengrade eingeteilte Erde dreht sich in 24 Stunden einmal um sich selbst. In einer Stunde legt sie also ein vierundzwanzigstel einer Umdrehung, das sind fünfzehn Grad, zurück. Ein Zeitunterschied von einer Stunde zwischen Ausgangshafen und Schiffsstandort entspricht also einer Entfernung von fünfzehn Grad westlicher oder östlicher Länge. Auf dem Äquator entsprechen diese fünfzehn Grad etwa tausend Meilen. Hier ist die Entfernung zwischen den Meridianen am größten. Weiter nördlich oder südlich nimmt diese in Grad ausgedrückte Entfernung ab. Wenn eine Stunde fünfzehn Grad sind, dann sind 60 Minuten durch fünfzehn Grad entsprechend vier Minuten pro Grad. Aber die vier Minuten sind je nach Breite jeweils unterschiedlich lang.

Es gibt in diesen Zeiten der Entdeckungen genug Scharlatane und Hochstapler, die sich um die Zeitmessung verdient machen wollen. Das Problem der Länge wurde so hoch gehandelt wie die alchimistische Problemstellung der Verwandlung von Blei in Gold. Man verglich es auch mit dem Perpetuum Mobile. Der kurioseste Vorschlag bedient sich vollends der Quack-

Fernrohre zweite Hälfte 19. Jahrhundert.
Sammlung Tamm

Himmelsglobus in Schatulle
Cary Porter Co., London.
Sammlung Tamm

salberei. Ein Engländer erfindet in Südfrankreich das angebliche Pulver der Sympathie, ein Heilmittel, das seine Wirkung auch über große Entfernungen entfaltet. Die Wirkung verläuft nicht schmerzfrei. Wenn der Engländer das Messer, mit dem der Patient sich verletzt hat, oder seinen Wundverband mit dem Pulver bestreut, jault der Patient im selben Moment auch Meilen entfernt auf.

Also hieß die Lösung: einen verletzten Hund an Bord bringen und ablegen. Eine Person des Vertrauens taucht in London täglich Punkt zwölf Uhr den Verband in eine Sympathie-Lösung. Egal, wo das Schiff steht, der Hund wird aufheulen und signalisieren: In London ist jetzt Mittag. Damit hat der Kapitän eine verläßliche Zeitangabe, kann Bordzeit und Ortszeit London vergleichen und die Länge errechnen. Vielleicht war dieser Vorschlag nur eine Satire, vermutet Dava Sobel in ihrem Buch »Längengrad«. Auch der Gedanke, die Erde mit böllernden Signalschiffen zu überziehen, ist eher eine Schnapsidee, ausgeheckt von zwei Gentlemen, die sich nicht vorstellen möchten, daß Ankertiefen von mehr als 200 Metern möglich sind.

Die Zeit konnte das Altertum zwar nicht mit dem ominösen Pulver messen, sondern nur auf andere höchst unzulängliche Weise, mit Sonnenuhren. Auf See ist die nicht zu gebrauchen, bei bedecktem Himmel schon gar nicht. Vom 14. bis zum 17. Jahrhundert herrscht die Sanduhr an Bord. Und die hat ihre Macken. Ständig wird sie verbessert. Aber Feuchtigkeit läßt den Sand verklumpen. Schräglage beim Segeln beeinflußt die Fließgeschwindigkeit. Und dann muß sie auch noch pünktlich umgedreht werden. Das sind bedeutende Schwachstellen.

Aber auch die Astronomen geben es nicht auf, die Länge auf ihre Weise zu finden, mit Hilfe der Himmelsmechanik. Der deutsche Astronom Johannes Werner kommt 1514 auf die Idee, mit den Mondbewegungen die Position zu bestimmen durch ihr Verhältnis zu den Fixsternen. Er entwickelt die Methode der Monddistanzen. Ein Problem: Die Position der Sterne ist nicht genau bekannt. Spätere Astronomen des 17. und 18. Jahrhunderts ermitteln sie. Ein Johann Tobias Mayer aus Nürnberg, der sich hauptsächlich mit Landkarten beschäftigt, erarbeitet 1752 die erste Tabelle, die die Mondpositionen in Zwölf-Stunden-Abständen verzeichnete. Aber ein Fehler bei der Mondbeobachtung von nur fünf Bogenminuten hatte katastrophale Folgen. Eine um 2 1/2 Grad falsche Länge kann auf See lockere 150 Seemeilen Fehler bedeuten. Abgesehen davon, daß die Beobachtung schwierig ist, sind auch die Berechnungen höchst kompliziert. Alle Welt wartet auf die erlösende Erfindung.

Dava Sobel beschreibt bis ins einzelne, wie intensiv die Fraktion der Anhänger der Mondmethode versucht, Recht zu behalten und sich durchzusetzen, buchstäblich mit allen Mitteln, bis zur Sabotage von Uhren.

Die Suche nach der Länge ist, das sei deutlich wiederholt, ein Kampf um die Weltmacht. Es stehen nicht nur die Reichtümer an Bord portugiesischer Galeonen auf dem Spiel, sondern mit ihnen das Wohl und Wehe, die Macht und die Zukunft ganzer Nationen. Denn es geht nicht nur um den Schiffsort. Es geht auch darum, fremde Küsten und Inseln auf Anhieb wiederzufinden. Es geht um die Vermessungen der Welt und um taugliche Seekarten. Umberto Eco hat die Bedeutung der Länge in seinem Roman »Die Insel des vorigen Tages« ziemlich treffend fabuliert. Das Finden der Methode zur Bestimmung der Länge beschreibt er als politisches Ränkespiel in den Hinterzimmern der Mächtigen in London und Paris genau so wie als Abenteuer auf einem gescheiterten Schiff an der Datumsgrenze. Es geht um die Herrschaft über Zeit und Raum.

Auch Karl II. von England begreift die Bedeutung des Problems, erkennt, daß er systematisch vorgehen muß und läßt eine königliche Kommission gründen. Die wendet sich an den jungen Astronomen John Flamsteed, der vorschlägt, eine Sternwarte zu bauen und einen

Erdglobus und Himmelsglobus Mitte des 19. Jahrhunderts, England.
Sammlung Tamm

Stundenglas.
Museu de Marinha

Sternenatlas zu entwickeln. Karl II. gibt dem Architekten der St. Paul's-Kathedrale, Christopher Wren, den Auftrag, in Greenwich ein Observatorium zu errichten, »zur Behausung des Observators«, wie Wren meint, »und wohl auch ein bißchen zur Angeberei«.

Flamsteed House, wie es später heißen wird, steht noch heute auf grünem Rasen neben dem Royal Observatory. Es kostet damals gerade 520 Pfund. Eisen und Blei, die verbaut werden, stammen von einem abgebrochenen Pförtnerhaus im Tower. Was an Bargeld nötig ist, besorgt Karl II. sich durch den Verkauf von minderwertigem Schießpulver.

1675 beginnen die Bauarbeiten, und am 16. September 1676 wacht Flamsteed als königlicher Astronom zum ersten Mal vor seinem Fernrohr – und vor seinen Uhren. Die Sanduhr haben Tüftler inzwischen durch mechanische Räderwerke abgelöst. In die Türme von Kirchen und Klöstern bauen Uhrmacher seit dem 14. Jahrhundert Konstruktionen mit hölzernem Räderwerk ein. Ihre Genauigkeit läßt jedoch sehr zu Wünschen übrig. Zum Gebet können sie rufen, ein Schiff begleiten jedoch nicht. Da rasten die Zahnräder bei Seegang buchstäblich aus. Aber Flamsteed weiß, was eine funktionierende Uhr für die Navigation bedeuten könnte.

Der flämische Astronom Frisius schrieb schon 1530, daß eine Uhr unter Umständen bei der Längengradbestimmung hilfreich sein könne. 1559 hält William Cunnigham diese Idee am Leben und empfiehlt Uhren aus Flandern. Uhren sind mittlerweile, nicht anders als heute, zu Prestigeobjekten geworden, je kleiner, aufwendiger und verzierter desto besser. Der Nürnberger Peter Henlein baut das sogenannte Nürnberger Ei, die erste Taschenuhr, im Jahre 1512. Die Uhrmacher entwickeln sich aus Schlossern, Kanonengießern und Schmieden. Um ihr Wissens-Monopol zu schützen, gründen sie Zünfte, 1544 in Paris, 1601 in Genf, 1630 in London.

Galilei macht sich nicht nur um die Himmelsmechanik, sondern auch um die Uhr verdient. Er erkennt, daß die Länge eines Pendels für die Dauer des Ausschlags entscheidend ist, nicht wie weit es ausschlägt. Damit ist viel gewonnen. Die Pendeluhren gehen durch dieses Wissen genauer. Die Florentiner lassen darum eine Turmuhr nach den Plänen von Galileis Sohn Vicenzio anfertigen. Die erste wirklich funktionierende Pendeluhr baut Christiaan Huygens im Jahre 1656.

Aber keiner dieser Zeitmesser taugt für die Seefahrt, und wenn dann vielleicht einmal gerade dazu, die Wachen halbwegs pünktlich abzulösen. Huygens baut zwei weitere Uhren, gibt sie Kapitänen mit und läßt sie bis zu den Kapverden fahren. Die Kapitäne erzielen brauchbare Ergebnisse bei der Längenmessung Aber auch Huygens Uhren sind Schönwetter-Instrumente. Rollen, Stampfen und Gieren bringen die Uhren aus dem Rhythmus. Die Pendel und Gewichte schwingen wie wild. Und das kann auf See nicht wieder gut gemacht werden. Es gibt keine Referenz. Selbst Newton ist ratlos. Das Prinzip, die Länge mit einer Uhr zu bestimmen, sieht er wohl ein, aber: »such a watch hath not yet been made«. Und für die Zukunft hatte Newton in diesem Punkt auch keine besondere Hoffnung. Huygens erfand zwar die Spiralfeder, die anstelle des klappernden und empfindlichen Pendels einsetzte. Eine seefähige Uhr gelang jedoch auch ihm nicht.

Nach den Spaniern setzen jetzt auch die Engländer einen Preis für das Finden der Länge aus. Im Juni 1714 beschließt das britische Parlament den Longitude Act – und macht damit einen Menschen unglücklich, zum großen Erfinder und unsterblich. Mehr dazu später.

Dieser Longitude Act ist ein Erfolg von Seeleuten, Reedern und Händlern. Sie sind es, die das Parlament im Mai auffordern, eine bedeutende, geradezu fürstliche Prämie auszusetzen, um das Rätsel der Länge ein für allemal zu lösen. Die Könige wollen die Weltherrschaft. Die Bürger fürchten um ihre Waren und Vermögen auf See.

Am 8. Juli 1714 erläßt Königin Anne einen Erlaß, mit dem drei Preise ausgeschrieben werden. Der erste und wichtigste: 20 000 Pfund (heute mehrere Millionen Mark) erhält derjenige, der eine Methode zur Ermittlung der geographischen Länge bei einer Abweichung von höchstens einem halben Grad findet. Die Erprobung soll auf einer Fahrt in die Karibik stattfinden. Mit dem Act wurde auch eine Jury bestellt, der Board of Longitude aus Seeoffizieren, Beamten und Naturwissenschaftlern. Mit ihrer Hoheit über das Preisgeld war, so meint Dava Sobel zu Recht, dieses Boar die erste staatliche Forschungs- und Entwicklungsbehörde.

In diesem Jahr wird übrigens auch der Begriff Chronometer geprägt. Ein gewisser Jeremy Thaker entwickelt eine Uhr, die er in eine Vakuumkammer einschließt, und er versucht seine Mitbürger und die Kommission davon zu überzeugen, »daß die Phonometer, Pyrometer, Selenometer, Heliometer und alle anderen Meter es nicht wert sind, mit meinem Chronometer verglichen zu werden.«

Von der Preisausschreibung muß auch John Harrison gehört haben, ein Tischler. Als Handwerker setzt er auf die Uhr. Und wird darum ein Leben lang Schwierigkeiten erleben und feststellen, wie mies sich das Parlament, der Repräsentant des Volkes, einem der ihren gegenüber verhalten kann.

Harrison war im März 1693 in der Grafschaft Yorkshire zur Welt gekommen, in einfachen Verhältnissen. Nach einem Umzug nach Barrow am Flüßchen Humber lernt er bei seinem Vater das Tischlerhandwerk. Daß er musikalisch ist, paßt nur zu gut zu den späteren feinmechanischen und technischen Ambitionen des Tischlers. Musik und Mathematik sind aus einem Holz geschnitzt.

1713 baute John Harrison seine erste Pendeluhr, und zwar als Autodidakt, ohne jemals einem Uhrmacher über die Schulter gesehen zu haben. Die Uhr steht heute in einer Vitrine der Worshipful Company of Clockmasters in der Londoner Guildhall. Er sägt sie aus Holz, mit Eichenholzrädern und Buchsbaumzapfen, die er mit Teilen aus Messing und Stahl verbindet: die Uhr eines Tischlers.

Und dann kommt der Longitude Act. Harrison hört vermutlich in Hull, der drittgrößten englischen Hafenstadt, nur wenige Kilometer von seiner Werkstatt entfernt, von dem Preisgeld. Daß die Länge das große Problem seiner Zeit ist, weiß er vermutlich schon damals. Mit den Jahren wird Harrison zum gefragten Uhrmacher und bekommt den Auftrag, die Turmuhr für das Gutshaus Brocklesby Park zu bauen. 1722 wird er fertig. Die Uhr läuft noch heute.

Die Brocklesby-Uhr ist der erste große Schritt hin zum Schiffschronometer: Holz verzieht sich nicht so stark wie Metall, und diese Uhr braucht kein Öl, das bei Temperaturschwankungen seine Konsistenz und damit den Lauf der Uhr verändert.

Harrisons Name aber wird auf ewig verbunden bleiben mit fünf Uhren, durchnumeriert von H-1 bis H-5. Durch Harrisons Unnachgiebigkeit wird Cook eine Uhr im Stile Harrisons auf seiner zweiten Reise an Bord haben, den guten Freund auf allen Kursen.

Ab 1927 geraten Schiffsuhr und Preisgeld näher ins Gesichtsfeld des Meisters. Seine Uhren laufen genau. Wenn es ihm gelingt, sie unempfindlich gegen Erschütterungen, Temperaturwechsel und Salzluft zu machen, dann wird er reich und berühmt. Das weiß er auch.

Die erste Idee: Das seeuntaugliche Pendel ersetzt er durch Schwingarme. Nach vier Jahren Arbeit fährt er nach London, um seine Zeichnungen der Längengrad-Kommission zu präsentieren. Bisher war die Kommission noch nicht ein einziges Mal zusammengetreten. Nicht ein einziger Kandidat war so überzeugend gewesen, um das Gremium an einen Tisch zu bringen. Vorsicht ist angesagt. Harrison besucht darum Halley, den Nachfolger Flamsteeds, in Greenwich. Der schickt den Tischler zum Uhrmacher Graham, weil der, meint Halley, am besten die Zeichnungen beurteilen könne. Harrison erhält mehr als Zuspruch: auch ein zinsloses Darlehen. Fünf Jahre lang kann er jetzt an seiner H-1 arbeiten.

Harrison baut die H-1 aus Messing. Sie wird ein Monstrum. Nur an den Zifferblättern an der Vorderseite ist erkennbar, daß es sich um eine Uhr handelt. Die H-1 ist 32 Kilo schwer. Harrison bringt den hochkomplizierten Apparat in einem würfelförmigen Gehäuse von 1,20 Meter Kantenlänge unter. 1735 transportiert Harrison die Uhr nach London, wo sie von der Royal Society, nicht aber von der Preisgeldkommission gefeiert wird. In der haben immer noch die Astronomen die Überhand, und die setzen auf die Monddistanz-Messung.

Ein Jahr vergeht, dann erst setzt die Admiralität einen Erprobungstermin fest: aber nicht in die Karibik, sondern nach Lissabon auf der HMS Centurion. Die H-1 bewährt sich hervorragend. Auf der Rückfahrt gelingt es Harrison mit Hilfe der Uhr, einen Navigationsfehler des Kapitäns von 60 Seemeilen vor der englischen Küste zu korrigieren.

1737 endlich tritt im Juni die Kommission zusammen, um die H-1 zu beurteilen. Um es kurz zu machen: Harrison wird der Preis verweigert. Er ist so geschickt, die Jury auf Schwächen aufmerksam zu machen, die man noch verbessern könne. Dann und wann erhält er Unterstützungen von 500 Pfund, um seine Uhr weiterentwickeln zu können, sonst nichts.

1741 präsentiert er die H-2. Er ist schon längst nicht mehr mit ihr zufrieden, kritisiert sein eigenes zweites Meisterwerk und fährt nach Hause. Die H-2 wird nie auf See erprobt, aber an Land. Harrison hat sie noch erschütterungsresistenter gebaut und Temperaturkompensationen integriert. Die H-2 übersteht die Tests. Die Royal Society ist wiederum begeistert. Aber Harrison nicht.

Daß er ein verrückter Perfektionist ist, bestreitet inzwischen niemand. Jetzt nämlich beginnt der Achtundvierzigjährige in seiner Werkstatt ein fast zwanzigjähriges Mönchsdasein, um die H-3 zu bauen. Ab und zu holt er sich bei der Jury 500 Pfund als Stipendium ab. Sein größtes Problem bei der H-3: stabförmige Unruhen in runde Unruhereife zu verwandeln. Bis heute verwenden Thermostaten, Toaster und andere Temperaturregler eine Erfindung, die Harrison bei der Konstruktion der H-3 gelang: Bimetallstreifen. Harrison verwendete zusammengenietetes Messing- und Stahlblech, um Temperaturänderungen auszugleichen.

Auch Frankreich schläft nicht. Pierre Le Roy, Königlicher Uhrmacher Frankreichs, besichtigt 1738 die H-1 in Grahams Uhrengeschäft. Sein Rivale Ferdinand Berthoud sieht die H-1 erst 1763, ist aber ebenfalls nicht von Respekt frei. Berthoud wird später einen Chronometer entwickeln, der durchaus mit Harrisons letzten Modellen mithalten kann. Le Roy baut 1765 einen Chronometer. Weder Berthoud noch Le Roy griffen übrigens auf Harrisons Konstruktionen zurück.

Aber die Weltgeschichte will es so: Harrison baut seine Uhren, und Davis und Hadley entwickeln parallel dazu Winkelmesser. Zusammen mit den Arbeiten der Astronomen hat die Alternative zur Uhr, die Himmelsmechanik, jetzt eine große Chance. Zwischen den Dreißigern und den Sechzigern des 18. Jahrhunderts rivalisieren zwei Navigations-Methoden um Anerkennung.

Die astronomische Methode ist jetzt recht gut entwickelt, und die Kommission aus Offizieren und Astronomen favorisiert sie weiterhin, obwohl sie längst noch nicht an Bord praktikabel ist. Was macht Harrison? 1759 taucht er mit einer tickenden kleinen Kiste aus der Versenkung auf, mit der H-4. Diese Uhr wird ihm zu guter Letzt den Preis eintragen: zwölf Zentimeter Durchmesser, knapp anderthalb Kilo Gewicht. Zur Verminderung der Reibung setzt Harrison Rubine und Diamanten ein. Die H-4 steht heute im Londoner National Maritime Museum.

Sie hat einen Mangel: Harrison ist ein Meister in der Konstruktion reibungsfreier Zahnräder und Lager. Aber sie so zu verkleinern, daß sie in die H-4 paßten, das gelingt ihm nicht. Die H-4 braucht Öl.

1761 unternimmt Harrisons Sohn William mit der H-4 eine offizielle Probereise nach Jamaika auf der HMS Deptford: ein Meilenstein der Längengrad-Geschichte. Nach fast dreimonatiger Reise zeigt ein Vergleich mit astronomischen Methoden, daß die H-4 nach 81 Tagen auf See fünf Sekunden verloren hat. Das ist der Preis!

Aber Harrison muß immer noch warten. Die Kommission erklärt, die Experimente reichten nicht aus. Im Sommer 1764 schickt die Kommission die H-4 auf eine zweite Probereise, die wieder erfolgreich verläuft. Die H-4 bestimmt die Länge bis auf zehn Meilen. Der Longitude Act verlangt 30 Meilen. Die Verfechter der Monddistanz-Methode lassen nicht locker: Die Kommission schweigt.

Jetzt wird sogar der Longitude Act verändert, um es Harrison schwerer zu machen. Außerdem soll er die Konstruktionszeichnungen und die Uhren abliefern. Auch Frankreich meldet sich wieder: 1766 taucht Ferdinand Berthoud auf und bietet 500 Pfund für eine private Vorführung der H-4. Harrison lehnt ab.

Aber er muß die H-4 an die Kommission ausliefern – und sollte der Kommission zwei neue Uhren vorstellen. 1770 ist die H-5 nach drei Jahren Bauzeit fertig. Sie steht heute ebenfalls in der Londoner Guildhall. 1772, mit neunundsiebzig Jahren, wendet Harrison sich an den König. Georg III. war an Harrisons Uhren schon immer interessiert gewesen und lädt Harrisons Sohn William auf Schloß Windsor ein. Der bittet um die Prüfung der H-5 in Greenwich. Die H-5 bewährt sich mit einer Drittelsekunde Fehler pro Tag.

Im April 1773 tritt auf Druck der Regierung die Längenkommission zusammen. Harrison erhält den Preis, drei Jahre vor seinem Tode am 24. März 1776.

Im Juli 1775 erlebt der Meister immerhin noch, daß Cook von seiner zweiten Reise mit der HMS Resolution zurückkehrt und das Loblied der Uhr singt. Cook hat bis auf wenige Korrekturen durch Mondbeobachtungen voll und ganz auf die Bestimmung der Länge mit Hilfe einer Uhr gesetzt, eine Uhr, die der Leser jetzt schon – fast – kennt. Es ist jedoch keine von Harrissons Uhren, die Cook am Beginn der Reise 1772 an Bord nimmt. Es ist Kendalls K-1 zum Preis von 500 Pfund.

Um nachzuweisen, daß die H-4 von jedem geschickten Uhrmacher kopiert werden kann, beauftragt die Kommission den Uhrmacher Larcum Kendall, eine H-4 zu bauen. Nach zweieinhalb Jahren stellt er der Kommission die K-1 vor. Die entschließt sich, diese Uhr Cook für seine zweite Reise anzuvertrauen, auf der er die Südseeinseln vermißt. Cook nimmt die K-1 auch auf seiner dritten Reise mit. Am 12. Juli 1776 läuft er – übrigens mit William Bligh als Navigator – aus, um nie mehr zurückzukommen. Mit dem Nachfolgemodell K-2 ist Captain Bligh auf der Bounty unterwegs. Fletcher Christian, der Anführer der Meuterer, bringt sie auf die Südseeinsel Pitcairn. Hier wird sie unbeschädigt bei den Nachkommen gefunden.

Harrisons H-4 und H-5 sind viel zu kompliziert, um billig nachgebaut werden zu können. Auch Le Roy und Berthould schaffen es nicht, einen Chronometer zu einem raisonablen Preis anzubieten. Auch Kendalls Neuerungen senken den Preis nicht so sehr, um ihn gegen Mondtafeln und Sextanten konkurrenzfähig zu machen.

Aber Ende des Jahrhunderts wendet sich das Blatt. In den achtziger Jahren können sich Seeoffiziere einen Chronometer aus eigener Tasche für die eigene Tasche für gut 60 Pfund leisten. Die ersten Logbücher mit Spalten für Chronometereintragungen tauchen auf. Die umständliche und mit Fehlerquellen behaftete Mond-Methode kommt endgültig ins Hintertreffen, lebt aber noch hundert Jahre. 1828 löst die Kommission sich auf. Zuletzt prüft sie Chronometer für die Navy. Die Uhr hat gesiegt. Aber beide zusammen haben den Übergang von der Breitensegelei zur astronomischen Ortsbestimmung geleistet.

Aber wo ist der Null-Meridian? Daß die Russen ihn nach St. Petersburg verlegen, die Franzosen nach Paris und die Engländer in ihre Greenwich-Sternwarte, das leuchtet ein. Aber warum rechnet die Welt immer noch in Greenwich Meantime (GMT), die in den Himmelskalendern Universal Time Coordinated (UTC) heißt? Warum hat sich Greenwich als Nullpunkt für die Uhrzeit durchgesetzt?

Wenn die Navigatoren gelegentlich auch im letzten Jahrhundert noch den Stand der Chronometer mit Monddistanzen überprüfen, dann schlagen sie im Nautical Almanac nach, den die Astronomen von Greenwich erstellt haben, genauer: Nevil Maskelyne, Harrisons Erzfeind.

Chronometer in Schatulle von Kelvin & Wilfred G. White Co., Boston & New York. 19. Jahrhundert.
Sammlung Tamm

Von 1765 bis zu seinem Tode 1811 schreibt der fünfte Königliche Astronom an den Tabellen des »Nautical Almanac«. Er entspricht dem späteren deutschen »Nautischen Jahrbuch«. Und deren Länge berechnet er nun einmal nach Greenwich. Daß sich Greenwich dann 1884 auch auf der internationalen Meridiankonferenz in den USA/Washington, D.C. durchsetzt, heißt nichts anderes, als daß die allgemeine Praxis den Segen des Offiziellen erhält. Daß der Tag weltweit um Mitternacht und nicht mittags beginnen sollte, damit können sich die Astronomen offiziell übrigens erst 1917 abfinden.

Gewohnheiten führen ein langes Leben, die Monddistanzen bis zum Jahre 1925. In diesem Jahr erscheint das »Nautische Jahrbuch« zum ersten Mal ohne Monddistanz-Tafeln, in den deutschen Prüfungsvorschriften für die »Kapitäne auf Großer Fahrt« werden sie im gleichen Jahr gestrichen. Die Franzosen hatten ihnen schon 1905 in ihren »Connaissance des Temps« und die Briten 1907 im »Nautical Almanac« Lebewohl gesagt.

Heute tickt keine H-4 mehr auf der Fensterbank von Flamsteed House. Eine Atomuhr zeigt die Greenwich Mean Time, nach der sich alle Welt richtet, auf Millionstelsekunden an. Aber immer noch zeigt um Punkt Eins mittags der Timeball am Mast des Flamsteed House die Zeit. Jeden Tag um 12.55 steigt er auf, um pünktlich zu fallen. Dieses Zeitzeichen fordert ein gewisser Captain Wauchope 1824 in einem Brief an die Marine. Seit 1833 steigt die rote Zeitkugel auf, damit die Navigatoren ihre Uhr kontrollieren können. Und warum fällt der Ball um Eins und nicht um Zwölf? Weil um Zwölf die Astronomen mit der Sonne beschäftigt sind.

Und dann kommt der Tag, an dem die Uhr spricht: Am 29. März 1899 empfängt der italienische Erfinder Guglielmo Marconi bei Boulogne ein Zeitsignal aus Dover. Die Radio-Zeit ist da, 1910 zur Korrektur der Chronometer über Funk offiziell eingeführt und heute auf allen Schiffen weltweit zu empfangen.

Es lebe die Wissenschaft – Die Navigation wird systematisch

Die Bürger haben die Macht. Für sie zählt Wissen, Individualität, nicht die Gnade der Geburt. Die Wissenschaft, befreit von der Vormundschaft der Religion, macht Sprünge. Mathematik und Physik triumphieren. Die Parole heißt: Messen wir es nach, rechnen wir es aus. Die Navigation wird systematisch, bleibt aber eine Kunst. Und sie wird ein wesentliches Werkzeug einer neuen Entwicklung: der Globalisierung.

Triumph der Methode – Navigation wird Lehrfach

Die Wissenschaft wird sich im siebzehnten Jahrhundert ihrer selbst immer sicherer. Descartes, der Begründer des Philosophischen Rationelismus, denkt sich den Discours de la Méthode aus. Die Wissenschaft soll auf ein methodisches Fundament gestellt werden, das jeder Mensch an jedem Ort nachvollziehen kann. Es geht um die Meßbarkeit der Welt.

Wenn die Welt meß- und damit auch berechenbar ist, und das wird jetzt vorausgesetzt, egal ob ein kluger Gott sie konstruiert hat oder nicht, dann kann sie auch mit der Wissenschaft beherrscht werden. Zuständig für die Herrschaft ist der Staat. Nachdem sich wissensdurstige Engländer 1660 zusammenschließen, um eine Society zu gründen, erkennt der König ziemlich bald den Nutzen dieses Herrenclubs. Zwei Jahre später erkennt er sie offiziell an. Die Royal Society ist geboren und schickt bald darauf James Cook in die Südsee.

Die Franzosen ziehen nach. Unter Ludwig XIV. entsteht 1666 die Académie Royale des Sciences. Sie wird das Lieblingskind seines Premierministers Colbert. Colbert versucht nicht nur, das Wirtschaftssystem Frankreichs mit dem Merkantilismus auf eine planmäßige und rationale Grundlage zu stellen, er läßt auch ein Observatorium errichten und holt sogar ausländische Wissenschaftler nach Frankreich, die hier arbeiten sollen. Christiaan Huygens, ein niederländischer Diplomatensohn wird als Gründungsmitglied der Akademie berufen.

In erster Linie geht es den absoluten Fürsten immer noch darum, genau zu wissen, worüber sie denn nun eigentlich herrschen. Wie groß sind die Reiche? Giovanni Domenico Cassini, Professor für Astronomie an der ehrwürdigen Universität zu Bologna, veröffentlicht 1668 eine Tabelle mit den bisher umfangreichsten und genauesten Beobachtungen der Jupitermonde.

Galilei hat die ersten vier entdeckt und Regelmäßigkeiten ihres Auftauchens und Verschwindens hinter ihrem Planeten festgestellt. Er glaubt, mit ihrer Hilfe der Navigation Gutes tun zu können. Zur Beobachtung der Jupitermonde von Bord aus entwickelt er einen Apparat, der zu den großen Kuriositäten der Wissenschaftsgeschichte gehört. An einer Art Maske befestigt er ein Fernrohr vor dem einen Augenloch. Das andere bleibt frei. Mit ihm soll der Navigator den Jupiter beobachten, mit dem kleinen integrierten Fernrohr die Monde. Nicht dumm, wenn man bedenkt, daß an starken Fernrohren auch heute noch ein zweites mit wesentlich geringerer Vergrößerung zur Grobeinstellung montiert ist. Galilei ließ den Apparat an Bord eines Schiffes in Livorno testen. Aber einen Erfolg konnte er nicht verbuchen. Schon ein Atemzug ließ den Jupiter aus der Reihe tanzen.

Cassini beobachtet lieber von Land aus. Seine Tabellen sprechen sich herum. Er wird nach Versailles eingeladen, stellt seinen Himmelkalender, seine Ephemeriden vor und wird prompt zum Gründungsdirektor des Observatoriums der französischen Akademie ernannt und wird 1673 Franzose.

Ans französische Observatorium zieht es auch den jungen Dänen Ole Römer. 1676, die

Arte de nauegar
en que se contienen todas las Reglas, Declara
ciones, Secretos, y Auisos, q̃ a la buena naue-
gaciō son necessarios, y se deuē saber, hecha por
el maestro Pedro de Medina. Dirigida al sere
nissimo y muy esclarescido señor, don Phelipe
principe de España, y de las dos Sicilias. ⁊c.
Con preuilegio imperial

Navigationslehrbuch mit dem Titel: »Die Kunst des Navigierens«. Der Autor, Pedro de Medina (1493–1567) aus Sevilla, stellte alles zusammen, was damals über die Kosmograghie und Navigation bekannt war.
Sammlung Tamm

Gründung der Akademie trägt also Früchte, macht er eine merkwürdige Entdeckung, die – leider – zur Entwicklung der Navigation nichts beiträgt, aber atemberaubend ist. Wenn, so notiert Römer, die Entfernung zwischen Jupiter und Erde am geringsten ist, dann treten die Verfinsterungen der Jupitermonde zu den berechneten Zeiten ein. Ist die Erde aber am weitesten vom Jupiter entfernt, dann verschwinden die Satelliten etwas später hinter dem Planeten.

Mit der Erklärung dieser Beobachtung kann Römer eine Theorie über den Haufen werfen. Bisher nämlich gilt in Wissenschaftlerkreisen, daß sich das Licht mit einer unendlich hohen Geschwindigkeit ausdehnt, die von Menschen zu messen unmöglich ist. Römer schließt aus seiner Beobachtung, daß die Zeitdifferenz zwischen den Verdunkelungen etwas mit der Laufzeit des Lichtes zu tun hat. Anders gesagt: Die Verzögerung hängt von der Zeit ab, die das Licht zurücklegen muß. Die Geschwindigkeit des Lichtes ist also berechenbar.

Das hatte auch schon Galilei zu beweisen versucht. Er ließ Laternen auf Hügeln anzünden und war immer zum gleichen Ergebnis gekommen: Startzeit und Ankunftszeit sind gleich. Römer begreift, daß Galileis Fehler allein in der zu kurzen Entfernung liegt. Über ein paar hundert Meter hinweg ist Lichtgeschwindigkeit nicht meßbar, im interplanetaren Raum sehr wohl. Römer mißt die Leuchtzeiten der Jupitermonde und kommt auf eine Lichtgeschwindigkeit von rund 300 000 Kilometern pro Sekunde. Das Ergebnis gilt mit geringer Abweichung nach unten noch heute.

Auch das Unglück soll berechenbar werden. Es gibt für die Reeder zwei Methoden, sich vor Verlusten zu schützen, außer natürlich derjenigen, einem möglichst befahrenen und sachkundigen Kapitän das Kommando zu geben. Die eine besteht darin, eine Geleitflotte aufzubauen und mit Kriegsschiffen Piraten zu jagen. Das hatten die Hamburger mit der »Bunten Kuh« vorgeführt, und nicht nur sie. 1623 gründet die Hansestadt wegen der Piraterie sogar eine eigene Admiralität. Sie hat die Aufgabe, die Handelsschiffe mit Kanonen und Lotsen auszurüsten und das gefährliche Elbfahrwasser mit Land- und Seemarken zu kennzeichnen.

Die Schiffsherren haben bald aber auch eine weitere Möglichkeit, ihre Habe mit kühler Rationalität zu schützen: Die Versicherungsmathematik taucht auf und wird später eine boomende Spezialität ihres Faches. 1688 erscheint erstmals in den Annalen Edward Lloyd's Coffee House, ansässig in der Londoner Tower Street. Unter anderen Orten wird auch hier, freilich besonders nachhaltig, die Idee geboren, Schiffe und Schiffsladungen zu versichern. Der Romancier Daniel Dafoe, den sein »Robinson Crusoe« bekannt macht, schreibt damals nicht nur Seefahrtsromane wie zum Beispiel auch »Captain Singleton's Abenteuer«. Er verfaßt auch eine Broschüre mit dem Titel »Über Projektemacherei«. Das Versicherungsgeschäft wird hier in Grundzügen entwickelt. Aus dem Kaffee-Haus wird die berühmteste Versicherung und später auch Klassifikationsgesellschaft der Welt.

Was meßbar und berechenbar ist, das kann man lehren und lernen. Natürlich ist immer noch Erfahrung einer der ganz großen Wegweiser des Seemannes. Immer noch sind es Jahre auf See, die einen guten Bootsmann, einen Kapitän und nicht zuletzt einen Navigator reifen lassen. Aber im 18. Jahrhundert verändert das Wissen seinen Charakter. Es wird systematisch.

Die Seehandbücher alter Zeit sind natürlich immer noch nützlich, und noch heute sind sie mit Zeichnungen versehen, die Küstenformationen zeigen. Die Periplus, die Aufzeichnungen und Routenbeschreibungen waren gegenüber der mündlichen Überlieferung seit der Antike ein Fortschritt. Nun aber entsteht ein Wissen, das auch ohne Erfahrung jedermann zugänglich ist. Lehrbücher akkumulieren ein Wissen ganzer Generationen, das unabhängig ist von empirischen Veränderungen.

Ein Periplus und ein Seehandbuch taugen dann nichts mehr, wenn sich Küstenformationen durch Naturereignisse verändern, wenn Flüsse ihren Lauf wechseln und andere Strömungsverhältnisse hervorrufen. Das Wissen um den Längengrad jedoch bleibt von solchen Veränderungen unbeeinflußt. Die Mathematik braucht sich um die Welt der Erfahrung nicht zu scheren.

Ist das erste Buch über Metallurgie verfügbar, wird eine siebenjährige Lehrzeit zum Schmied wie im Mittelalter sinnlos. Wer mit einer Logge, einem Sextanten, nautischen Tafeln, einer Seekarte, Geometrie und Astronomie umgehen kann, muß nicht jahrelang einem erfahrenen Kapitän auf die Finger gesehen und mit ihm die unterschiedlichen Gerüche verschiedener Küsten geschnuppert und unterschiedliche Wasserfarben zu verschiedenen Jahreszeiten beobachtet haben.

Das werden sich auch manche Hamburger gesagt haben, als ihre Admiralität am 1. April 1749 eine Kommission einsetzt – wieder eine Kommission, aber eine vernünftige –, die einen tüchtigen Mann zur Unterrichtung der Steuermannskunst einstellen soll. Die Hamburger begreifen nicht nur, wie wichtig die Seefahrt in Zukunft besonders für sie werden wird. Das begreifen Zar Peter der Große und der Große Kurfürst auch und lassen Flotten bauen. Peter reist nach Holland, um dort höchstpersönlich – »Zar und Zimmermann« – Schiffbau zu lernen.

Die Hamburger stellen die Ausbildung der Schiffsführung auf ein organisiertes und systematisches Fundament.

Sie stellen nicht etwa einen erfahrenen Seebären Marke Käpt'n Blaubär ein, der mit Geschichten von Seeungeheuern und Geisterschiffen dem Nachwuchs Respekt vor der See einzuflößen versucht. Sie entscheiden sich für einen Lehrer der Mathematik. Gerlof Hiddinga heißt der Mann, der seit 1724 am Johanneum Hamburg auch als Zeichenlehrer angestellt ist.

Hiddinga ist grundsätzlich einverstanden, den Posten anzunehmen, stellt aber selbstbewußt seine Bedingungen. Er erklärt sich bereit, wie die Festschrift der Hamburger Navigationsschule zu ihrem einhundertfünfzigjährigen

Segelanweisung mit Küstenansichten von Madeira aus »The English Pilot«, London 1761.
Sammlung Tamm

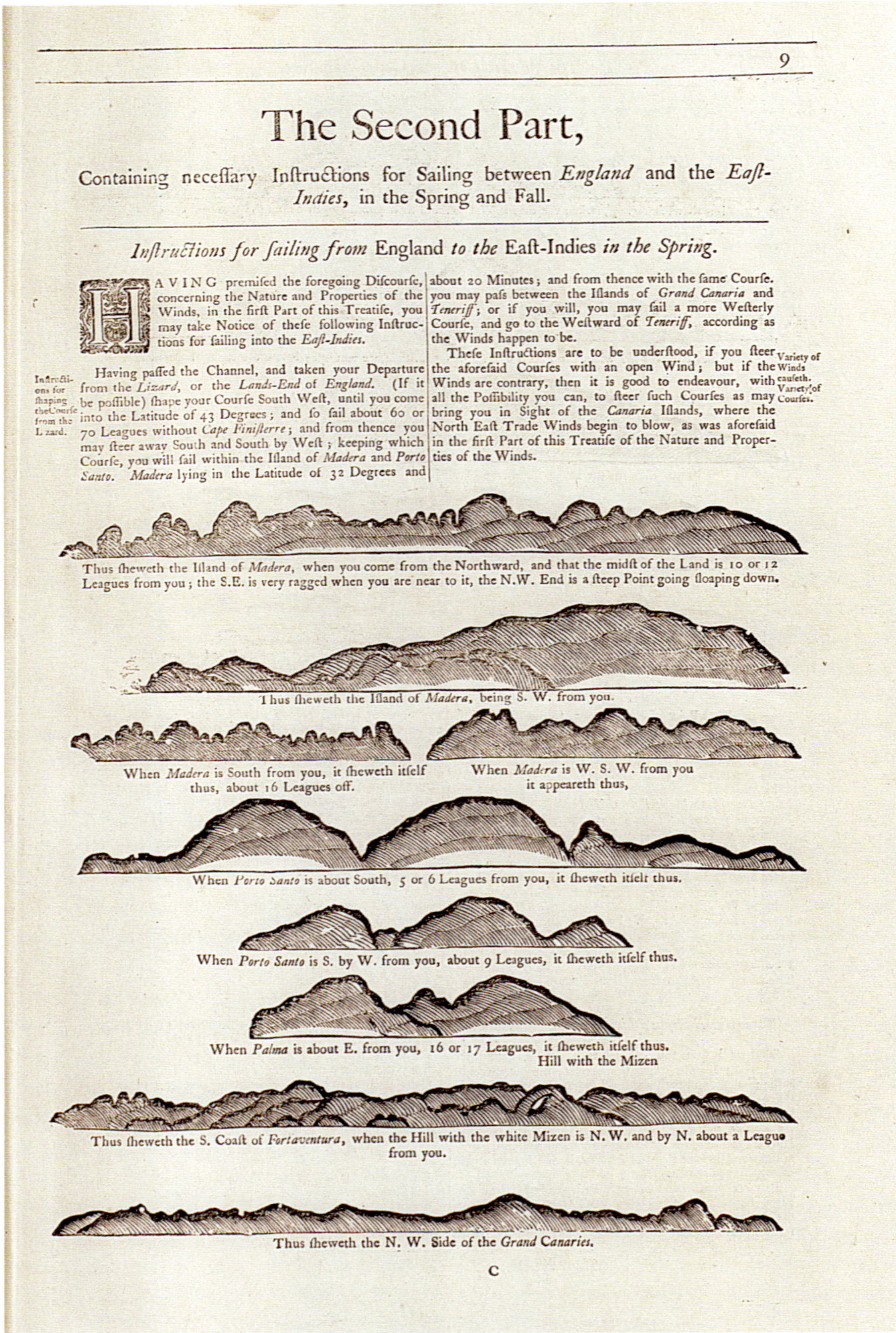
9

The Second Part,

Containing neceſſary Inſtructions for Sailing between *England* and the *Eaſt-Indies*, in the Spring and Fall.

Inſtructions for ſailing from England *to the* Eaſt-Indies *in the Spring.*

HAVING premiſed the foregoing Diſcourſe, concerning the Nature and Properties of the Winds, in the firſt Part of this Treatiſe, you may take Notice of theſe following Inſtructions for ſailing into the *Eaſt-Indies.*

Inſtructions for ſhaping the Courſe from the Lizard. Having paſſed the Channel, and taken your Departure from the *Lizard*, or the *Lands-End* of *England.* (If it be poſſible) ſhape your Courſe South Weſt, until you come into the Latitude of 43 Degrees; and ſo ſail about 60 or 70 Leagues without *Cape Finiſterre*; and from thence you may ſteer away South and South by Weſt; keeping which Courſe, you will ſail within the Iſland of *Madera* and *Porto Santo. Madera* lying in the Latitude of 32 Degrees and about 20 Minutes; and from thence with the ſame Courſe. you may paſs between the Iſlands of *Grand Canaria* and *Teneriff*; or if you will, you may ſail a more Weſterly Courſe, and go to the Weſtward of *Teneriff*, according as the Winds happen to be.

Theſe Inſtructions are to be underſtood, if you ſteer the aforeſaid Courſes with an open Wind; but if the Winds are contrary, then it is good to endeavour, with all the Poſſibility you can, to ſteer ſuch Courſes as may bring you in Sight of the *Canaria* Iſlands, where the North Eaſt Trade Winds begin to blow, as was aforeſaid in the firſt Part of this Treatiſe of the Nature and Properties of the Winds. Variety of Winds causeth Variety of Courſes.

Thus ſheweth the Iſland of *Madera*, when you come from the Northward, and that the midſt of the Land is 10 or 12 Leagues from you; the S.E. is very ragged when you are near to it, the N.W. End is a ſteep Point going ſloaping down.

Thus ſheweth the Iſland of *Madera*, being S. W. from you.

When *Madera* is South from you, it ſheweth itſelf thus, about 16 Leagues off.

When *Madera* is W. S. W. from you it appeareth thus,

When *Porto Santo* is about South, 5 or 6 Leagues from you, it ſheweth itſelf thus.

When *Porto Santo* is S. by W. from you, about 9 Leagues, it ſheweth itſelf thus.

When *Palma* is about E. from you, 16 or 17 Leagues, it ſheweth itſelf thus.

Hill with the Mizen

Thus ſheweth the S. Coaſt of *Fortaventura*, when the Hill with the white Mizen is N. W. and by N. about a League from you.

Thus ſheweth the N. W. Side of the *Grand Canaries.*

C

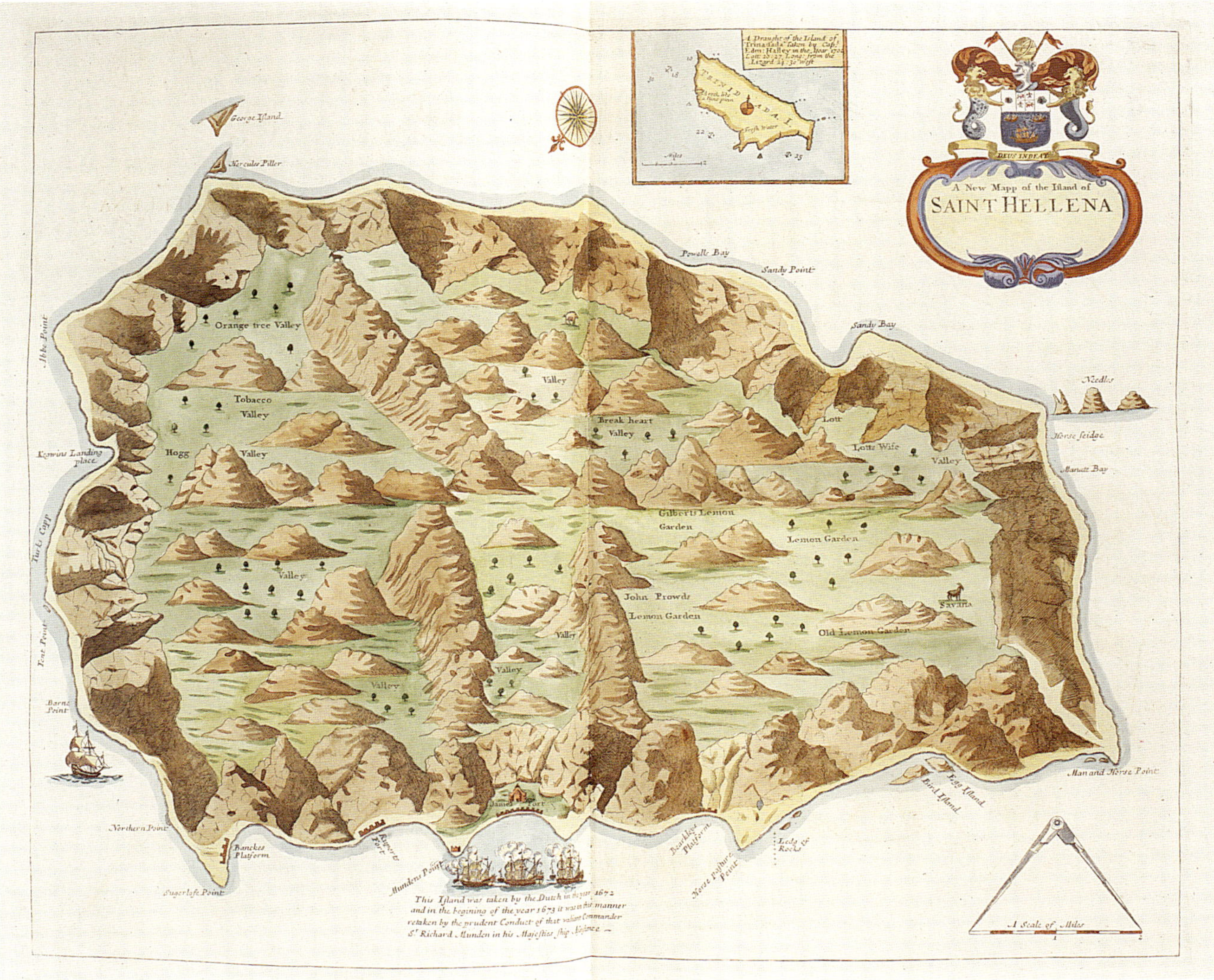

1899 erzählt, »zwölf Knaben oder junge Leute in der Steuermannskunst in seiner Wohnung zu unterrichten«, am St. Katharinen-Hof. »Er sagte auch zu, im Winter den Schülern eine warme Stube und Licht halten zu wollen. Der Unterricht sollte die Rechenkunst, die Geometrie, die Astronomie und die Fundamente der Navigation umfassen.« Hiddinga verlangte als Honorar 400 Mark Courant im Jahr.

Am 9. September nimmt die Admiralität an. Hiddinga beginnt den für die Schüler kostenlosen Unterricht am 1. Oktober 1749. Der Grundstein einer systematischen Ausbildung von Seeoffizieren in Hamburg ist gelegt. Hiddinga, der Hamburger Seefahrtsschulen-Pionier, ist zu dieser Zeit schon Mitte Sechzig. Fünfzehn Jahre lang unterrichtet er allein, 1766 stirbt er.

Hiddinga unterrichtet übrigens in holländischer Sprache. Das Lehrprogramm? »Datum des Neumondes, das Mondesalter und hieraus die Durchgangszeit des Mondes durch den Meridian; zu dieser Zeit die Hafenzeit addiert, ergab die Zeit des Hochwassers oder den Anfang der Ebbe«, schreibt die Festschrift.

Die Zweite Aufgabe besteht im Finden der Breite aus dem Zenitabstand der Sonne aus der Meridianhöhe eines Fixsternes. Zum Unterricht gehören auch die Bestimmung des Sonnenauf- und -untergangs, Berechnung der Kurse nach platter Karte und die Benutzung der Mercator-Karte.

Nach dem Sieg über Napoleon soll dann nicht mehr holländisch, sondern deutsch unterrichtet werden. Die Hamburgische Gesellschaft zur Verbreitung mathematischer Kenntnisse gibt ein entsprechendes Lehrbuch 1819 heraus. Die Hamburger gründeten diese Vereinigung 1690 unter dem Namen Kunstrechnungsliebende Societät. Heute können Hamburger Gymnasiasten sich vom Mathematik-Unterricht verabschieden.

St. Helena im Atlantik aus »The English Pilot«, London 1761.

Sammlung Tamm

Navigationslehrbuch »Breue compendios de la sphere y de al arte de navegar &c.« von Martin Cortez, Sevilla 1551.
Sammlung Tamm

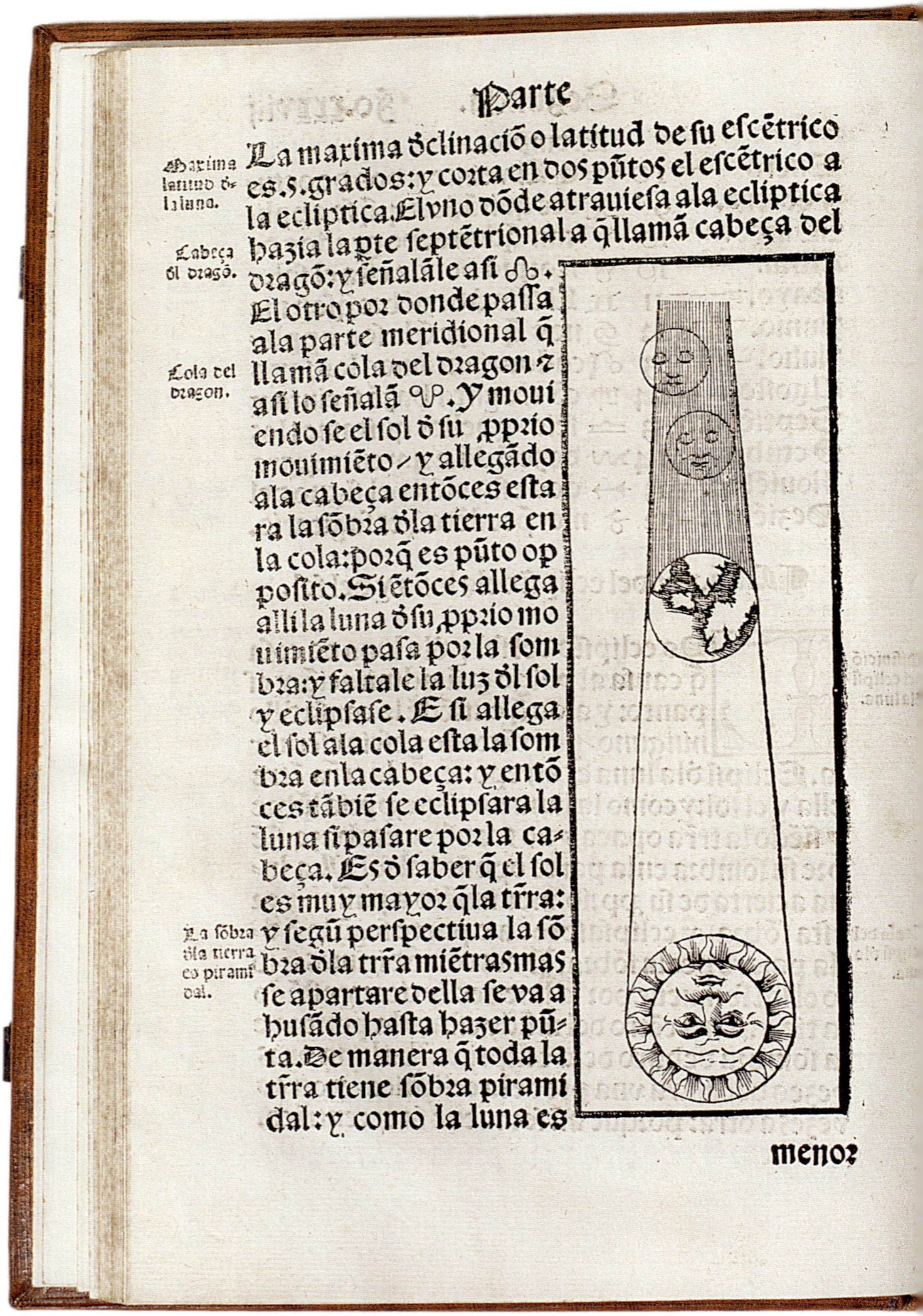

Was der Hamburger Admiralität klar ist, leuchtet auch der Hamburger Patriotischen Gesellschaft ein: Seefahrt tut not. Sie eröffnet 1785 einen Unterrichtskurs in Navigation und richtet ein Examen für Steuerleute ein. Schon im Jahr ihrer Stiftung macht sie sich 1765 um die Seefahrt verdient und kümmert sich um die Einführung eines verbesserten Kompasses. Die Gesellschaft orientiert den Unterricht an den englischen und holländischen Schulen. Die Be-

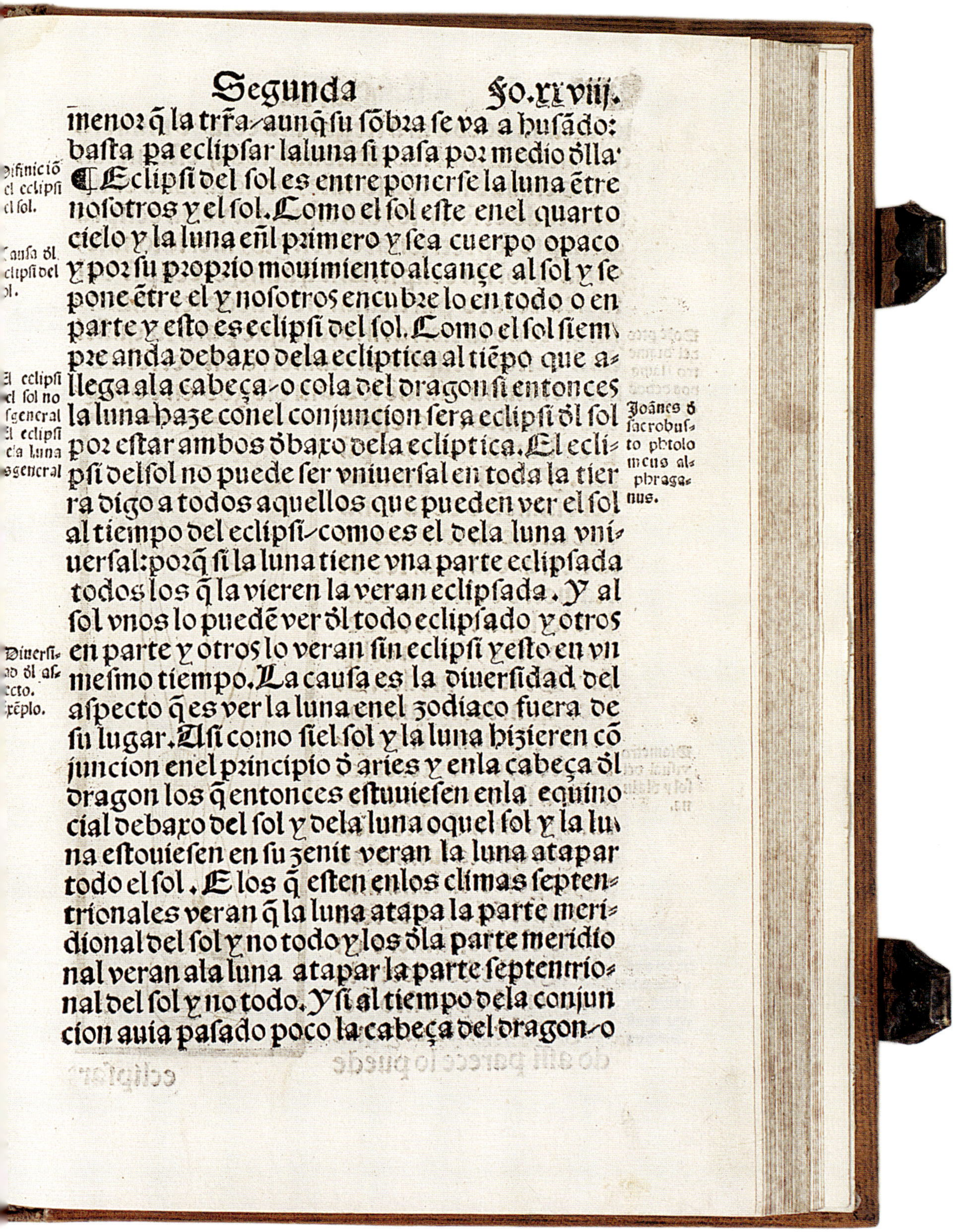

strebungen finden aber »bei den Schiffahrt treibenden Kreisen nur schwer Eingang; Vorurteil und Unverstand traten ihnen entgegen: die große Mehrzahl der Schiffer achtete für den seemännischen Beruf den Besitz theoretischer Kenntnisse gering und legte nur Werth auf praktische Erfahrung«.

Die Patriotische Gesellschaft gibt auf. Vorher jedoch holt sie mittels eines Preisausschreibens noch zwei Denkschriften ein. Kapitän C.D.G.

Müller aus Stade liefert eine Darstellung der Mängel in der deutschen Seemannsausbildung im Vergleich zu England ab und den Vorschlag, ein Handbuch für Seeleute aufzulegen. Er bekommt den ersten Preis.

Der zweite Beitrag zum Preisausschreiben der Patriotischen Gesellschaft besteht aus dem Hohelied der Monddistanz-Methode zur Längenbestimmung. Unterricht findet weiter statt, aber zu den ersten angesetzten Prüfungsterminen erscheint niemand. 1788 findet ein Examen statt, das einzige. Im November 1797 beendet die Patriotische Gesellschaft ihre Navigationsausbildung.

Preisträger Müller hat übrigens den Unterschied zwischen empirischer Erfahrung und akkumuliertem systematischen Wissen exakt begriffen. Er wird in seiner Fahrenszeit einschlägige Erfahrungen gemacht haben und beschreibt drastisch und vernichtend, wie es um die Lehrzeit an Bord und um die Kenntnisse in Navigation beim Durchschnittsnavigator bestellt ist. Es lohnt sich, den Kapitän aus Stade ausführlich zu zitieren:

»Der gegenwärtige Kauffahrteischiffer, in Deutschland, Holland, und vielleicht kann ich sagen dem größten Theil der nordischen Nationen, dient, wenn er glücklich ist, zuerst einige Jahre bei einem Anverwanten als Kajütenwächter, oder nur auf einem Schiffe, auf dem irgend ein ihm oder seinen Eltern bekannter Mensch fährt, und lernt in dieser Zeit von der Schiffahrt gerade Nichts. Endlich sucht er, der oft unvernünftigen Behandlung seines Schiffers oder Captains überdrüssig, nicht allezeit aus Wahl, seine Zuflucht bei der Schiffsarbeit.

So bald er glaubt, ein Seegel handtieren, einige Stücke des laufenden Zeuges scheeren, im Nothfall ein bisgen Splissen, und Knotenschlagen, einen Riemen in einem Boot führen zu können und sich dem Tagel entwachsen fühlt, fährt er als Matrose ... Nach einigen Reisen fasst er den Entschluss, sich den Tiefen der Geheimnisse der Steuermannskunst zu nähern. Sein Lehrmeister, ein Dorfschulmeister, lehrt ihn für einen billigen Preis, nach einer alten sogenannten Schatkamer die ganze Steuermannskunst in einer vielleicht nicht beträchtlich langen Zeit, während welcher er sich von seinen Reisen erholt. Höchst wahrscheinlich zeigt er ihm einige Geheimnisse, worauf er schwöret, es wisse sie niemand, ausser seinem Lehrmeister, als er. Alles das wird ihm gewöhnlich nicht gelehrt, sondern er wird dazu abgerichtet, bei diesem und jenem Worte eine Handlung vorzunehmen, z.B. eine Zahl aufzusuchen in einer Tafel, sie auszuschreiben u.s.w. Mit vieler Mühe, doch gewöhnlich ohne sonderliches Kopfbrechen lernt er endlich was zum alltäglichen Gebrauch unumgänglich gehört: Nach einem Koppelbrett die Pinnen einer Wache auf einen Strich bringen, oder gar die Kurse eines ganzen Etmals koppeln; er weiss viel, wenn er es auf einem Koppelblat tun kann. Noch lernt er aus der Mittagshöhe die Breite finden, auch allenfals das Alter des Mondes berechnen. Wenn er bis zur Stromkaveling gelangt sein sollte, so ist zehn gegen eins zu wetten, dass er sie für Geheimnis hält.

Er kauft nun allenfalls, wenn ihm nicht vorher ein Vorurtheil gegen Bücher beigebracht ist, ein Besteck Boekje, und verheuert sich auf ein Schiff. Er hat vielleicht Gelegenheit, einen alten Gradbogen, oder einen Davisquadranten, oder wenn dem Glück im Schoos sitzt, einen Speigeloctanten mit Transversalen von 5 zu 5 Minuten, oder gar von 10 zu 10 Minuten getheilt, zu erhalten. Nun geht er in See ...«

Die Admiralität zieht Schüler an. 1802 wird die Matrikelnummer 940 verzeichnet: tausend Schüler in mehr als fünfzig Jahren. Ab 1808 hält die Schule jährlich ein Examen ab. 1809 nehmen 30 Schüler, 1810 18 Schüler an den Prüfungen teil. Die besten Drei erhalten ein Buch als Prämie. Wenige Monate später gehört Hamburg zum französischen Kaiserreich. Der Unterricht hört auf. Aber 1814, Napoleon bereitet sich auf seine Niederlage 1815 bei Belle-Alliance vor, die die Engländer Waterloo nennen, verhandelt der Senat über die Neueröffnung. 1816 wird die Navigationsschule unter der Leitung der Schiffahrts- und Hafen-Deputation neu organisiert.

Aber schon 1802 veröffentlicht Nathaniel Bowditch, ein amerikanischer Kapitän und Mathematiker, ein Buch mit dem schlichten und ergreifenden Titel »Navigator«. Den »Bowditch« gibt es noch heute.

Steuerleute und Navigatoren, wie Müller aus Stade sie beschreibt, sind jedoch noch zu Hunderten oder gar Tausenden auf See. Und man kann es ihnen kaum verdenken, daß sie mit veralteten Instrumenten und gesundem Halbwissen über die See stolpern. Woher sollen sie es denn wissen, wenn nicht durch hervorragende Ausbildung? Daß die Einrichtung von Seefahrtsschulen zur Mode wird, kann man nicht gerade behaupten. Erst 1832 gründen die

Oldenburger ihre Navigationsschule in Elsfleth an der Weser, mit Genehmigung und Unterstützung Seiner Königlichen Hoheit, des Großherzogs von Oldenburg.

Die Physik hilft – Dem Zufall keine Chance

Am Ausgang des 18. Jahrhunderts sind wesentliche Probleme gelöst: historische und juristische – in den Augen des aufstrebenden Bürgers, denn sie haben jetzt auch per Gesetz die Macht, in Großbritannien, Frankreich und den USA – wie auch navigatorische, in den Augen derjenigen von ihnen, die Reeder sind oder Überseehandel betreiben. Beides hängt eng zusammen. Die Bürger halten es nur für recht und billig, über die Aristokratie gesiegt zu haben, in Großbritannien schon lange durch das Parlament unter Cromwell, in Paris durch die Absetzung und Ermordung Ludwig XVI., in den USA durch die Deklaration der Menschenrechte.

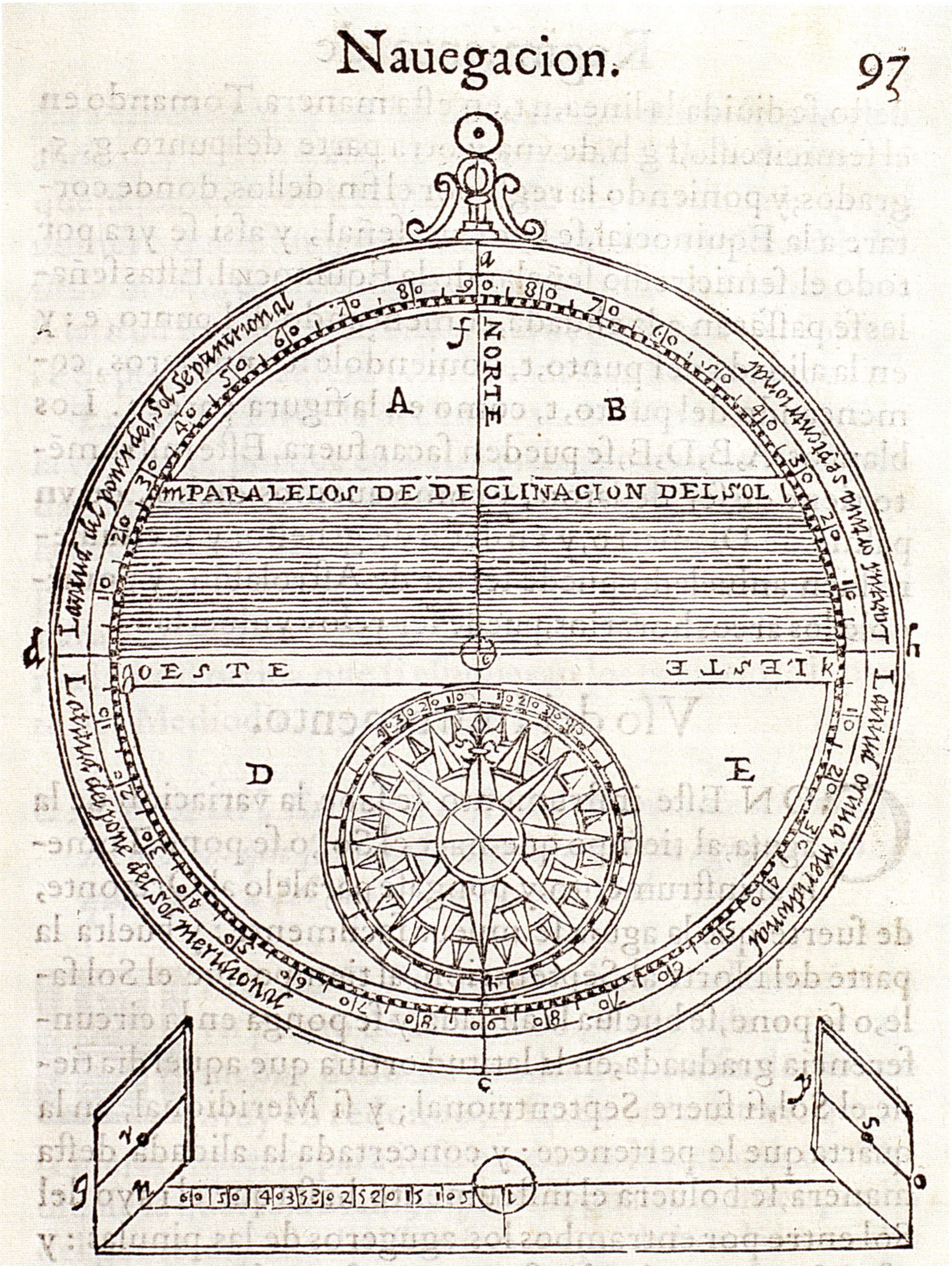

Aus dem Navigationslehrbuch »Regimiento de Nauegacion«, Madrid 1606.

Sammlung Tamm

Aus dem Navigationslehrbuch »Regimiento de Nauegacion«, Madrid 1606.
Sammlung Tamm

Regimiento de

y dalle la variacion que ſe le hallaſſe por la parte dond
nauegan: y para eſto era neceſſario que ſe tuuieſſe algu
inſtrumento (como adelante enſeñaremos) para toma
la variacion de la aguja, porq̃ ſupieſſen quanto auian d
apartar los hierros de la flor de Lis: que aunque los Pilc
tos tienen ſus roteros, q̃ les dizen en todas ſus derrota
la variacion de la aguja, y ſegun eſto le dan ſu reſguard
Pero eſtas reglas de ſus roteros, ſon hechas tan grueſſ
mente, q̃ muchas vezes los engañan; y aſsi ellos quand
han de tomar algun puerto, por mas ſeguridad ſe pon
en la altura del tal puerto, y deſpues nauegan de Leſt
Oeſte, q̃ en eſto no pueden errar mucho: pero eſta naue
gacion es algo peligroſa, porq̃ no puedẽ ſaber lo que n
uegan, ſino por fantaſia, y ſuelen dar en algun baxo,
otro peligro: y ſi los Pilotos tuuieſſen certeza de lo qu
varia la aguja, no tenian neceſsidad de hazer rode
ſino nauegar derechamente, por el rumbo que l
lleu

Cook stirbt zehn Jahre vor der Französischen Revolution. Er hat bewiesen, daß die Erde mit Kenntnis der Längengrade und Spiegelsextant und Chronometer an Bord nicht für die Zwecke machtgieriger Autokraten, sondern für menschenfreundliche Händler sicher zu befahren ist. So sehen es die Bürger. Die Royal Society hat ihn geschickt. Der König hat nur unterschrieben. Dem Bürgertum steht die Welt offen, nicht nur Richtung

Nauegacion. 75

lleua al puerto donde van, aunque algunas vezes no lo pueden hazer, por el viento, o corrientes, o baxos.

Para que la roſeta ande ligera, y ſe mueua facilmente al Polo, la ponen ſobre vn peon de laton, como eſtan las agujas de los reloxes de Sol, con ſu vidrio encima, tapadas las junturas con cera, porque el ayre no la perturbe. Demas deſto, eſta caxa con ſu aguja la ponen en dos circulos de laton, a manera de balançilla, para que aunque la nao ſe incline y haga balance, la aguja ande ſiempre derecha. Eſtos circulos con la caxa, poné dentro de otra caxa quadrada, como ſe parece en la figura ſiguiente.

La caxa quadrada, es, a b c d, e f g; la aguja, o u r t, eſtà encaxada en vn circulo, en el qual eſtá dos exes, o n, r m, diametralmente pueſtos: y eſtos exes ſe meten en el circulo, n h l m, en el qual ſe rebueluen libremente: y el circulo, h m l n, tiene otros dos exes, p h, l q, diametral-

N 3 mente

Indien und Südsee. Auch Manhattan ist auf Anhieb wieder zu finden. Den Hudson zu erreichen, ist keine mehr oder minder große Glückssache wie noch zu Zeiten des Peter Stuyvesant.

Cooks Tod scheint wie ein Siegel auf der neuen Zeit zu kleben. Fast ist das 18. Jahrhundert mit seiner Todesstunde vorbei. Denn das 19. Jahrhundert ist ein langes Jahrhundert. Es ist eine Epoche und dauert von der Französi-

Navigationsgeräte aus der Segelschiffzeit aus »Vom Kiel zum Flaggenkopf«, 1885.

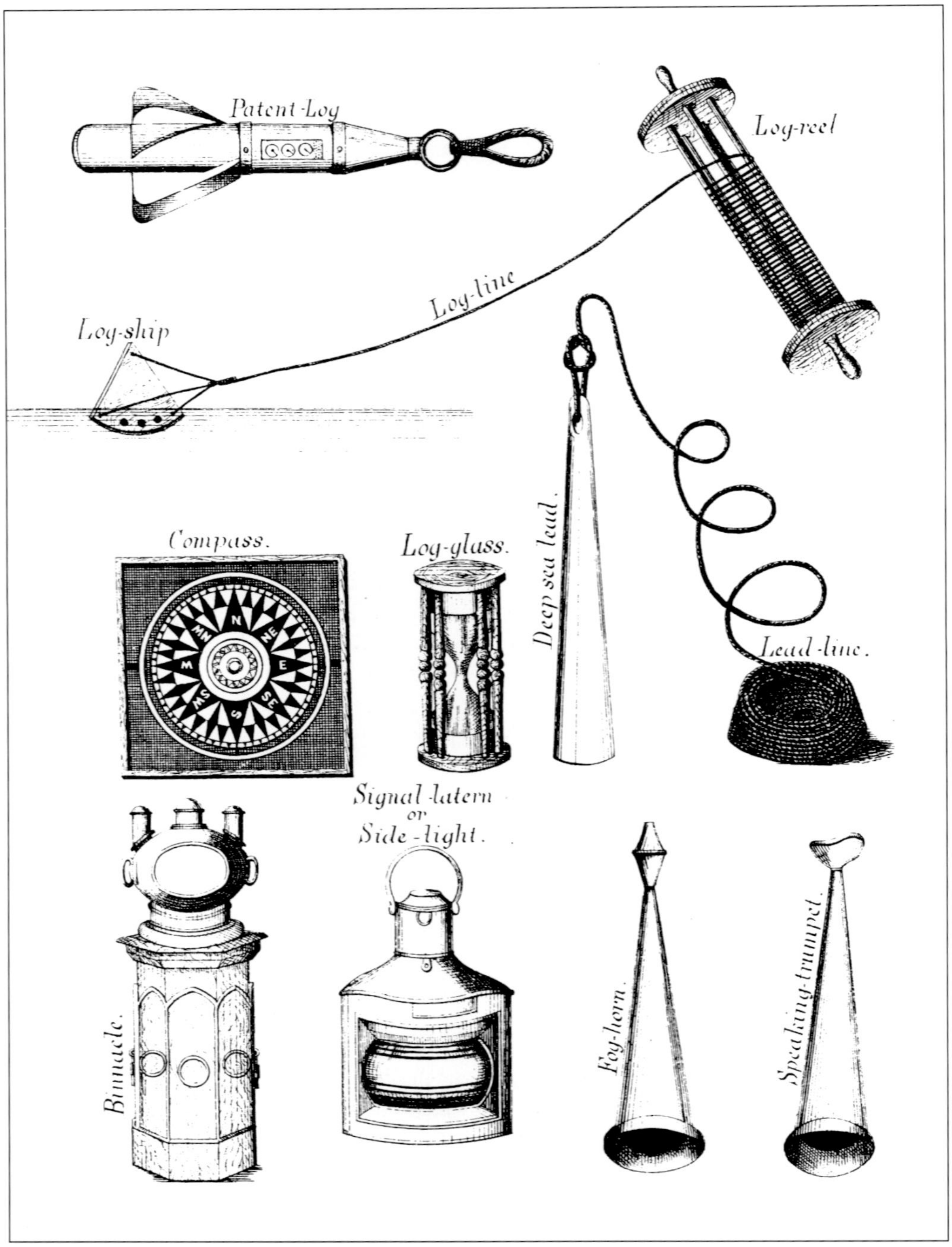

schen Revolution bis zum 1. August 1914, dem Tag des Beginns des Ersten Weltkrieges. In diesen 125 Jahren spielt der erste große Akt eines Dramas, das noch anhält und heute Globalisierung heißt. Die Welt wird durch die Fortschritte der Navigation übersichtlicher und kleiner. Und jeder will sie haben, jeder möchte sein Imperium gründen. Die Seefahrt ist gefordert.

Denn so wenig wie die politischen Fragen geklärt und alle sich darüber einig sind, wem welcher Teil der Erde denn nun gehört, so wenig kann die Seefahrt dem bisher Erreichten vertrauen. Bei aller Systematik und Berechenbarkeit: Nebel macht noch immer blind. Im Dunst versagen die besten Sextanten. Und Kollisionen sind in viel befahrenen Seegebieten bei unsichtigem Wetter eine ständige Gefahr. Auch der Kompaß spielt zuweilen verrückt, bei Seegang ohnehin. Was stört, ist der Mangel an Perfektion. Noch hat der Zufall eine Chance.

Den gilt es, durch Wissenschaft und Technik auszuräumen. Die tollkühnen Männer auf ihren schwankenden Schaluppen sind zwar immer noch gefragt. Seefahrt bleibt nun mal gefährlich. Aber sie machen nicht mehr die entscheidenden Entdeckungen. Die werden nun meistens an Land in kleinen Labors, Denker- und Bastelstübchen geboren, wie schon in Harrisons Uhrmacherwerkstatt. Die Eroberung der Pole, das letzte Traum-Reservoir für Abenteurerseelen, einmal ausgenommen.

Man kann zum Beispiel in Königsberg wohnen, in einer Stadt, aus der der Philosoph Immanuel Kant niemals herausgekommen ist, und man muß wie Kant Professor sein, um die genauen Grundlagen für die Positionsastronomie zu finden. So einer wie der Astronom und Mathematiker Friedrich Wilhelm Bessel weiß, daß die Erde durch ungleiche Massenverteilung und durch die Anziehungskraft von Sonne und Mond kein idealer Kreiskörper ist. Anders gesagt: Die Erde eiert auf ihrer Bahn. Wissenschaftlich: Ihre Achse führt Nutationen und Präzessionen aus.

Idealerweise kann die Erde samt ihrer Rotation aber als Kreisel mit einer Drallachse im Weltraum beschrieben werden. Bessel (1784–1846) kennt natürlich auch den Nordstern, den Polarstern im Sternbild des Kleinen Bären, den schon Kinder finden können, wenn sie die beiden hinteren Sterne des Großen Bären fünfmal verlängern. Beide Kenntnisse zusammen bedeuten, daß der Nordstern nicht immer so schön wie jetzt im Norden als Verlängerung der Erdachse stehen wird. Bessel rechnet und stellt fest, daß alle 26 000 Jahre der Polaris genau in der Verlängerung der Erdachse steht.

Den Kapitänen der Entdeckungsreisen kam der Umstand der Präzession übrigens sehr zustatten. Die Verlängerung der Erdachse rückt seit etwa 1000 n. Chr. an den Polarstern heran, der ihnen darum ein recht sicherer Leitstern war. Aber spätere Generationen als die unsere werden sich in 10 000 Jahren einen anderen Nordstern suchen müssen.

Das nur zu Präzision. Praktiker wie der englische Kapitän William Scoresby (1789–1857) tragen das Ihre zur Sicherheit der Schiffahrt bei. 1750 hat Gowin Knight zwar ein Verfahren zur Permanentmagnetisierung von Kompaßnadeln entdeckt, aber Scoresby stellt fest, daß ein Kompaß nach längeren Liegezeiten auf der Werft nicht meht zuverlässig arbeitet. Er prägt die Begriffe vom flüchtigen, halbfesten und festen Magnetismus. Seine Entdeckungen führen dazu, daß der Fehler eines Kompasses mit anderen Magneten kompensiert werden kann. Bei stählernen Schiffen ist dieses Wissen um die Abweichung, um die Deviation, von entscheidender Bedeutung.

Den Aristokraten hätte schon zwanzig Jahre vor der Französischen Revolution klar sein müssen, daß ihre Zeit vorbei ist. Ihr Beförderungsmittel ist die prächtige Kutsche. Aber mit James Watts Verbesserung der Dampfmaschine, deren Erfindung einem Mister Newcomes zu verdanken ist, stehen Eisenbahn und Dampfschiffahrt auf dem Programm: zu schmutzig und zu schnell für die höfische Kleidung des Rokoko und zeitraubende Schäferstündchen.

Die US-Amerikaner haben die Zeichen der Zeit sofort erkannt. Sie sind diejenigen, die diese revolutionäre Erfindung in der Seefahrt am konsequentesten nutzen. 1823 sind jenseits des Atlantiks bereits mehr als 300 Dampfschiffe in Fahrt, an der Küste und »rolling on the River«, mit Schaufeln getrieben. Ein Privileg zur »Herstellung einer Schraube zur Fortbewegung von Schiffen« läßt sich der österreichische Forstmeister Josef Ressel 1827 erteilen. Das Patent zum Bau in den USA besorgt sich 1836 der Farmer E.P. Smith, und der Schwede Ericson hat die Idee für einen Schraubendampfer und schickt ihn 1837 auf die Reise von Manchester nach London. Im gleichen Jahr nutzt der US-Kapitän Thomas Sumner astronomische Standlinien zur Berechnung seines Schiffsortes. Man ahnt, wohin die Reise geht.

Aber noch haben viele Erfinder eine Chance, auch in Europa. Richtung, Geschwindigkeit und Tiefe des Wassers sind noch immer Problemzonen bei der Perfektionierung der Navigation. Kompaß, Log und Lot, der Tiefenmesser, warten auf Verbesserungen, die bis heute noch nicht abgeschlossen sind. Das Doppler-Log von heute zum Beispiel, das mit Schwingern am Schiffsboden Schallstrahlen nach unten abstrahlt und die Frequenz, die durch die Eigenfahrt um die Dopplerverschiebung entsteht, in Geschwindigkeit umrechnet, ist vielleicht noch nicht das letzte Wort.

Jedenfalls herrscht seit der Mitte des Jahrhunderts bereits reger Pendelverkehr auf dem Atlantik, erst mit Seglern, dann mit Dampfschiffen. Fast könnte man meinen, die Fortschritte der Navigation seien nur gefunden worden, um den versteinerten Verhältnissen speziell in Deutschland zu entfliehen und den USA in wenigen Jahrzehnten eine nicht geahnte Bedeutung zu geben. Verzweifelte, hoffnungsfrohe und auch viele kluge Köpfe treffen auf Ellis Island ein, wo die Immigranten quasi katalogisiert werden und oft einen neuen, weil englisch verständlichen

Namen erhalten. Müllers werden zu Millers, Schmidts zum Smiths.

Die Hamburg-Amerika-Paket-AG, kurz HAPAG, zum Beispiel, eine Gründung des Jahres 1848, richtet einen Linienverkehr von Hamburg nach New York ein. Der Norddeutsche Lloyd folgt 1857. Seine Fracht- und Passagierschiffe legen in Bremerhaven ab. Beide Reedereien verdienen hauptsächlich an den Passagieren im Zwischendeck. Dort reisen diese Auswanderer, die es in Europa, speziell in Deutschland nicht mehr aushalten, aus politischen und ganz besonders auch aus wirtschaftlichen Gründen: lächerliche Politiker, zu hohe Steuern, ökonomischer Stillstand.

Das Blaue Band wird gestiftet für die schnellste Atlantiküberquerung. Solch ein Rennen hat nur dann einen Sinn, wenn die Navigatoren sich sicher sein können, das Schiff auf dem allerkürzesten Wege über die See zu bringen, ohne auch nur eine halbe Seemeile Umweg. Es dauert für die beiden deutschen Reedereien und den deutschen Schiffbau ein paar Jahre Erfahrung, aber dann sind sie plötzlich unschlagbar. 1903 fahren die vier schnellsten Passagierdampfer der Welt unter deutscher Flagge. HAPAGs Deutschland fährt den Sieg 1900 nach Hause. Kronprinz Wilhelm und Kaiser Wilhelm II. holen die Trophäe für den Norddeutschen Lloyd, der sie schon drei Jahre zuvor mit Kaiser Wilhelm der Grosse gewonnen hatte.

»Haben alle Passagiere auch Geld?« So erklärt der Volksmund die Abkürzung HAPAG. Er hätte die Kapitäne auch fragen können: »Haben alle Positionsangaben auch einen guten Grund?«

Aus: »Die Schiffahrtszeichen an der Deutschen Küste«, 1878.

Fig. 29.

Weser - Feuerschiff „Bremen."
(I. Theil, No. 113.)

Fig. 31.

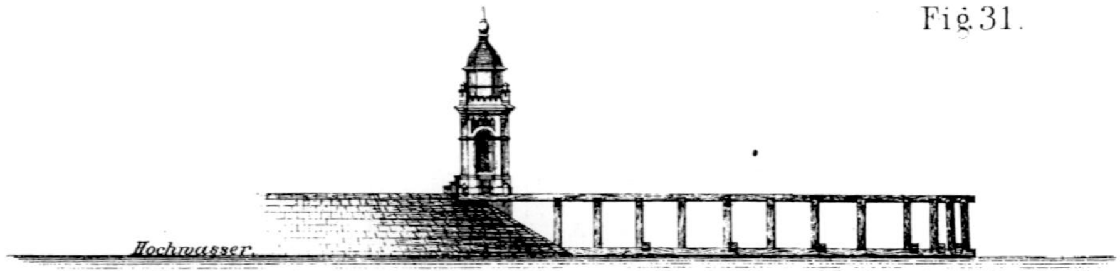

Bremerhaven - Leuchtthurm,
auf dem Kopf der Nordmole, Einfahrt in den alten Hafen.
(I. Theil, No. 116.)

Und die hätten sicher mit dem Kopf genickt. Es ist jetzt tägliches Seefahrerbrot, was für Kolumbus noch ein unglaubliches Wagnis war. Von der Themse-, der Elbe- und Wesermündung aus sicher New York anzusteuern, das ist kein Geheimnis mehr. Dank Sextant und Chronometer ist in klaren Nächten eine exakte Positionsbestimmung möglich. Gefährlich ist die Fahrt nur bei schlechtem Wetter in Landnähe; von Stürmen, die so manches Schiff mit gebrochenen Masten oder verrutschter Ladung auf hoher See scheitern lassen, einmal abgesehen.

Aber auch an Land und in Landnähe hat sich einiges getan. Engländer auf dem Weg nach Hause können sich, bei sichtigem Wetter jedenfalls, schon seit 1696 auf einen Leuchtturm südwestlich vor Plymouth am Ufer der Grafschaft Cornwall verlassen. 1734 verankern sie ihr erstes Feuerschiff NORE SANDS vor der Themsemündung. Deutschland hinkt da gewaltig hinterher. Erst 1815 schaffen die Deutschen es, vor den gefährlichen Flußmündungen in der Nordsee schwimmende Seezeichen auszulegen. 1815 wird die Eidermündung mit einem Schiff befeuert, 1816 die Elbmündung, 1818 die Weser. In diesem Jahr läuft auch der erste Dampfer in die Elbmündung ein, ein britischer.

Den Leuchtturm gibt es nicht erst seit gestern, aber Jahrhunderte lang tritt seine Entwicklung auf der Stelle. Seit der Antike experimentierten die Hafenstädte mit unterschiedlichen Brennmaterialien, um die Leuchtkraft zu stärken. Die hängt noch vom Zufall ab. Ungeschützte offene Feuer auf Holztürmen haben nun einmal die Eigenschaft, im Winde mal heller, mal dunkler zu leuchten und obendrein unregelmäßig zu flackern. Das kennt der Nachtwächter auch, und hat sich darum einen Kasten aus Schutzscheiben gebaut. Das übernimmt man für die Küstenfeuer. Aber die Scheiben verrußen. Und was sollen die Landbewohner mit einem Leuchtturm. Denn der funkelte noch nach allen Seiten. Die Erkenntnis der Antike, daß man mit einem Hohlspiegel Sonnenlicht bündeln und damit sogar feindliche Schiffe in Brand setzen kann, hatte sich zu den Leuchtturm-Experten noch nicht herumgesprochen.

Baustein zu Baustein tragen in diesen Jahrzehnten Physiker dazu bei, die Küsten zu sichern und die Schiffsbrücken zu einem Ort perfekter Navigation zu machen. Gedanken um die beste Lichtausbeute hatten sich schon viele gemacht. Johannes Kepler, der deutsche Astronom, untersucht 1604 den Durchgang von Lichtstrahlen durch brechende Medien wie Glas und Wasser. 1611 entdeckt er die Totalreflexion. Isaac Newton faßte 1704 in einem Werk über die Optik das komplette Wissen seiner Zeit über dieses Thema zusammen. Aber erst 1765 gelingt ein Durchbruch, der bald darauf, die Seefahrt sicherer macht.

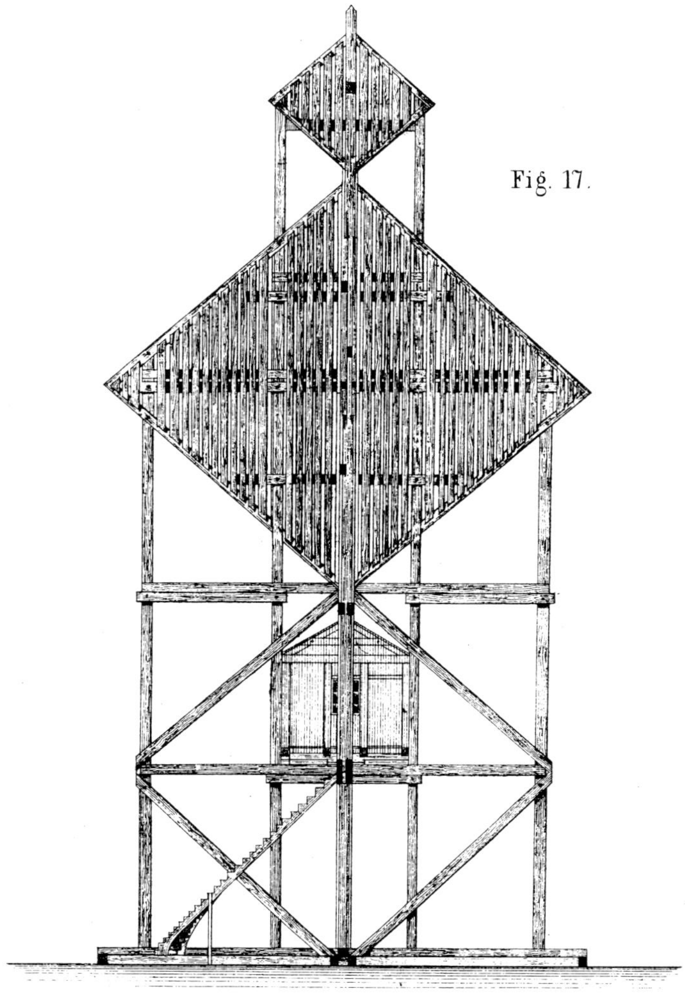

Schaarhörn-Sand-Bake.
(II. Theil, No 696)

Aus: »Die Schiffahrtszeichen an der Deutschen Küste«, 1878.

Mit 18 Jahren entdeckt der Franzose Antoine Laurent Lavoisier, daß eine Lichtquelle im Brennpunkt eines Parabolspiegels alle Strahlen parallel nach außen reflektiert. Damit stößt er auf die Grundlage aller modernen Scheinwerfer, vom Leuchtturm bis hinunter zur Taschenlampe.

Das wird wichtig für befeuerte Seezeichen, für Leuchttürme und später auch Tonnen. Die Navigation ist spätestens von diesem Zeitpunkt

Aus: »Die Schiffahrtszeichen an der Deutschen Küste«, 1878.

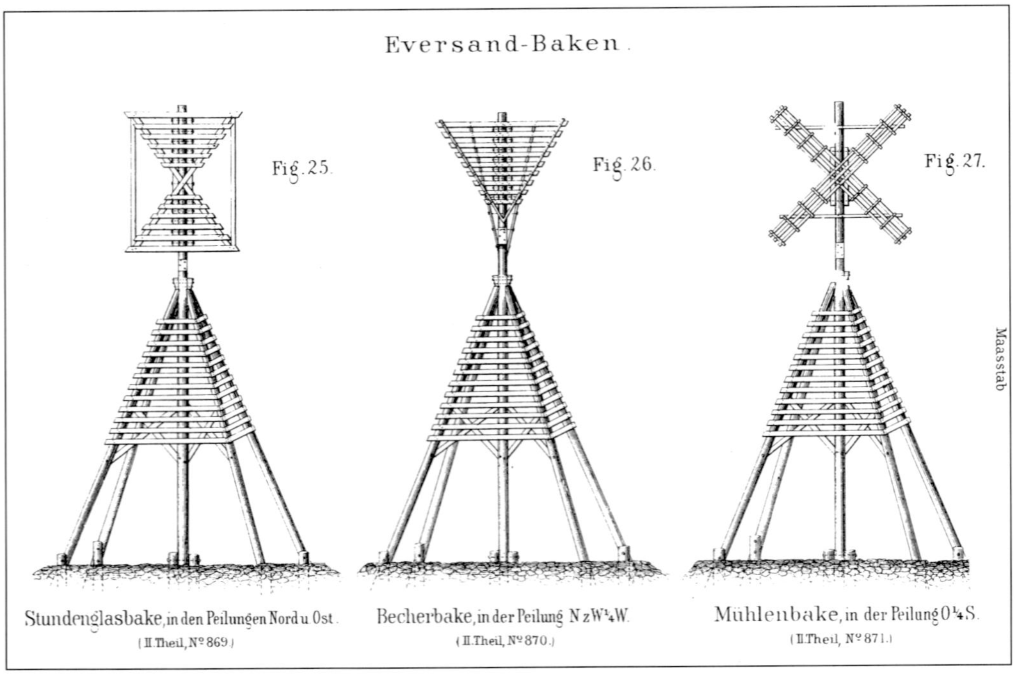

an nicht nur mit der Mathematik bei der Stern- und Planetenbeobachtung und der Mechanik bei Winkelmessern und Chronometern, sondern auch mit der Physik im Bunde. Die Erfindung des Schweizers Aime Argand von 1782 verändert zusammen mit Lavoisiers Entdeckung das wichtige Navigationsmittel Leuchtturm entscheidend.

Argand erfindet helle Öllampen, die nicht mehr die schützenden Scheiben verrußen lassen wie die Tranlampen. 1784 läßt er sich die Erfindung der Petroleumlampe mit Hohldocht im Glaszylinder patentieren. Die Verbindung von Argand-Lampe und Parabolspiegel ist buchstäblich eine Verbesserung mit Tragweite. Das Licht des Leuchtturmes ist jetzt viel weiter zu sehen, bis zu 17 Seemeilen. In Deutschland wird der erste Leuchtturm dieser Art am Ufer der Ostsee aufgestellt, 1796 vor Memel. Leuchttürme sehen von jetzt an aus, wie wir sie kennen. Es sind keine Plattformen mehr, auf denen oben ein womöglich offenes Feuer brennt, sondern Türme mit geschlossenen Laternenhäuschen.

Aber der Leuchtturm legt in seiner Wirksamkeit noch einmal zu. 1822 baut der Franzose Augustin Fresnel die erste nach ihm benannte Fresnel-Linse. Sie bündelt nicht nur die Lichtstrahlen wie ein Parabolspiegel, sondern konzentriert das Licht in der Horizontalen, ein Prinzip, das nicht nur Seezeichen, sondern später auch Positionslaternen an Bord zu neuem Glanz verhilft.

Fresnel entwickelte eine Linse in Form eines Gürtels, angeschlissen in der Horizontalen und nicht kreisförmig. Mehrere dieser Horizontalschliffe bündeln das Licht einer einzigen Lichtquelle parallel zur Meeresoberfläche. Kein Licht geht mehr verloren, das womöglich nur den Mond anstrahlt oder die Wasserfläche unmittelbar vor dem Leuchtturm. Um diese Wirkung zu erzielen, standen vorher viele Parabolspiegel mit je einer Lichtquelle nebeneinander, die jetzt durch eine einzige Leuchte ersetzt werden. In Deutschland taucht die Fresnellinse zum ersten Mal 1846 im Leuchtturm von Brüster Ort auf, 1848 im Turm von Darßer Ort.

Mit der Fresnellinse für Leuchttürme verschafft Frankreich sich in diesen Jahren eine Machtposition. Die Franzosen sichern sich das Monopol für ihre Herstellung. Wer sichere Leuchttürme braucht, muß in Frankreich kaufen. Nach dem Sieg über Frankreich im Jahr 1871 müssen die Franzosen Fresnellinsen als Reparation nach Deutschland liefern. Das unterstreicht noch einmal ihre Bedeutung.

Weitragende Leuchttürme sind eine feine Sache. Aber irgendwann, etwa ab der Mitte des 19. Jahrhunderts, stehen so viele davon an den Küsten Europas, das es schwierig wird, sie auseinanderzuhalten. Dieses Problem läßt sich durch Farben regeln und durch Kennungen, durch Zeitunterbrechungen, die das Feuer in bestimmten Abständen aufleuchten lassen. Ein Schwede hilft weiter. Er erfindet 1876 die nach ihm getaufte Otternblende. Die

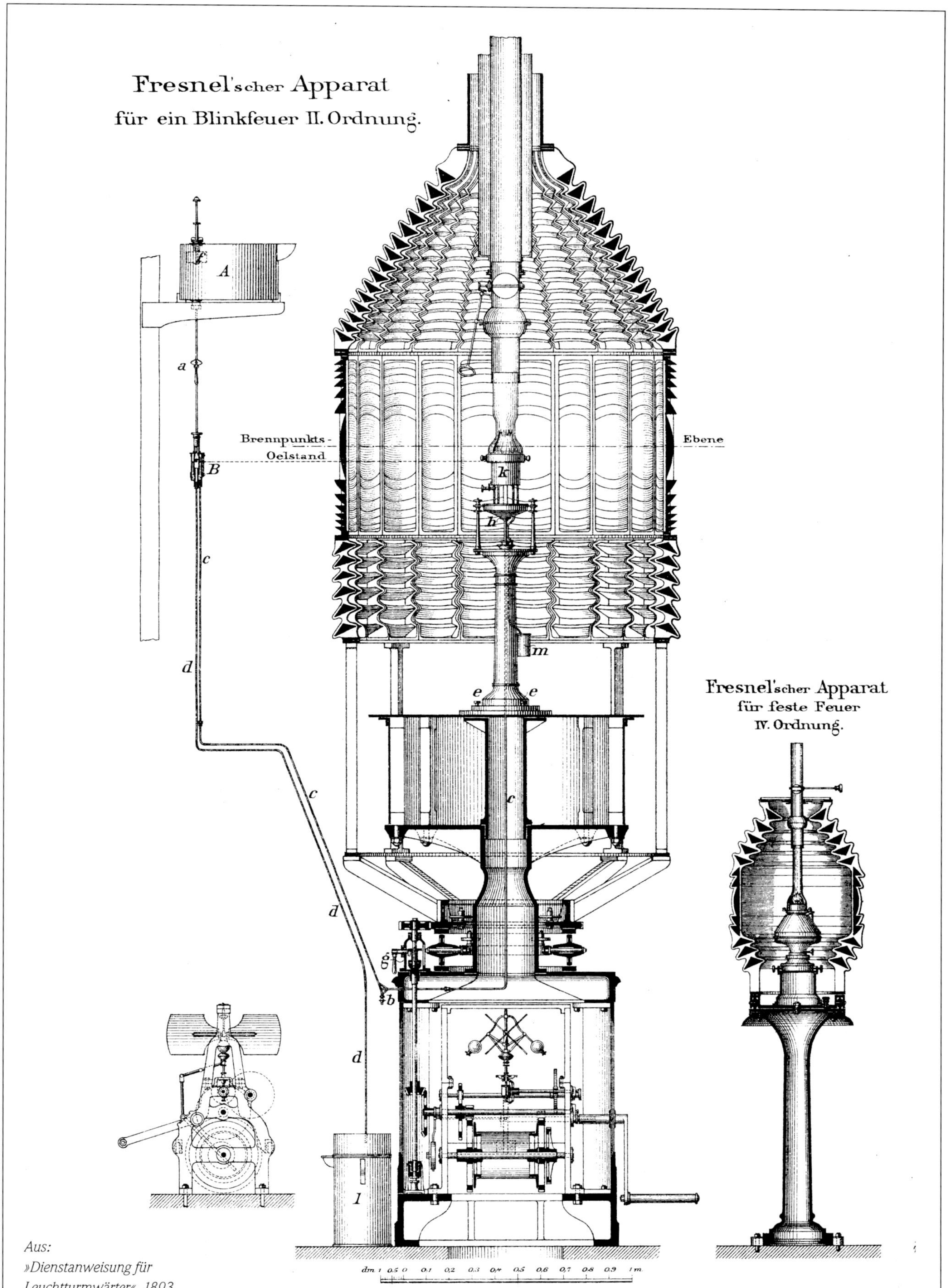

Aus:
»Dienstanweisung für Leuchtturmwärter«, 1893.

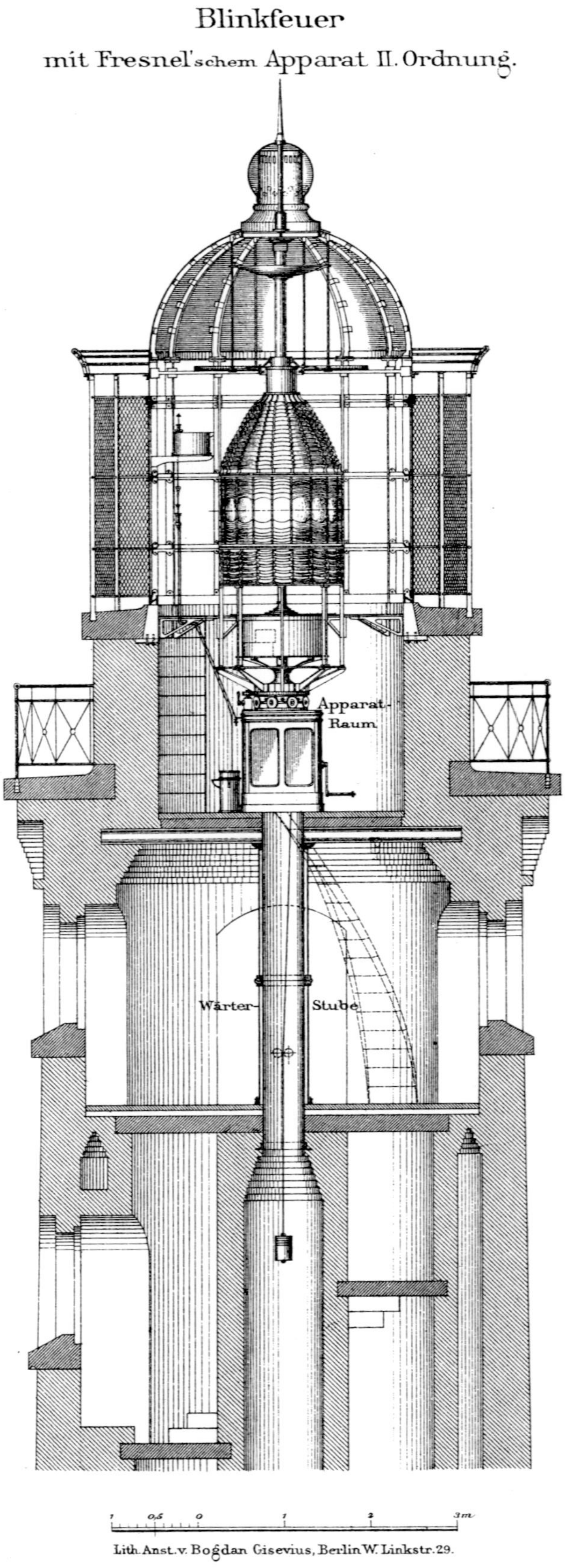

Aus: »Dienstanweisung für Leuchtturmwärter«, 1893.

gleicht einer Jalousie aus mehreren horizontalen Elementen.

Mehr Licht: 1885 gelingt dem Österreicher Carl Auer von Welsbach die Entdeckung des Glühstrumpfes. Mit einem Gas-Luft-Gemisch bringt er einen chemisch präparierten Seidenstrumpf zum Leuchten. Der erweist sich nicht nur in Häusern und Straßenlaternen als praktisch, sondern auch in Leuchttürmen. Aber dann hält die Elektrifizierung Einzug. Den ersten elektrisch betriebenen Leuchtturm bauen die Franzosen 1865 auf dem Cap de la Hère, natürlich mit Fresnellinse.

Und was bewirkt die Physik im 19. Jahrhundert an Bord? Es sind nach wie vor Praktiker, die sich hier und dort Verbesserungen einfallen lassen. 1782 kommt der Brite John Hamilton Moore auf eine ziemlich gute Idee: Er verbessert die Logge, die die Briten Log nennen. Bisher gehört das Relingslog zum Standard der Seefahrt. Da die Holländer angeblich als erste auf die Idee gekommen sind, Holzstücke oder Flaschenkorken als Geschwindigkeitsmesser über Bord zu werfen, heißt es bei den Briten auch Dutchman's Log.

Und so funktioniert es: Auf der windabgewandten Seite des Schiffes, in Lee, wie der Seemann sagt, wirft ein Matrose am Bug ein Stück Holz ins Wasser – oder eben den Korken der letzten Flasche Rum, die an die Mannschaft ausgeschenkt worden ist. An der Reling sind zwei Markierungen angebracht, eine am Bug, eine am Heck auf der Höhe des Steuerrades, daher der Name Relingslog. Passiert der Korken nun die erste Markierung, gibt der Matrose ein Handzeichen, worauf der wachführende Offizier eine Sanduhr in Gang setzt. Mit ihr mißt er die Zeit, bis der auf der Stelle schwimmende Korken die achterliche Relingsmarkierung passiert. Bekannt ist ihm eine Tatsache: Ein Meter entspricht zwei Meridiantertien. Eine Meridiantertie Fahrt pro Sekunde entspricht einer Seemeile pro Stunde.

Auf der 69 Meter langen VICTORY, Admiral Nelsons Flagg- und Linienschiff, auf dem er die Schlacht vor Trafalgar an der spanischen Westküste gewann und den Tod fand, hätte sein Wachoffizier folgende Rechnung angestellt, angenommen, die markierte Deckslänge auf VICTORY mißt 50 Meter, und die Sanduhr zeigt bei der achterlichen Markierung 25 Sekunden: 50 Meter mal zwei Meridiantertien durch 25 Sekunden gleich vier Knoten. Sportsegler, denen wegen eines Kabelbruches oder einer toten Batterie ihr Geschwindigkeitsmesser ausgefal-

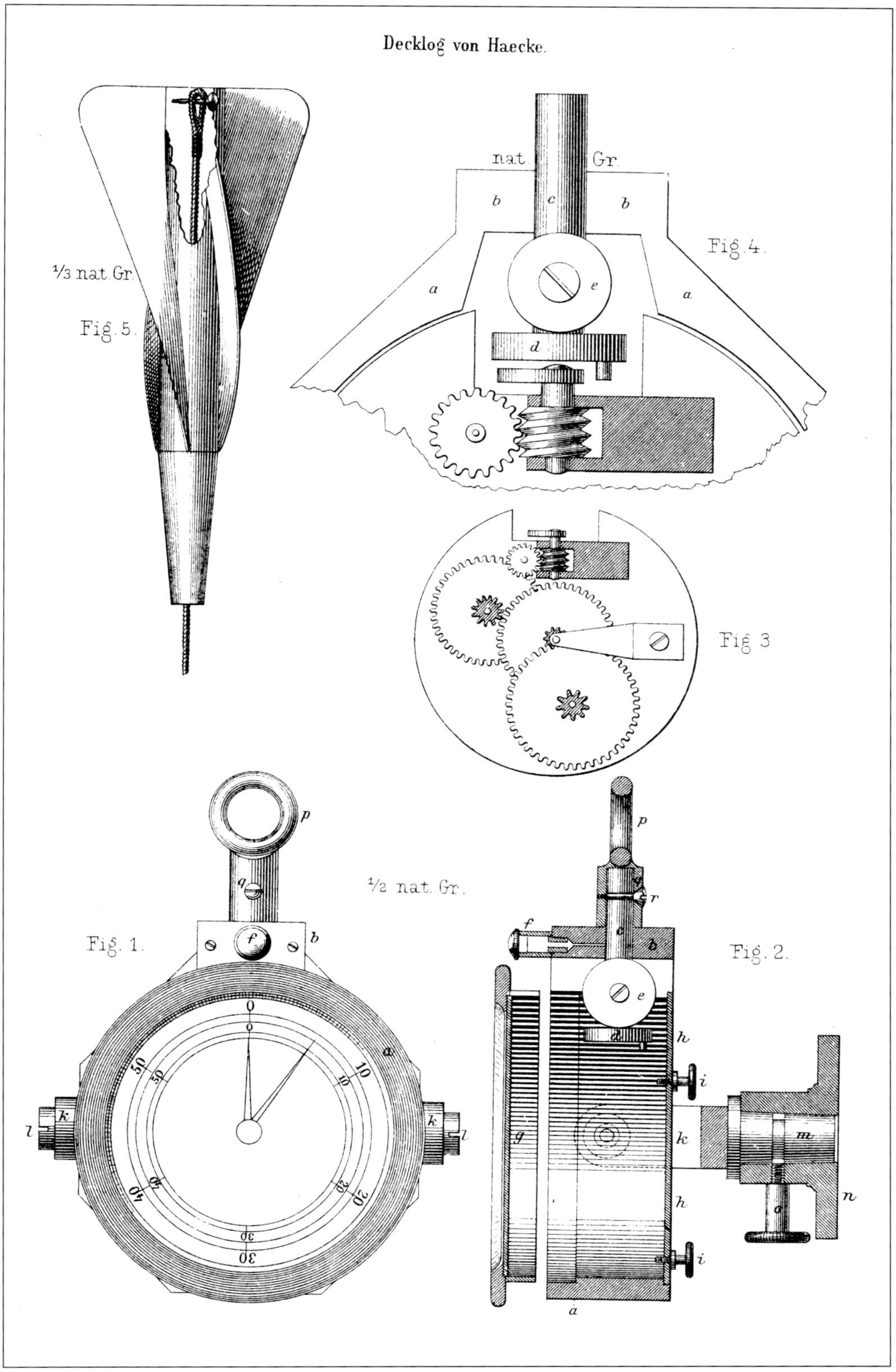

Decklog aus »Handbuch der Nautischen Instrumente«, 1890.

len ist, loggen noch heute so, mit einer Swatch oder einer Breguet statt der Sanduhr. Die Ergebnisse sind höchst respektabel.

Walker nun beschreibt in seinem Buch »Practical Navigator« eine Logge mit nachschleppbarem bremsenden Holzscheit, und einer von einer Trommel auslaufenden Leine von 150 Faden Länge (ein Faden ist 1,83 lang, also der tausendste Teil eines Seemeile). Dazu gehört eine Sanduhr, die genau 28 Sekunden lang läuft. Die Logleine ist auf Fadenlänge mit Knoten markiert. Walker läßt die 28 Sekunden ablau-

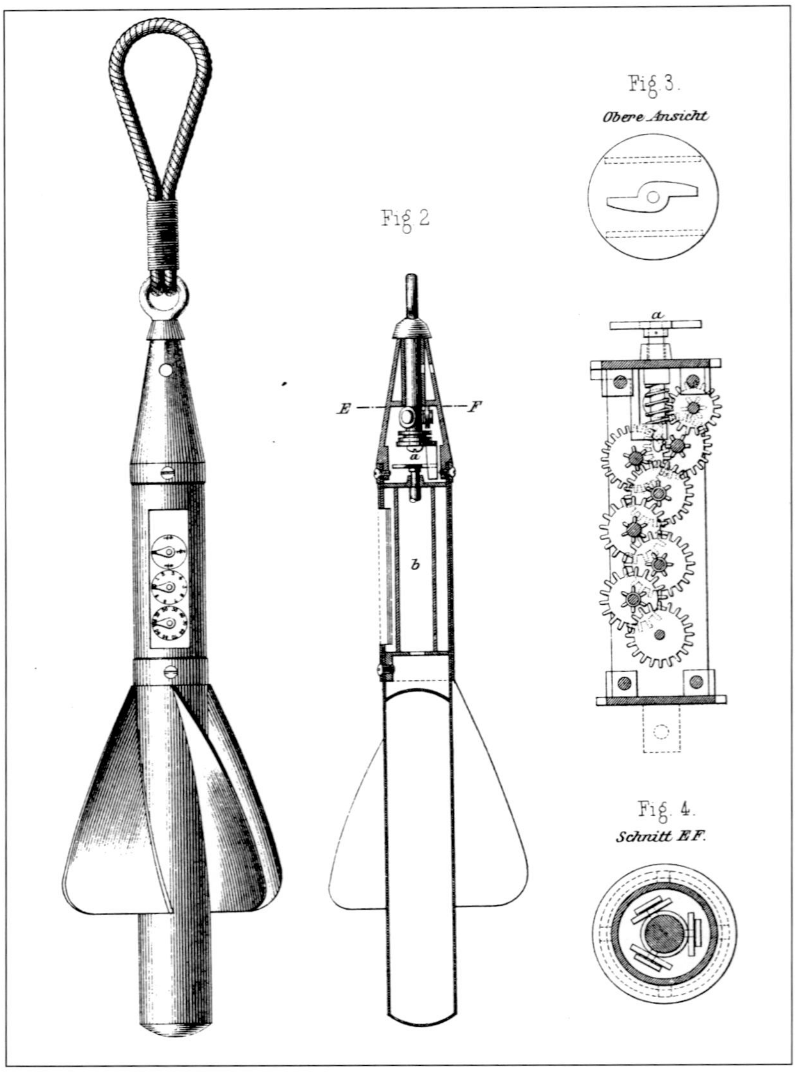

Patentlog aus »Handbuch der Nautischen Instrumente«, 1890.

fen und zählt die Knoten: Daher der Begriff Knoten für die Geschwindigkeit von einer Seemeile pro Stunde.

Aber diese gute Idee ist ziemlich hausbacken und gehört ins 18. Jahrhundert. Das Log von Edward Massey aus dem Jahr 1801 ist bereits viel pfiffiger und setzt eine ausgefeilte Mechanik voraus. Statt eines Holzbrettes schleppt Massey einen Rotationskörper nach. In den hat er ein Zählgerät eingesetzt, das die Anzahl der Umdrehungen aufzeichnet. Um die Distanz in Seemeilen abzulesen, muß er sein Log aus dem Wasser holen.

Viel zu umständlich, meint der Briten Walker. Er schleppt eine Metallschraube nach und mißt die Geschwindigkeit der Umdrehungen mittels eines Anzeigegerätes an der Reling. Das geschieht aber erst 1901. Der französische Physiker Pitot entdeckt zwar den Staudruck, aber seine Erfindung führt erst viel, viel später zum Staudruck-Log mit Rohren, die am Schiffsboden ausgefahren werden. Das Log ist ein merkwürdiges Stiefkind in der technischen Entwicklung des 19. Jahrhunderts.

Das macht sich jedoch um den Roman verdient, von Robert Louis Stevensons »Schatzinsel« über Edgar Allan Poes Seefahrtgruselei »Die Abenteuer des Arthur Gordon Pym« bis zu Charles Dickens. Der beschreibt in »Dombey and Son« die Tüftler und Fummler, die im 18. Jahrhundert in London nautische Instrumente sägen, feilen, bohren und schleifen, in der City und in den Uferstadtteilen Rotherhithe, Limehouse und Wapping..

Um das Lot ist es nicht besser bestellt als um das Log. Die Entwicklung hinkt. Die Seeleute bedienen sich in erster Linie des einfachen Senklotes mit Tiefenmarkierungen und der klebrigen Lotspeise unten am Ende des Senkbleis, an der sie die Beschaffenheit des Grundes erkennen, um sicher ankern zu können. In der Mitte des Jahrhunderts erfindet ein gewisser Thompson eine Lotmaschine. Die verbesserte Version setzt die Royal Navy ab 1878 ein. Die Physiker Boyle und Mariotte haben festgestellt, daß sich Wassertiefe durch Wasserdruck messen läßt, weil der Druck mit der Tiefe zunimmt. Die Navy-Matrosen lassen also eine oben geschlossene Glasröhre am Heck ins Wasser bis

Patentlog.
ISSUS

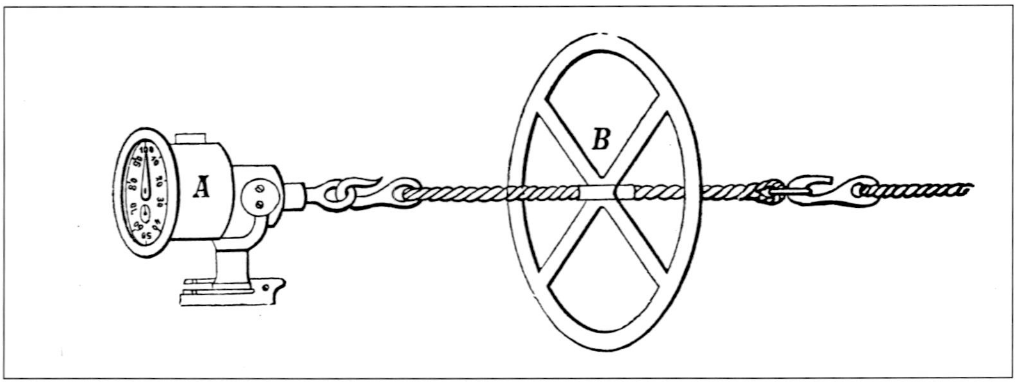

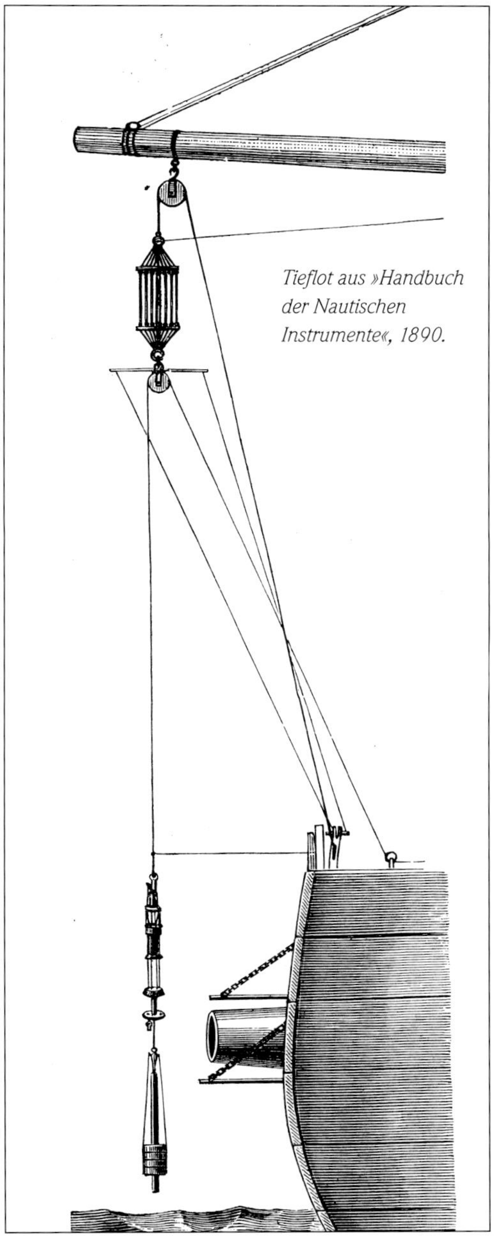

Tieflot aus »Handbuch der Nautischen Instrumente«, 1890.

zum Grund. Die Röhre ist innen mit chromsaurem Silber belegt, das sich unter Druck verfärbt. An der Verfärbung ist anschließend die Wasserfarbe – ja, nicht abzulesen, sondern je nach Zustand der Augen des Navigators abzuschätzen. Auf so eine Idee muß man ersteinmal kommen.

Erst 1912 wird ein Prinzip der Tiefenmessung bordtauglich, das auch heute noch gern angewendet wird. Aus dem Lot wird ein Echo-Lot. Der deutsche Behm verläßt sich mit seinem Gerät auf die Messung der Schallgeschwindigkeit im Wasser von 1 500 Metern pro Sekunde. Sein Instrument funktioniert wie eine Fledermaus. Es sendet und empfängt Schallsignale. Die Differenz zwischen Sendung und Empfang zeigt die Tiefe an. Echolote werden erst 1931 in der deutschen Handelsschifffahrt eingeführt.

Der Sextant macht eine Entwicklung durch, die ihn nicht entscheidend verändert, nur verbessert. Um den Winkelmesser exakt auf dem Horizont fixieren zu können, läßt sich 1885 der französische Admiral Fleurais einen Sextanten mit Kreisel bauen, den er am Sextantenkörper anbringen läßt. 1919 befestigen die Franzosen Bonneau und Derrien den Kreiselhorizont an der Alhidade. Sie beide machen sich die Tatsache zunutze, daß die Achse eines schnell rotierenden Kreisels – wer sich in der Geschichte des Kinderspielzeuges auskennt, ist dort auf einen kleinen Holzkreisel gestoßen, der immer wieder mit einer Peitsche beschleunigt wird – in ihrer Richtung stabil verharrt. Der Sextant erfährt dadurch jedoch keine entscheidende Verbesserung. Die besten Sextanten, immer noch Retter in höchster Navigationsnot, kommen auch heute nicht ohne die Kreiselspielereien aus.

Schon 1852 stößt der französische Physiker Leon Foucault darauf, daß er einen rotierenden Kreisel, dessen Achse sich in der Horizontalebene frei bewegt, sie aber nicht verläßt, als »meridiansuchenden« Kreisel verwenden kann. Foucault bringt die Verbesserung eines Instrumentes auf den Weg, das in dieser Epoche einen Riesensprung macht: der Kompaß.

Mit dem Magnetkompaß sind die Navigatoren noch nicht so recht zufrieden. Die Nadel schleift. Ihr Widerstand ist zu hoch. Bei Schiffsbewegungen arbeitet sie zu ungenau. Die Briten gründen wieder einmal Kommitees. Das Admiralty Compass Committee und das Liverpool Compass Committee rufen 1830 zur Ver-

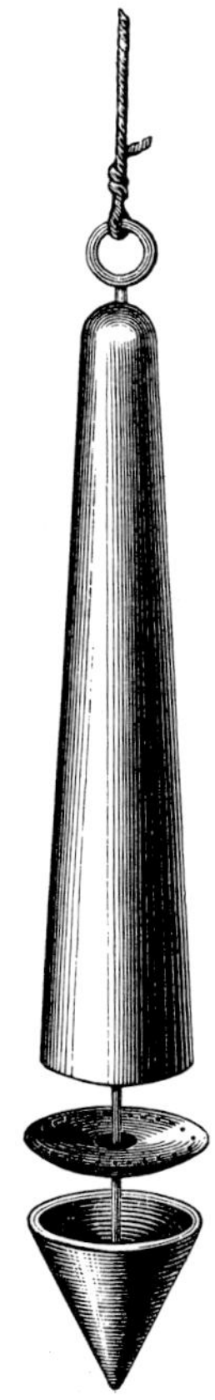

Handlot aus »Handbuch der Nautischen Instrumente«, 1890.

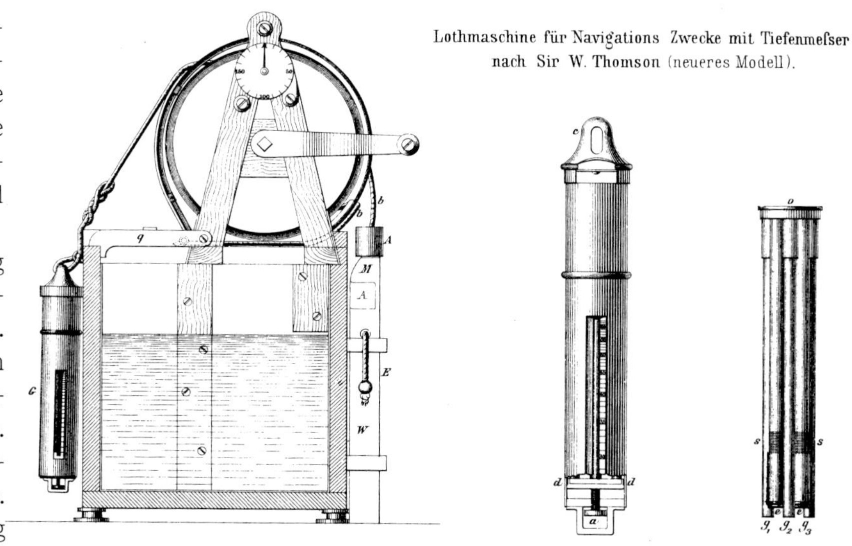

Lothmaschine für Navigations Zwecke mit Tiefenmeßer nach Sir W. Thomson (neueres Modell).

Sextanten

Sextant, angefertigt 1805 von Fulgencio Rodriguez in Ferrol in Spanien.
Museo Naval, Madrid

Vollkreissextant.
Sammlung Tamm

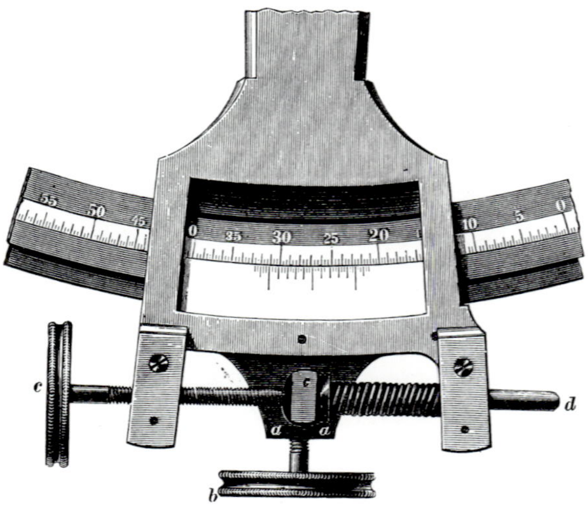

Feineinstellung am Sextanten aus »Handbuch der Nautischen Instrumente«.

Sextant in Schatulle ca. 1880, London.

Sammlung Tamm

Sextant H. Peter, Altona, 19. Jahrhundert.

Sammlung Tamm

Trommelsextant mit Libellenaufsatz

(künstlicher Horizont)

C. Plath

Octant für Nachtbeobachtungen

System Kapt. Hilgendorf.

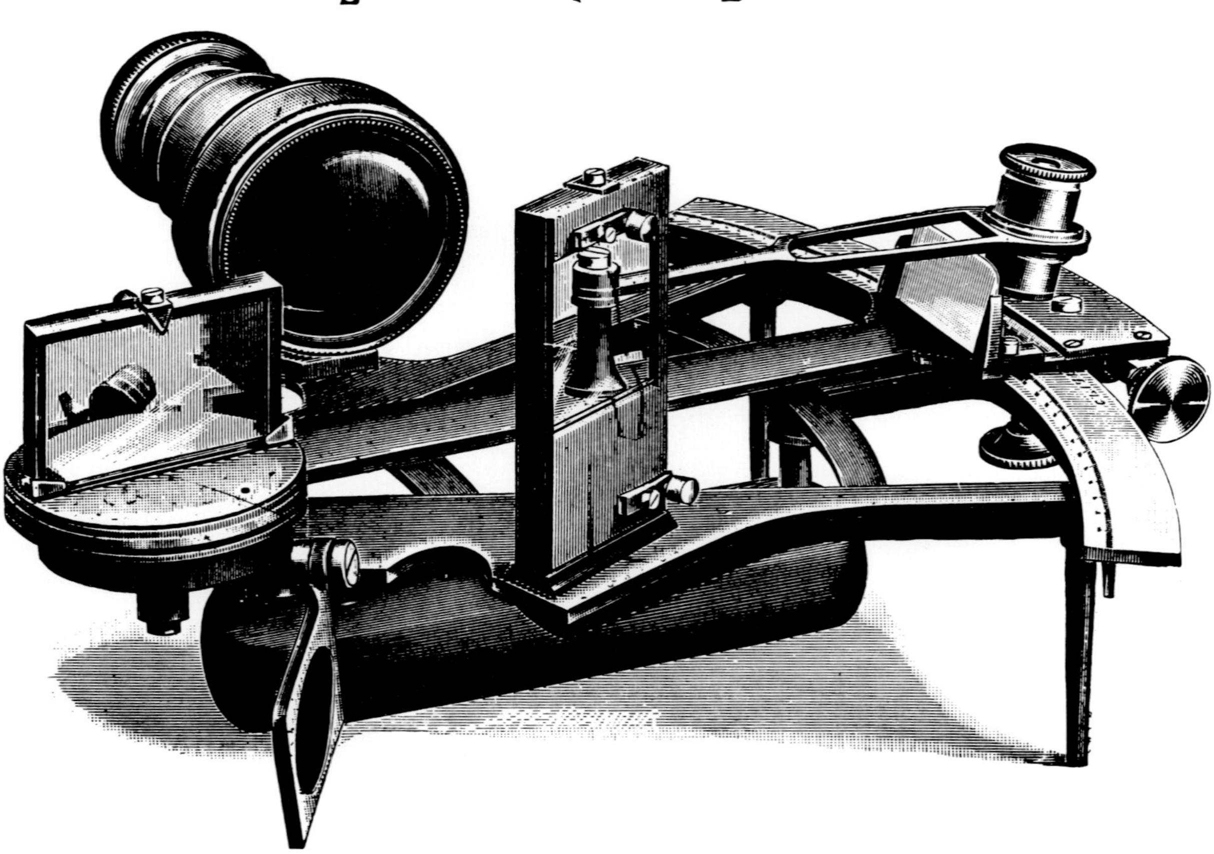

Octant für Nachtbeobachtungen.

System Capt. Hilgendorf.

Beurtheilung durch den Nautischen Verein zu Hamburg

aus der Sitzung vom Montag, den 26. Octbr. 1896:

Der zweite Gegenstand der Tagesordnung betraf die Vorführung des vom Mitgliede Herrn Capt. Hilgendorf, Führer des Fünfmasters „Potosi", verbesserten Octanten für Nachtbeobachtungen. Herr Capt. Hilgendorf führte aus, dass er auf jene Verbesserungen gekommen sei, um die Messungen zwischen Seehorizont und den Sternen genauer auszuführen, wozu die bisherigen Octanten darum wenig geeignet seien, weil man in dem unbelegten Theil des kleinen oder Horizontspiegels einmal ein zu kleines Stück des Horizontes sehen und zum andern das gespiegelte Sternbild in diesem unbelegten Theil bei den Schwankungen des Schiffes nicht ordentlich festhalten könne. Sein Octant für Nachtbeobachtungen unterscheide sich dadurch von den gewöhnlichen Reflections-Instrumenten, dass der Horizontspiegel von bedeutend grösseren Dimensonen sei, und man durch den unbelegten Theil desselben ein entsprechend grösseres Stück des Seehorizontes sehen könne, sowie dass das, zur Beobachtung angebrachte Fernrohr, ein grosses Gesichtsfeld und grosse Helligkeit des Bildes besitze. Die von ihm angeführten Vortheile seines Instrumentes habe er durch gemachte practische Versuche während der Reisen des von ihm geführten Schiffes „Potosi" festgestellt. Nachdem das Instrument sodann noch von sachkundiger Seite vom theoretischen Standpunkt aus vortheilhaft beleuchtet war und demselben von den anwesenden activen Capitainen Anerkennung gezollt wurde, gab man seine Ansicht dahin kund, dass das von Herrn C. Plath angefertigte Hilgendorf'sche Instrument als ein besonderer Fortschritt und eine wesentliche Verbesserung der bisherigen Instrumente zu bezeichnen sei.

Telegramm-Wort: Nachtung.

C. Plath

besserung des Magnetkompasses auf. Sie setzen dabei explizit auf die Wissenschaft, auf die Physik. Das macht auch ein Schotte. Statt sich mit Magneten herumzuschlagen, schlägt er, ein gewisser Lang, den Bau eines Kreiselkompasses vor. Aber die Zeit ist dafür noch nicht reif. Die Committees hören nicht zu. Statt dessen werden Trockenkompasse entwickelt, auf deren Rose der gesteuerte Kurs automatisch mitgeschrieben wurde. Die Krakelei konnte sich nicht so recht durchsetzen.

Um 1860 aber haben die Bemühungen der Committees Erfolg. Die ersten Flüssigkeitskompasse erblicken das Licht der Decks: Die Nadel schwimmt in einem abgeschlossenen, mit Flüssigkeit gefüllten Gehäuse. Die Vorteile, die Nadel mit Flüssigkeit zu dämpfen, liegen auf der Hand. Die Pinne, auf der die Nadel ruht, wird entlastet. Woraus besteht die Flüssigkeit? Noch heute verwenden die Hersteller Flüssigkeiten auf alkoholischer Basis. Den Fehler, reinen Alkohol zu verwenden, machen sie nicht mehr. Der Grund liegt aber nicht in den schlechten Erfahrungen, die manche Schiffsführung früher mit einer Füllung aus reinem Alkohol gemacht hat: Es muß für die Matrosen erst einmal sehr vergnüglich gewesen sein, den Kompaßkessel anzubohren und eine Bordparty zu feiern. Das kam vor.

Der eigentliche und epochemachende Kompaß-Schub gelingt dem Deutschen Anschütz-Kämpfe. Er läßt sich den Kreiselkompaß patentieren. 1908 baut er einen Kreisel, der anders als der Foucaultsche mit seinen drei Freiheitsgeraden mit zwei unbeschränkten und einem beschränkten Freiheitsgrad rotiert. Die Kaiserliche Marine erprobt ihn im gleichen Jahr. Drei Jahre später baut er einen noch genaueren Dreikreiselkompaß. Anschütz ist ein großer Erfinder und Konstrukteur. 1920 entwickelt er die erste Selbststeueranlage, 1927 zur Ausschaltung des Schlingerfehlers durch Schiffsbewegungen einen kugelförmigen Zweikreiselkompasses in träger Flüsigkeit. Der wird noch

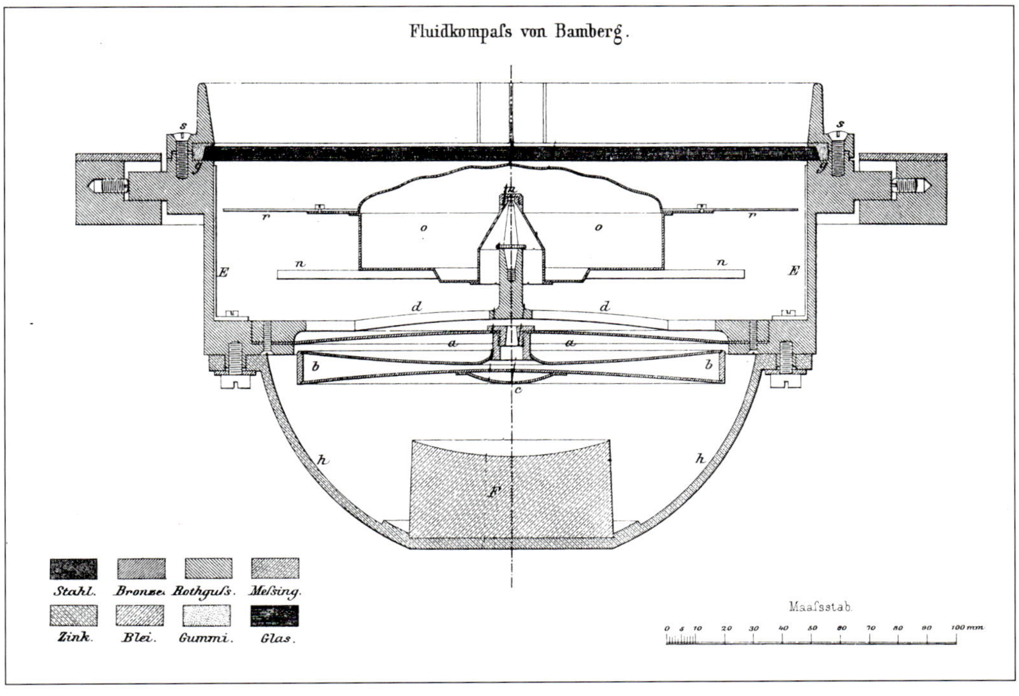

Oben:
Kompaß, 20. Jahrhundert, von C. Plath, Hamburg.
Sammlung Tamm

Links:
Flüssigkeitskompaß aus »Handbuch der Nautischen Instrumente«, 1890.

Rechts:
Kompaßstand,
Ende 19. Jahrhundert.
Sammlung Tamm

heute auf Handels- und sogar auf Marineschiffen gefahren.

Aber die Entwicklungen laufen wie so oft parallel, zumindest fast. 1911 kommt auch ein Amerikaner auf die Idee, sich ein Patent für diesen revolutionären Kompaß abzuholen: Elmer Sperry in New York. Jeder will den Kreiselkompaß haben. In Großbritannien entwickeln Brown und Perry 1912 einen Typ, den die Navy bis zum Zweiten Weltkrieg kaum verändert.

Auch die amerikanische Marine ist schnell. Sperry baut im selben Jahr seinen Einkreiselkompaß auf der Brücke der USS DELAWARE ein. 1913 muß Theodor Plath von der Hamburger

Unten:
Peilkompaß aus
»Handbuch der Nautischen Instrumente«, 1890.

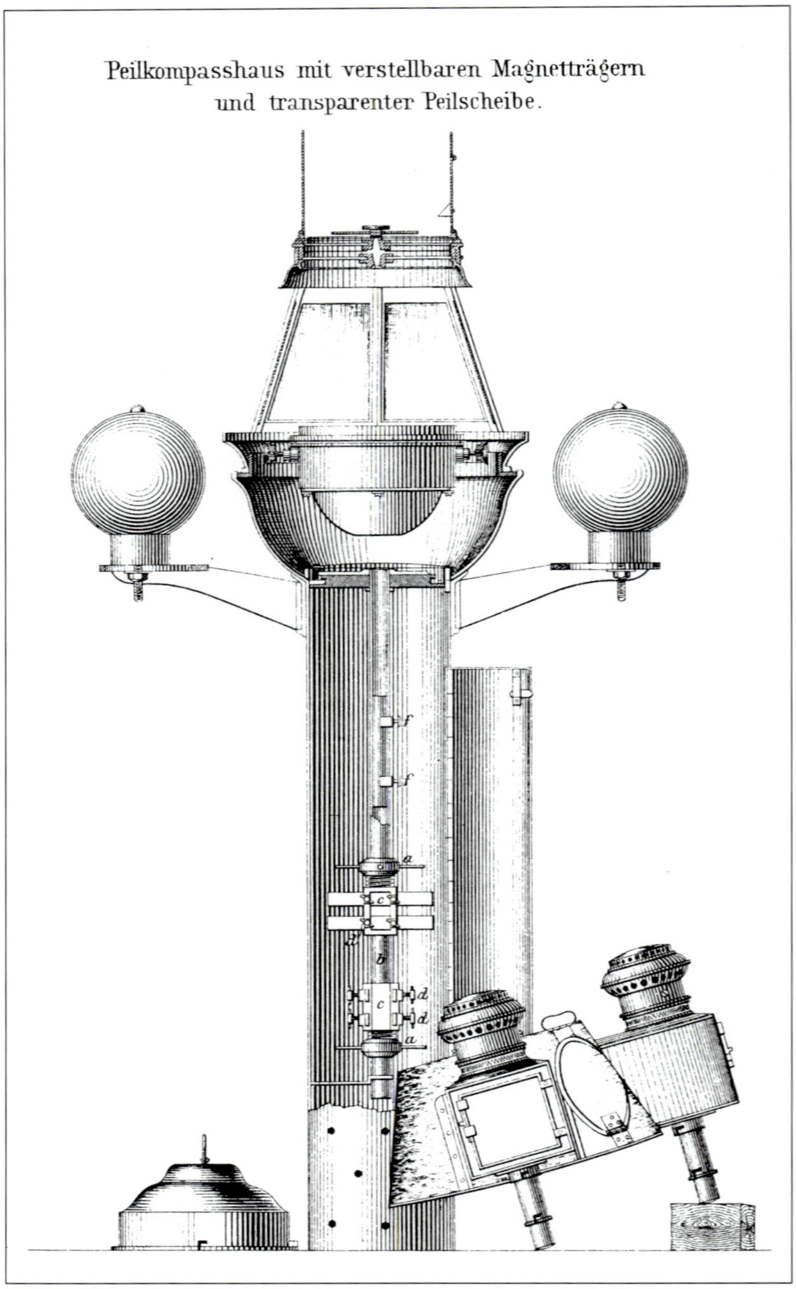

Firma C. Plath Nautische Instrumente, der Generalvertreter von Anschütz, den HAPAG-Chef Albert Ballin noch davon überzeugen, daß ein Anschütz-3-Kreiselkompaß für das damals größte Schiff der Welt, das HAPAG-Flaggschiff IMPERATOR, genau das Richtige ist.

Vorher müssen jedoch noch ein paar Entdeckungen gemacht werden. Das Schiff heißt VEGA und soll 1872 die ersehnte Route vom Nordkap zum Pazifik befahren. Diese Nordostpassage längs der Nordküste Eurasiens würde den Weg zwischen Atlantik und Pazifik erheblich verkürzen. Das Unternehmen scheitert. 1879 bricht die JEANETTE in San Francisco auf, um von der Ostseite Sibiriens her die Arktis zu erobern. Das zum Eisbrecher umgebaute Forschungsschiff gerät ins Packeis und wird zerquetscht. Die Besatzung versucht sich über das Eis nach Sibirien zu retten. Vergebens. Der Tod der Jeanette ist jedoch noch nicht ihr Untergang. 1884 spülen Treibeis und See Ausrüstungsgegenstände und Wrackteile an die Südküste Grönlands. JEANETTE ist 3 000 Meilen weit im Eis gedriftet! Ergebnis der Fahrt wider Willen. Im Nordpolarmeer existiert eine ostwestliche Strömung.

Erst 1936 bewältigt der neue 106 Meter lange sowjetische Eisbrecher JOSEF STALIN diese Strapaze für Schiff und Mannschaft. Er fährt als erstes Schiff auf der Nordroute von Murmansk

Der Kreiselkompaß

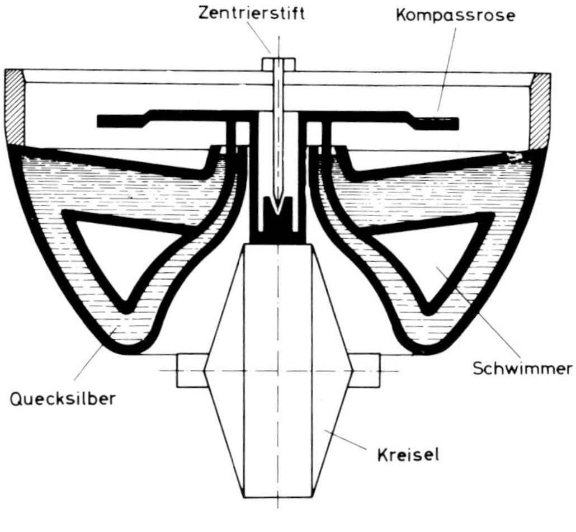

Schnittzeichnung des ersten Kreiselkompasses.
Raytheon / Anschütz

Kursableseung am Kreiselkompaß, 1965.
Raytheon / Anschütz

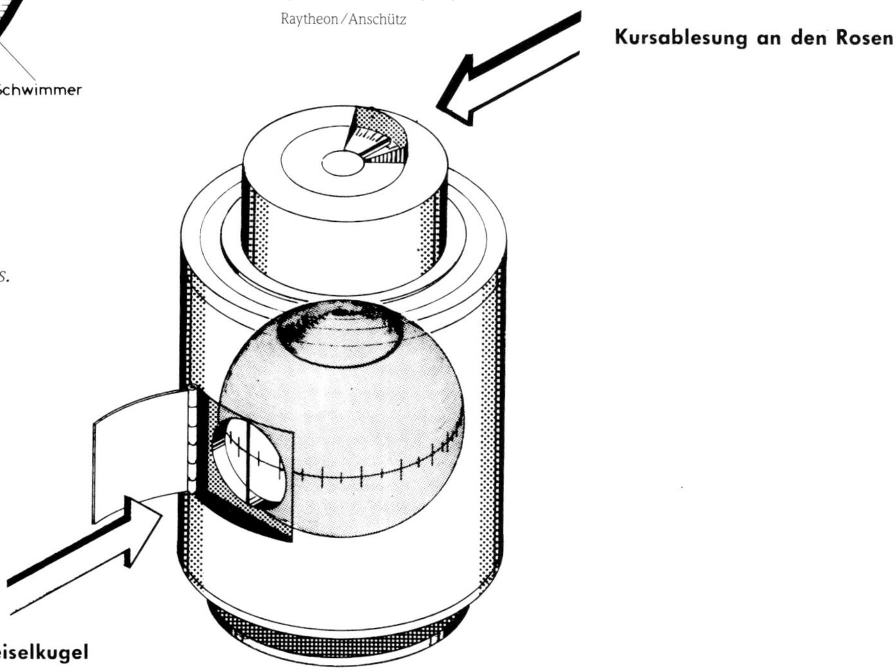

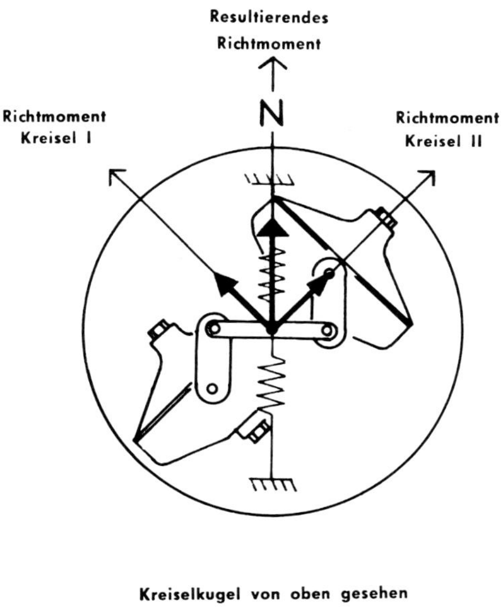

Zustandekommen der Kursanzeige im Kreiselkompaß, 1925.
Raytheon / Anschütz

Die Lagerung der Kreiselkugel in der Tragflüssigkeit.
Raytheon / Anschütz

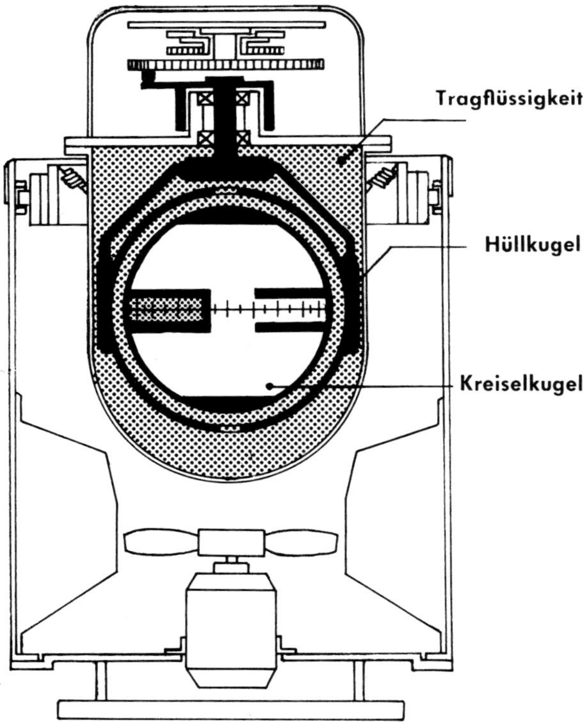

nach Wladiwostok und zurück, in einer Saison, wohlgemerkt einer Saison.

Fridtjof Nansen braucht Jahre. Ihm geht es jedoch nicht um die Nordostpassage. Der Norweger will zum Nordpol. Eine navigatorische Leistung im eigentlichen Sinne soll die Reise nicht werden. Nansen will sich im Packeis an den Nordpol treiben lassen. Am 18. Juli 1893 lichtet die Colin Archer-Konstruktion FRAM die Anker, reist von Nordnorwegen mit Kurs Nowaja Semlja und Barentssee. Im September friert Nansen mit dem Schiff auf 78 Grad Nord ein: Es beginnt die längste Entdeckungsreise der Geschichte. Auch Cook war eher zu Hause. Drei Jahre driftet FRAM im Eis und schafft 86 Grad Nord. Aber dann wird sie von der gleichen Strömung gepackt wie JEANETTE. FRAM kommt frei und läuft im norwegischen Hafen Tromsö ein.

Im 19. Jahrhundert erleichtern Neuerungen die Navigation, die mit Physik und Wissenschaft oder gar Abenteuergeist im engeren Sinne nichts zu tun haben, es sei denn, man zählt zum Beispiel den Tiefbau zur angewandten Physik. Im Jahre 1859 sticht der erste Spaten in die Trassenführung des Suez-Kanals. Der Mann, der sich darum verdient macht, daß die Navigatoren weniger Arbeit haben und in Zukunft bei der Reise nach und von Asien und Australien nach Europa nicht mehr die gefährlichen Strömungen am Kap der Guten Hoffnung ausrechnen und aussteuern müssen, ist französischer Diplomat und Ingenieur und heißt ausführlich Ferdinand Marie Vicomte de Lesseps. Er plant die 195 Kilometer zwischen Port Said und Suez und verbindet mit der Companie universelle du Canal de Suez das Mittelmeer mit dem Roten Meer, und zwar ohne Schleusen.

Der Suez-Kanal bleibt nicht die einzige künstliche Wasserstraße. Seit 1895 bleibt Schiffen und Mannschaft die Fahrt durch das Skagerrak erspart, wenn sie von der Nordsee in die Ostsee wollen. Am 21. Juni legt der deutsche Kaiser Wilhelm II. den Schlußstein für den Kaiser-Wilhelm-Kanal, der heute politisch korrekt und neutral-geographisch Nord-Ostsee-Kanal heißt. 1887 hatte Kaiser Wilhelm I. den Grundstein in Holtenau gelegt.

Natürlich ist es nicht nur reine Menschenliebe der christlichen Seefahrt gegenüber, die diesen Kanal notwendig macht. Die Frage: »Wem gehört die Welt?«, ist immer noch nicht entschieden. Die ersten Kolonien sind von England und Frankreich bereits eingesammelt: Indien, Südafrika, Nordafrika. Die Deutschen werden sich in Kamerun, Deutsch-Ostafrika und Deutsch-Südwestafrika um ihr koloniales Heil kümmern.

Aber für Deutschland ist eine Frage viel dringlicher: Wem gehört eigentlich die Nordsee? Am 17. Juni 1869 weiht der König von Preußen, damals der stärkste deutsche Staat, und spätere deutsche Kaiser Wilhelm I. die Marinestation Wilhelmshaven an der Jade ein. Man hat aus der Kontinentalsperre gelernt, die Napoleon I. gegen Großbritannien verhängt hatte. Es gilt also, in der Nordsee präsent zu sein. Und dazu gehört, Flottenteile aus dem Marinehafen Kiel schnell an die Nordseeküste verlegen zu können, ohne wie auf dem Präsen-

Eröffnung des Suezkanals, November 1869. Gemälde von Ramón Padró Pedret, 1870. Öl auf Leinen.
Marinemuseum Madrid

tierteller an Großbritanniens Ostküste vorbeifahren zu müssen.

Die USA denken übrigens nicht anders. Eine Nation mit zwei elendig langen Küstenstreifen am Atlantik und am Pazifik muß sich überlegen, wie sie ihre Kräfte verteilt. Natürlich ist es schön, wenn kalifornische Orangen auf dem Seewege New York erreichen, ohne am Kap Hoorn vorbei zu müssen. Aber im Pazifik setzt sich nach einem gewonnenen Krieg 1905/06 gegen Rußland gerade Japan durch.

Auch der Atlantik ist ein unsicheres Gebiet. Auf der anderen Seite liegt Europa. Dort ist die Machtfrage nicht entschieden. Trotz der sogenannten Splendid Isolation, dem Rückzug aus der Weltpolitik, denken die USA weit voraus: Seestreitkräfte um Kap Hoorn zu führen, wenn es auf der einen oder anderen Seite brennt, ist kein Zuckerschlecken und dauert zu lange. Also bauen die USA an der schmalsten Stelle des amerikanischen Kontinents ebenfalls einen Kanal: in Panama. 1906 beginnen sie, pünktlich mit Beginn des Ersten Weltkrieges. Am 15. August 1914 werden sie mit 81,6 Kilometern Kanal fertig. Um ab 1917 den Ersten Weltkrieg in Frankreich mit einem Expeditionskorps zu entscheiden, brauchen sie ihn allerdings nicht.

Auch Kanäle verlangen übrigens nach Navigation. Im Suez-Kanal kommt ein Lotse an Bord, im Nord-Ostsee-Kanal ebenfalls und ab einer gewissen Schiffsgröße ein sogenannter Kanalsteuerer. Auch der Panama-Kanal mit seinen riskanten Schleusen darf nicht freihändig vom Kapitän allein befahren werden. Die erste Schleuse auf der Karibik-Seite hebt mit drei Kammern die Schiffe um 26 Meter. Festgemacht wird nicht. Lokomotiven helfen ebenfalls. Aber leichter, leichter machen diese Kanäle das Leben des Schiffsführers doch – und vor allen Dingen schneller.

Die Meere und damit die Kontinente sind jetzt endgültig über die Seefahrt miteinander verbunden. Vorhang für den ersten Akt der Globalisierung. Der zweite Akt des Stückes beginnt mit dem Weltkrieg. Aber die alte Zeit verabschiedet sich vorher noch mit einem Paukenschlag, mit einer Navigationskatastrophe: Am 15. April 1912 sinkt der Passagierdampfer TITANIC. Der Kapitän hat zu weit nördlich gehalten, Warnungen nicht beachtet. Man will ja schnell sein und den direkten Weg fahren, das Blaue Band lockt: Gute Navigation, aber schlechte Seemannschaft sind die Folge. Der Verlauf der Geschichte ist bekannt: Um 23.40 Uhr kollidiert der 44 000 Tonnen große Vierschornstein-Riese der White Star Line – der vierte Schornstein ist blind und soll nur etwas hermachen – mit einem Eisberg. 1 503 Menschen sterben bei der größten Katastrophe der zivilen Seefahrt.

Radar – Das dritte Auge

Was wäre gewesen, wenn in der Nacht vom 31. Mai auf den 1. Juni 1916 die deutsche Hochseeflotte und die britische Grand Fleet nicht bei schlechter Sicht und Nebel mehrere Male aneinander vorbei gefahren wären? Was wäre gewesen, wenn eine Seite schon damals ein funktionsfähiges Radar gehabt hätte? Hätte Großbritannien es besessen, wäre der Erste Weltkrieg vermutlich stark abgekürzt worden. Hätten die Deutschen mit dieser modernen Technik die Home Fleet orten und und wenigstens größere Teile vernichten können, wäre es nicht zu dem falschen Frieden von Versailles gekommen, und Deutschland und Europa wäre vieles erspart geblieben.

Aber in dieser Nacht ist das Radar noch nicht erfunden, schon gar nicht bordtauglich und einsatzfähig. Der britische Admiral Jellicoe scheut das Nachtgefecht. Die Deutschen brechen unerwartet durch, Kurs Heimat. Und so geht diese sogenannte Skagerrak-Schlacht, die eigentlich ein Verwirrspiel in der mittleren Nordsee war, unentschieden aus, bei großen Verlusten auf beiden Seiten.

Dem Radar ein eigenes Kapitel zu widmen, scheint nicht übertrieben. Es gehört zu den entscheidenden Erfindungen und heute zu den zentralen Navigationshilfen. Das Radar – erst 1940 wird die Bezeichnung Radio Detection and Ranging offizielles Codewort für die Funkmeßgeräte der US Navy – ähnelt im Prinzip dem Echolot, also der Fledermaus. Eine sich drehende Antenne sendet Impulse, die von Objekten der Umgebung bis zu einer definierten Entfernung reflektiert werden. Die Antenne empfängt die Echos und bildet sie auf einem Bildschirm als helle Punkte ab. Je länger die Laufzeit des Impulses, um so weiter vom Bildschirmmittelpunkt entfernt erscheint das Signal.

Das klingt einfach, aber in der Praxis ist die Sache schon schwerer. Radar lesen muß man lernen. Der Vorteil des Radars: Auch bei schlechter Sicht, bei Nacht und Nebel emp-

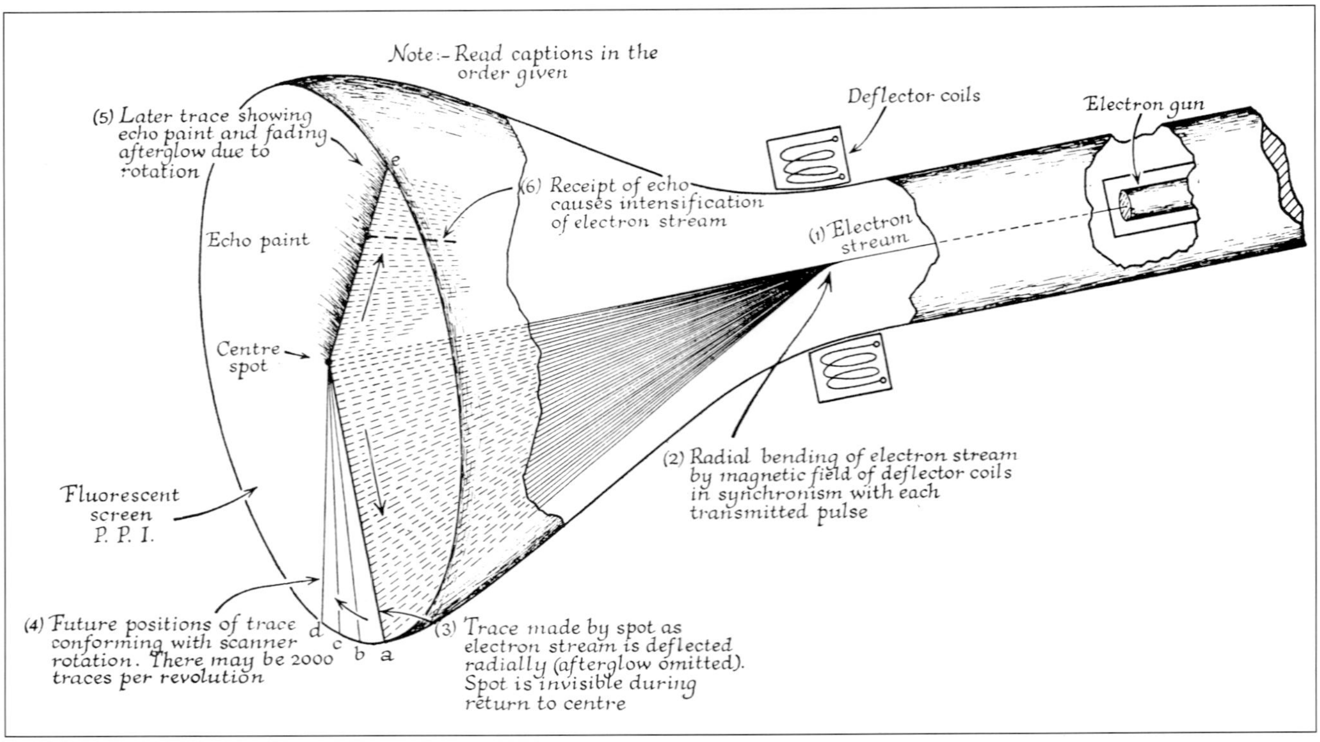

Funktionsschema der Kathodenstrahlröhe eines Radargerätes, 1952.
ISSUS

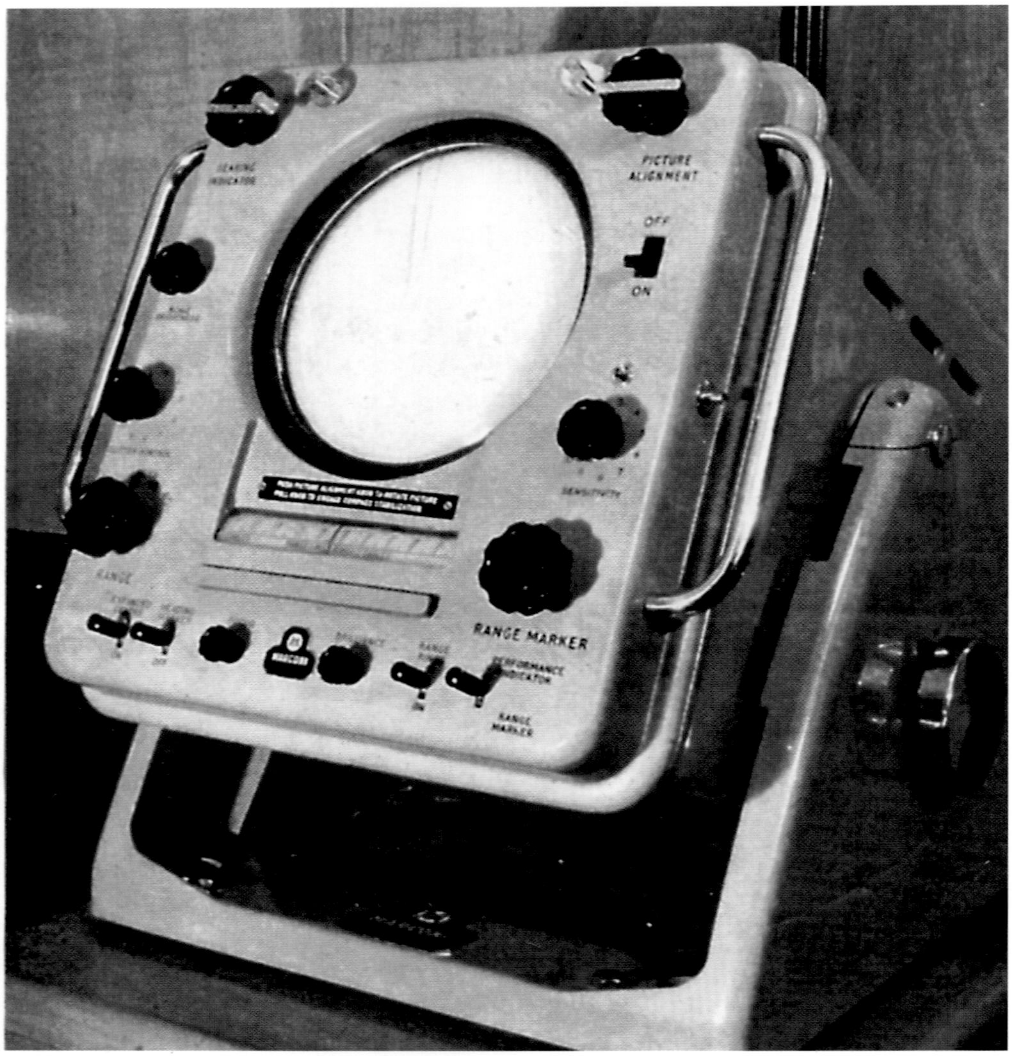

Anzeigegerät einer Radaranlage, 1952.
ISSUS

fängt das Gerät Signale. Es ist das Dritte Auge des Navigators, das dann einspringt, wenn seine beiden ersten nicht mehr ausreichen, ein Schiff sicher zu steuern. Eins ist damit klar: Radar verhilft dem Navigator in Küstennähe auf schnellste, einfachste und beste Weise zu einem Überblick über seinen Standort. Auf See hilft es, Kollisionen zu vermeiden und einem anderen Schiff aus dem Wege zu gehen – oder es zu finden.

Das 20. Jahrhundert ist so kurz wie das 19. lang ist. Es dauert vom 1. August 1914 bis zum Herbst 1989. Die U-Boote sind erfunden. Die Flotten aufgerüstet. Navigatorisch beginnt diese Epoche mit einem Ereignis, das den weiteren Verlauf des ganzen Jahrhunderts hätte ändern können. Die beliebte und doch von Historikern verbotene Frage: Was wäre gewesen, wenn ... – hier, bei der Auseinandersetzung in der Nordsee ist sie besonders interessant. Denn möglich gewesen wäre vieles in dieser Nacht. Auch das Radar. Intensiv wird seine Entwicklung erst später vorangetrieben, im nächsten großen Krieg. Den entscheidet es mit. Seine Entwicklung aber reicht bis in die Mitte des 19. Jahrhunderts zurück.

Sie beginnt mit einer Endeckung, die überhaupt erst den Bildschirm möglich machen. 1858 entdeckt der Deutsche Julius Plücker die Kathodenstrahlen und auf dieser Grundlage baut Ferdinand Braun 1897 die erste einfache Kathodenstrahlröhre, die sogenannte Braunsche Röhre. Hinter dieser Erfindung steckt nichts anderes als ein sehr bekanntes Gerät, das heutzutage fast alle Menschen mehrfach im Haus haben, jedenfalls dann, wenn sie ein Fernsehgerät und einen Computer besitzen. Deren Bildschirme sind Braunsche Röhren. In Radar- und anderen Navigationsgeräten werden sie ebenfalls verwendet, obwohl das Liquid Cristal Display LCD dieser Röhre vielleicht in Zukunft immer stärker den Strom abklemmen wird. Sie ist schwer und braucht Platz. Das schwerste am Computer ist der Monitor.

Aber Ende des 19. Jahrhunderts ist diese Röhre eine Sensation, deren Folgen gar nicht begriffen werden. Massenkommunikation ist nur gedruckt denkbar als Zeitung. Und als der junge Student Christian Hülsmeyer im Jahre 1900 ein Rückstrahlgerät baut, mit dem er auf dem Rhein die Reflexion elektrischer Wellen an Schiffswänden nachweist, ist das Radar noch in einiger Entfernung, aber knapp erfunden. Vier Jahre später läßt Hülsmeyer sich ein Verfahren

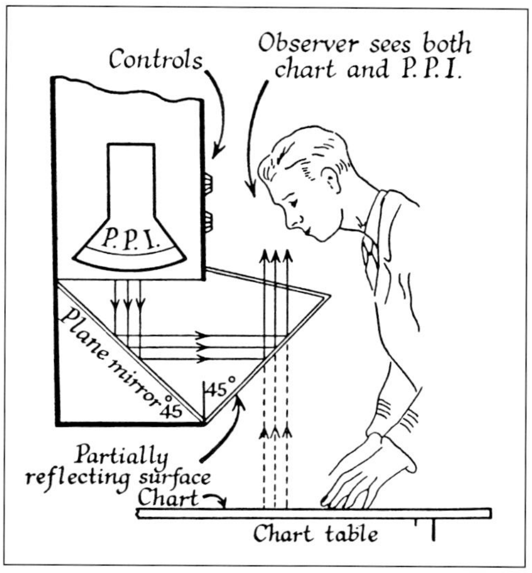

Prinzip der Einspiegelung einer Seekarte in das Radarbild, 1952.
ISSUS

patentieren, mit dem entfernte metallische Gegenstände mittels elektrischer Wellen einem Empfänger gemeldet werden. Die Zutaten sind da. Das Rezept fehlt noch – und der Koch.

Hülsmeyer macht Schule. Ab 1931 üben zwei Briten mit seinem Prinzip. In den nächsten Jahren steigen auch die USA, Frankreich und Deutschland in die Entwicklung ein. Guglielmo Marconi – wieder er, und von ihm werden wir noch einmal hören – gelingt eine Testfahrt, die in sogenannten Expertenkreisen Aufsehen erregt. Am 30. Juli 1934 läßt der den Kartenraum des Motorschiffes Elletra verdunkeln. Zur Versuchsanordnung gehören zwei Tonnen im Abstand von 90 Metern zueinander und neun Seemeilen zum Schiff. Mit Hilfe seines Radars peilt er die Tonnen an und trifft das Tor. 1 : 0 für Marconi.

Ein Jahr später verfügt auch die deutsche Reichswehr über ein erstes Versuchsmuster eines Radargerätes. Es tastet die Impulse ab und ermittelt schon Entfernungen. Die Franzosen rüsten ihren Oceanliner NORMANDIE mit einem Radar aus. Er verkehrt auf der Nordatlantikroute und soll nicht das gleiche Schicksal wie die TITANIC erleben. Das Gerät reicht bis zu acht Seemeilen weit. 1936 wird im neuen deutschen Panzerschiff ADMIRAL GRAF SPEE ein Geschützradar eingebaut, und die Amerikaner entdecken, daß man mit diesen Funkmessern Flugzeuge orten und auch bekämpfen kann. Die Briten starten 1938 ihre Radar-Küstenkette an der Themse-Mündung zur Luftraumüberwachung. Die Stationen wachen rund um die Uhr. Das Radargerät ist auf dem Marsch in den nächsten Krieg.

Den beginnen die Briten nach ihrem Kriegseintrit mit Luftangriffen auf Deutschland. Aber auch an der deutschen Nordseeküste stehen die ersten Anlagen. Das germanisch-völkisch »Freya« getaufte Radargerät auf der Nordseeinsel Wangerooge faßt den Bomberverband auf 113 Kilometer Entfernung auf. Die deutschen Jagdflieger werden mit diesem Gerät an den Feind geführt und können die britischen Flugzeuge fast vollständig vernichten.

Aber auch die deutsche Marine wird Opfer dieses doch eigentlich so hervorragenden Navigationssystems, das erst einmal dazu herhalten muß, die Frage um die Weltmacht klären zu helfen, wie schon so viele Navigationsmethoden vor ihm. Ende Mai 1941 liefern sich das deutsche Schlachtschiff BISMARCK und der Schwere Kreuzer PRINZ EUGEN im Nordatlantik eine Schlacht mit der britischen Home Fleet. BISMARCK wird nicht nur eigener leichtsinniger Funksprüche wegen immer wieder aufgefaßt. Auch durch Radar können die Briten den einsamen Riesen stellen und versenken. Gegen die unendlichen Bomberströme der Alliierten können auch radarausgerüstete Nachtjäger über den brennenden deutschen Städten nichts ausrichten.

Sofort nach Kriegsende denken die USA weiter, sowohl im Punkt Zukunft als auch in den Punkten Entfernung und Strategie: 1946 empfangen sie mit einem extrem starken Gerät die ersten Radarsignale des Mondes. Der dritte Akt der Globalisierung beginnt, und wieder wird die Entwicklung der Navigation eine bedeutende Rolle spielen.

Die Entwicklung des Radars bringt nach diesem zweiten Akt sogar eigene Radarseezeichen hervor mit speziellen, nur vom Radargerät aufzufangenden Signalen, die wie Leuchttürme oder schwimmende Seezeichen dem Navigator einen sicheren Ort geben. Zu diesen Radarbaken gehören Ramarks, Radarmarkierungen. Diese Radarfunkfeuer senden wie Leuchtfeuer deutliche Kennungen aus Punkten und Strichen auf den Bildschirm. Ein anderes Radarfunkfeuer ist das Racon. Im Gegensatz zum Ramark wird es erst beim Auftreffen des Schiffssignals aktiviert und antwortet dann mit einer eindeutig definierten Kennung, mit einem Strich oder Strichen und Punkten.

Auch ohne diese Signale macht sich ein Schiff mit einem Radargerät autonom. Es ist unabhängig von Senderketten, die je nach Lust und Laune der Betreiber an- und abgeschaltet werden können. Und die bestimmen heute hauptsächlich das Geschehen in der Navigation, erst an Land, dann im Weltraum.

Es funkt: Von der Funkpeilung zu GNSS

Am Lande hält nichts ewig. Ein schwerer Sturm, und Sendemasten fallen um. Orte und Ortungen, Winkel und Entfernungen auf der Erde als Anhaltspunkt für Standlinien haben zwar immer noch ihre Bedeutung. Aber ihr Stern sinkt. Die künstlichen Sterne – eigentlich und richtig Satelliten – steigen auf. Von diesem Tag an hat die Seefahrt die Raumfahrt zu ihrer Voraussetzung.

Neue Landsysteme kommen – manche gehen

RADAR, dieses Zauberwort wird vermutlich noch lange leben. Auf intergrierten Brücken ist das Radio Detection and Ranging-System auch heute nicht wegzudenken. Ganz im Gegenteil. Ohne Radar wären auch die allerschönsten und neuesten Steuerstände nur halbe Blindfahrtsysteme.

Andere Funkortungen haben es da schon schwerer. Und für manche hat das letzte Stündlein bereits geschlagen. Und dabei waren sie doch zu ihrer Zeit unübertroffen und ihre Erfinder höchst phantasievoll. Aber das Bessere ist auch in der Navigation des Guten Feind.

Aber zuerst muß wieder einmal die Erfindung erfunden werden. 1879 bereits beweist der Schotte James Maxwell die Existenz von Radiowellen. 1888 belegt der Hamburger Heinrich Hertz als Physikprofessor in Karlsruhe, daß sich elektromagnetische Wellen im freien Raum ausbreiten und Licht und Radiowellen einander ähneln. Das sind Grundsteine für Funk und Radio. Jede Form von drahtloser Kommunikation bleibt auf diese Entdeckungen auch in Zukunft angewiesen. Eine Firma wie DEBEG, gegründet 1911 in Hamburg, oder die Telefunken – heute heißen solche Unternehmen Hardware-Produzenten und Provider – wären ohne sie nie denkbar gewesen. Genausowenig wie Radioempfang zu Hause oder Fernsehen.

Aber die Entdecker machen ihr Wissen nicht fruchtbar. Erst 1895 übermittelt der Neuseeländer Rutherford in Cambridge eine Nachricht über 1200 Meter. Vier Jahre später sendet ein Wissenschaftler aus Bologna mit irischer Mutter während eines Seemanövers der britischen Flotte Radiowellen von einem Schiff zum anderen. 1901 sendet er eine Nachricht von Cornwall nach Neufundland und beginnt mit drahtloser Telegraphie zwischen Großbritannien und Amerika. Die hilft auch Schiffen in Not. Sie haben per Funk zum ersten Mal die Möglichkeit, auf hoher See auf sich aufmerksam zu machen und Rettung zu rufen.

Guglielmo Marconi, so heißt dieser Mann, versteht es später, sich, eine Institution, ein Hotel und die Voraussetzungen für ein Navigationsverfahren unsterblich zu machen. Die Institution war die BBC, die British Broadcasting Corporation, das Hotel das Londoner Savoy am Strand, so heißt sinnig die Straße am Ufer der Themse, das Navigationsverfahren die Funkpeilung. Der begeisterte Radio- und eiskalte Geschäftsmann überträgt nämlich in den Zwanzigern mit seinem Sender Live-Konzerte aus dem Savoy in die ersten britischen Volksempfänger; denn er kam auf die Idee, mit Radiowellen nicht nur den Seeleuten, sondern auch den Musikfreunden das Leben zu verschönern. Marconis Telegraphie hilft nicht nur dem Unterhaltungsgewerbe, sondern schon vorher havarierten Schiffen – aber nicht allen.

Marconis Übertragung nach Neufundland besteht der Einfachheit wegen aus einem einzigen Morsebuchstaben: dem S, also drei Punkten. Dies ist leider nicht der Ursprung des Hilferufs SOS, im Gegenteil. Aber die ersten Marconi-Sender stehen von nun an auf den Brücken von Schiffen. Marconi verbietet jedoch allen seinen Kunden den Morse-Verkehr mit Geräten der Konkurrenz.

Die ist unter anderem in Deutschland zu Hause. Kaiser Wilhelm II. will ein britisches Telegraphie-Monopol verhindern und bringt die beiden deutschen Konkurrenten Siemens & Halske und die AEG dazu, gemeinsam die Telefunken zu gründen. 1903 lädt er internationale Vertreter nach Berlin ein, um eine Allianz gegen Marconi zu schmieden. Nicht einmal ein gemeinsames Notrufzeichen kommt zustande. Im Mai 1904 beschließen die Deutschen auf eigene Faust, SOS – drei Punkte, drei Striche, drei Punkte – zum Notrufzeichen auszurufen. Diesen drei Buchstaben werden später viele Bedeutungen unterlegt, wie zum Beispiel Save Our Ships. Aber der Grund für die Kombination besteht schlicht und ergreifend darin, daß sie leicht auch von ungeübten Funkern zu verstehen ist. Die Marconi-Funker verwenden das Kürzel CQD mit der Bedeutung Come Quick, Danger.

Die Marconi-Funker sind noch in der Mehrzahl und lehnen vertragsgetreu den Verkehr mit anderen Geräten ab. Aber 1906 wird ein schwarzes Jahr für Marconi. Am 3. Oktober akzeptieren die Delegierten auf der Ersten Internationalen Funk-Konferenz im Artikel 16 den Notruf SOS. Sie beschließen, daß jeder, auch Marconi-Funker, den Ruf weiterleiten muß. Selbst Italien und Großbritannien, die an Marconi gebunden sind, zeigen Einsicht. Betrieb und Errichtung der deutschen Bordfunkstellen übernimmt die DEBEG, Deutsche Betriebsgesellschaft für drahtlose Telegraphie. DEBEG-Funker lernen SOS zu senden und zu empfangen.

Der Peilempfänger, 1933.
ISSUS

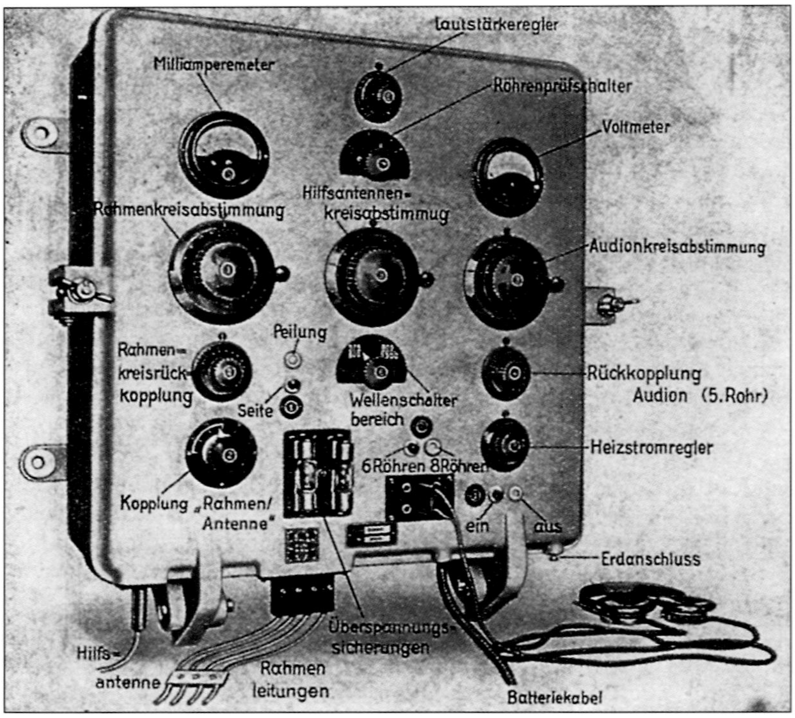

Es ist nicht nur Leichtsinn, der die Hunderte TITANIC-Passagiere um ihr Leben bringt. Es ist auch Borniertheit. An Bord des Schiffes sitzt ein Marconi-Funker. Die TITANIC erhält die Eiswarnung nicht und sendet CQD. Dank CQD werden 700 Passagiere gerettet. Aber von jetzt an werden 1912 auf der Zweiten Funk-Konferenz die Frequenz 500 Kilohertz, ständige Funkbereitschaft und Notstromaggregate beschlossen. Mit Ausbruch des Ersten Weltkrieges wird Telegraphie das entscheidende Führungsinstrument auf See.

Wer hören will, muß aber auch peilen können. Früher, und daran erinnern sich im Zeitalter von Fernbedienung und Stationstasten nur wenige, mußte der Rundfunk-Sender über ein Rädchen am Empfänger mit dem Detektor eingestellt werden. Auf die Richtung kommt es an. Die Funkpeilung war zur Zeit ihrer Erfindung in den frühen Zwanzigern das erste funktionierende System auf der Basis der Funkortung. Zwar hatte ein Deutscher namens Meissner schon 1912 ein Drehfunkfeuer mit sprungweiser Richtungsänderung beschrieben, aber Marconi baute eine taugliche Einrichtung zur Funkpeilung. Ab 1922 betrieb er auf Inchkeith Island im schottisch-nebligen Firth of Forth ein Drehfunkfeuer auf vier Meter Wellenlänge. Und damit der Detektor es besser erfassen konnte, verfeinerte er den Apparat mit einem Parabolischen Reflektor.

Der Durchbruch der Funkpeilung kam mit einer Geschwindigkeit, die auch heute überraschen würde. Schon 1927 wird der Funkpeiler auf deutschen Handelsschiffen eingeführt. GPS, das heute aktuelle Global Positioning System, faßte nicht so schnell Fuß. Daß das Echolot erst 1931 die deutsche Schiffahrt erreicht, ist dagegen auch eine Überraschung, für den technischen Laien jedenfalls: Funken war jedoch leichter als Schallmessung im Wasser.

Er tauchte also auf den Masten, der Ringkreuzrahmen. Marconi hatte eine neue Entwicklung losgetreten: Überall an den europäischen Küsten tauchten Seefunkfeuer auf.

Marconis Idee war einfach. Er hatte durch seine Arbeit für die BBC begriffen, daß jede richtungsempfindliche Antenne eine Stellung hat, in der die Savoy-Konzerte mal besser und mal schlechter das Ohr erreichten. Unter-

Vorderansicht des Peilempfängers.

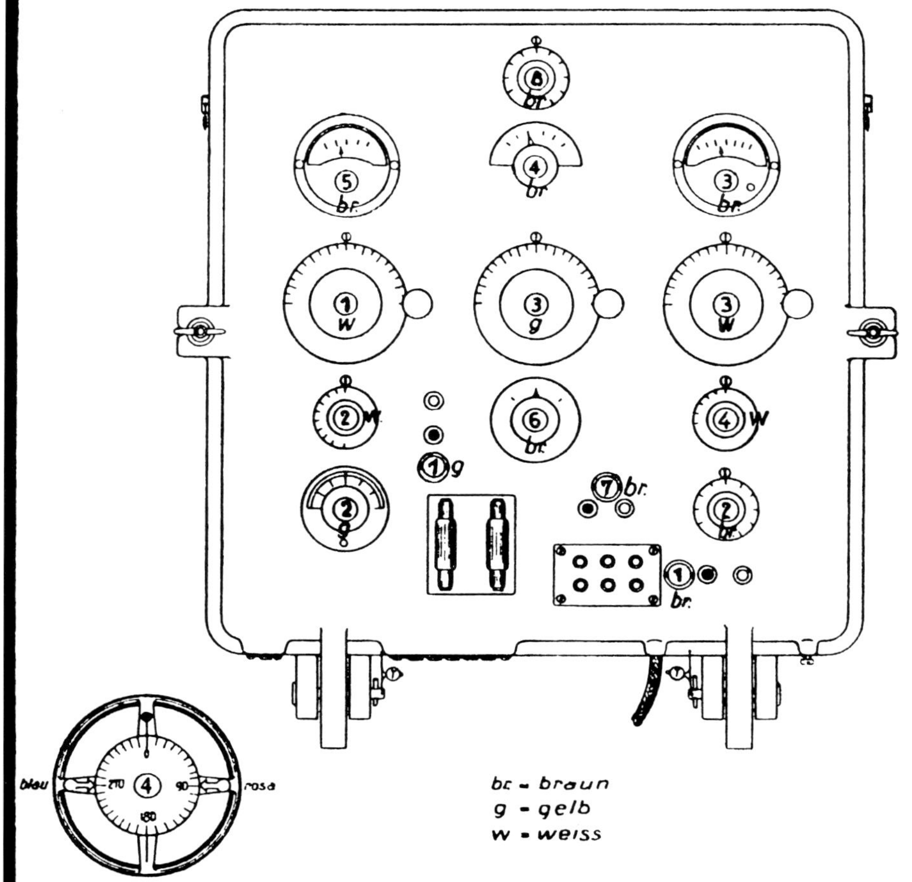

Bezeichnung der Griffe

Farbe	Nr	Bezeichnung
Braun	1	Schalter ein ● aus ○
	2	Heizstromregler
	3	Voltmeter
	4	Röhrenprüfschalter
	5	Milliamperemeter
	6	Wellenstufenschalter
	7	Verstärkerschalter für 6 Röhren ● für 8 Röhren ○
	8	Lautstärkeregler größte Lautstärke bei Teilstrich 10
Weiß	1	Rahmen-Abstimmung
	2	Rahmen-Rückkopplung
	3	Audion-Abstimmung
	4	Audion-Rückkopplung
Gelb	1	Schalter zur Peilung ○ zur Seitenbestimmung ●
	2	Kopplung „Rahmen-Hilfsantenne"
	3	Hilfsantennen-Abstimmung
	4	Peilrahmenantrieb

Wellentabelle

Welle	Stufe	Braun 6	Weiß 1	Weiß 3	Gelb 3

Bedienungsanweisung.

Lfd Nr	Vorgang	Farbe	Nr.	Tätigkeit	Bemerkungen
1	**Klarmachen des Gerätes**				
a	Ein und Ausschalten	Braun	1	Einschalten: ● / Ausschalten: ○ } drücken	
b	Röhrenheizung regeln	Braun Braun	2 3	rechts drehen bis 3,5 Volt anzeigt	Falls dieser Wert nicht mehr erreicht wird, ist die Heizbatterie entladen und muß neu geladen werden.
c	Anodenbatterie prüfen	Braun	3	weißen Knopf drücken und an oberer Skala ablesen	Das Voltmeter muß mehr als 45 Volt anzeigen, andernfalls ist die Anodenbatterie neu zu laden bzw. auszuwechseln.
d	Röhren prüfen	Braun Braun	4 5	nacheinander auf Röhre 1-4 und 8 ablesen	Röhren, deren Anodenstrom kleiner ist als 0,8 Milliamp., sind verbraucht und müssen durch neue ersetzt werden. Die Röhren an den Brennstellen 5-7 müssen zur Messung an eine der Brennstellen 1-4 eingesetzt werden
e	Wellenbereich wählen	Braun	6	Schalter nach Wellentabelle einstellen	
f	Verstärkung wählen	Braun Braun	7 8	6 Röhren: ● / 8 Röhren: ○ } drücken Lautstärkeregler (auf Teilstr. 10 stellen)	Für kleine Entfernungen u. Seitenbestimmung Für große Entfernungen und Peilen Für große Entfernungen und Peilen
g	Abstimmen	Weiß Weiß Weiß Weiß Weiß	1 2 3 4 1-4	nach Tabelle einstellen vor dem Einsetzen der Schwingungen nach Tabelle einstellen zum Peilen tönender Sender vor dem Einsetzen der Schwingungen, zum Peilen ungedämpfter Sender nach dem Einsetzen der Schwingungen*) dann auf größte Hörbarkeit	Die Einstellung auf größte Hörbarkeit erfolgt zweckmäßig bei einer dem Peilminimum benachbarten Rahmenstellung. *) Setzen bei starkem ungedämpftem Empfang die Schwingungen nicht ein, mit braun 8 die Hochfrequenzverstärkung schwächen.
2	**Das Peilen**				
	Seite ist bekannt	Gelb Gelb Gelb	1 2u.4 4	weißen Knopf drücken auf kleinste Hörbarkeit dann an schwarzer Punktmarke Peilung ablesen	Gelb 4 mit schwarzer Punktmarke in die Peilrichtung stellen. nicht an der Strichmarke!
3	**Seite bestimmen**				
a	Vorbereitung	Gelb Gelb Gelb Gelb Gelb Gelb Gelb	1 2u.4 2 1 3 2 2	weißen Knopf drücken auf kleinste Hörbarkeit auf etwa 10° blau oder rosa stellen schwarzen Knopf drücken nach Tabelle einstellen und auf größte Hörbarkeit auf kleinste Hörbarkeit dann den Knopf stehen lassen und Skala mit Nullpunkt genau auf Zeigerstellung bringen	Die Seitenbestimmung erfolgt bei starken Sendern am leichtesten mit geschwächter Lautstärke (braun 8 bzw. auch weiss 2 auf kleinere Stellungen.)
b	Ausführung	Gelb Gelb Gelb	4 2 4	um 90° drehen Erkennungsfarbe bei kleinster Hörbarkeit suchen bei gleichfarbigem Pfeil Seite ablesen	Falls Erkennungsminimum bei Gelb 2 unscharf, Gelb 3 nachstimmen.

schiede in der Lautstärke der Violinen und in ihrer Klangqualität waren die Folge. Die Richtung der Antenne und ihre akustische Leistung mit einer optischen Richtungsanzeige zu koppeln, war nun nicht mehr schwer.

Das Drehen der Antenne auf dem Schiff führt ebenso wie beim Radion zum Maximum und zum Minimum der Empfangsqualität. An einer Peilscheibe läßt sich die Gradzahl zum Sender ablesen. Fertig ist die Funkstandlinie. Ganz so einfach haben es die Marconi-Nachfahren den Navigatoren jedoch nicht gemacht – oder vielmehr doch. Denn sie gaben allen Funkfeuern eine Kennung in Form einer Morsemarkierung. Ganz nützlich, wenn das Schiff vor einer Insel steht, auf der zwei Feuer – wie immer auf Langwelle – funken, ein hinten, eins vorn. Da kann der Steuermann sich dank Morsekennung dann am vorderen orientieren, statt mit dem Schiff über die Insel fahren zu müssen.

Seeleute wissen aber auch: Funkpeilungen können sehr ungenau sein und gehören heute zu den schlechtesten Hilfen beim Führen eines Schiffes. Peilungen bei Dämmerung können nur mit äußerster Vorsicht genossen werden, weil sich die Wellen des Senders überlagern. 90 Grad Fehler sind dann nicht ungewöhnlich. Aber diese Gefahr nimmt zusehends ab: Heute sind die Seefunkfeuer fast alle eingestellt, neue werden eigentlich nicht mehr errichtet, was jedoch nicht gegen dieses Verfahren, sondern nur für neuere spricht.

Die Luftfahrt arbeitet noch heute mit Flugfunkfeuern, und die lassen sich zur Not auch von See aus einpeilen. Diese UKW-Drehfunkfeuer nennt der Pilot VOR, eine Abkürzung für Very-high-frequency Omnidirectional Range. 1912 beschreibt der Deutsche Meissner ein Drehfunkfeuer mit sprungweiser Richtungsänderung. 1917 werden zur Ortsbestimmung von See- und Luftfahrzeugen in der Nordsee in Cleve und Tondern Drehfunkfeuer eingerichtet. Seit 1940 basteln die Amerikaner an dem Verfahren. 1946 wird es dort für die nationale Luftfahrt zugelassen. 1950 bis 1965 richten die USA das System als wichtige Navigationshilfe für ihren Flugraum ein. Aber die wenigen VOR-Feuer, die heute an internationalen Küsten stehen, haben eine geringe Reichweite und sind für Schiffe nicht ernsthaft interessant.

Das Ende der Funkpeilung ist für die Seefahrt bereits gekommen. Die Funkpeilerei für den Mittelbereich ist nicht das einzige Opfer der stürmischen Entwicklung. Auch Consol ist tot, ein Navigationsverfahren für den weiten Bereich. Stavanger war das letzte Consolfunkfeuer. Consol sendete in Zyklen auf Langwelle Morsepunkte und -striche aus. Je nach Standort des Schiffes begann dieser Zyklus mit Punkten oder Strichen. Anhand einer Consolfunkfeuer-Karte konnte der Navigator feststellen, ob er sich in einem Punkt- oder einem A-Sektor befand und je nach Anzahl der Punkte oder Striche eine Standlinie bestimmen.

Consol war simpel und ziemlich universell, aber nur außerhalb des Küstenbereichs einigermaßen zuverlässig. Es gab zuviele Bereiche, in denen es jedoch unbrauchbar war. Kein Navigator weint dem Consol-System eine Träne nach.

Kriege sind zwar nicht Väter aller, aber doch vieler Dinge. Auch das Hyperbel-System stammt aus dem Zweiten Weltkrieg, und von diesem Zeitpunkt an jagen sich die Entwicklungen. Wieder, wie schon damals beim Kampf um die Länge, vor dreihundert Jahren, geht es um die Herrschaft über die Ozeane und damit um die Weltherrschaft.

Im Mai und Juni 1942 gelingen den USA zwei entscheidende Siege über die Japaner, im Mai in der Korallen-See, Anfang Juni bei Midway. Zu dieser Zeit sind die amerikanischen Physiker und Ingenieure fieberhaft damit beschäftigt, das LORAN-System auf die Beine zu stellen, im Bereich des Mittel- und Südwestpazifik und im Nordatlantik. LORAN, eine Abkürzung für Long-Range-Navigation, wird das erste einsatzfähige Hyperbelverfahren. Diese Methoden arbeiten mit Sender-Ketten. Empfänger an Bord messen Phasendifferenzen zwischen diesen Sendern. Hyperbelverfahren heißen diese Methoden darum, weil sie sich die Form einer Radiowelle zunutze machen: Wenn zwei Wellen eine gedachte Achse schneiden, dann entspricht der dem aufsteigenden Nulldurchgang x folgende Durchgang y der Radiowelle A dem x-Durchgang der Radiowelle B.

Das LORAN-Verfahren kann zuerst die Hoffnungen nicht so recht erfüllen. LORAN-A setzt sich wegen seiner begrenzten Reichweite darum auf Dauer auch nicht durch. LORAN-C dagegen funktioniert noch heute und erlaubt an den amerikanischen Küsten und in der Nordsee sehr genaue Navigation. Eine LORAN-Kette besteht aus einem Haupt- und drei Nebensendern. Der Empfänger an Bord mißt die Laufzeitdifferenz der Ausstrahlung des Hauptsenders mit der von einem oder mehreren Nebensendern.

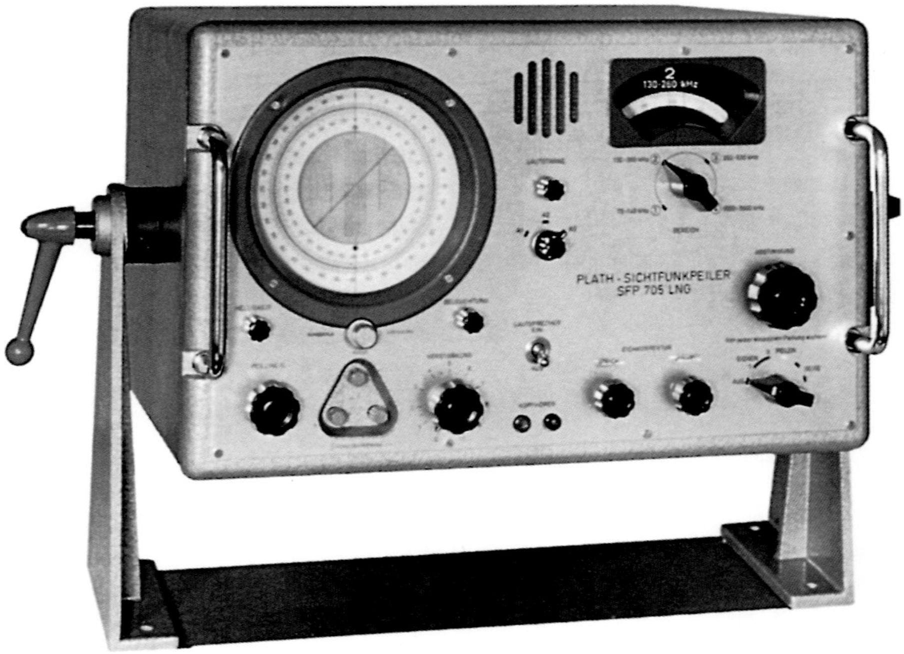

Oben:
Sichtfunkpeiler SFP 705 LNG.
C. Plath

Rechts:
Sichtfunkpeiler GPE 277,
um 1975.
C. Plath

1984 entschließt sich sogar Saudi-Arabien, eine LORAN-Kette in Gang zu setzen. Sie führt Schiffe durch das östliche Mittelmeer, das Rote Meer, den Golf von Aden und in den Persischen Golf. Zwei kleine Ketten sichern die westlich und östliche Seite des indischen Subkontinentes, jedenfalls in seinem nördlichen Drittel. Die Europäer mußten sich jedoch gefallen lassen, daß die Amerikaner die Mittelmeer-Kette sang- und klanglos abschalteten. Vielleicht mal wieder eine Gelegenheit für die Europäer, über ein eigenes System nachzudenken.

Die LORAN-Zukunft freilich steht ebenfalls in den Sternen. Das System sitzt quasi schon im Altersheim. Denn als LORAN-C das Licht der Welt erblickte, dachten die Navigations-Künstler schon über Satelliten nach.

An deren Realisierung war am D-Day noch nicht zu denken. Als die Alliierten 1944 in der Normandie landen, ist jedoch schon DECCA im Spiel, ebenfalls ein Hyperbelverfahren, jedoch ausgelegt für mittlere Strecken bis 250 Seemeilen. Im Hollywood-Schinken »Der längste Tag« sind die Empfänger auf den Brücken zwar nicht zu sehen, aber die alliierten Schiffe orientieren sich unter anderem mit den Prototypen der neuen Feinortung namens DECCA.

Auch der DECCA-Empfänger vergleicht Phasen von Haupt- und drei oder vier Nebensendern einer Kette auf 100 kHz. Aber aller Anfang ist schwer. In den ersten Jahren muß der Navigator aus Spezialkarten mühsam seine Position herausmessen, mit roten, grünen und violetten Linien. Die Genauigkeit des Systems jedoch ist anderen damals überlegen: 100 bis 400 Meter. DECCA kommt heute auf eine Standort-Genauigkeit von 20 Metern oder gelegentlich und mit viel Glück sogar besser. Ein Schiff, das jedoch auf einer Basis-Linie der Kette oder sogar im Nebel direkt vor dem Hauptsender steht, sieht Rot. Der Hauptsender ist zu stark und überlagert die Signale der »Slaves«. DECCA führt also auch nicht auf geradem Weg ins Navigations-Paradies.

Aber DECCA macht seit dem D-Day Karriere. 1949 wird es offiziell eingeführt. Die Empfänger müssen zuerst von der Betreiberfirma gemietet werden. 1950 werden die ersten Geräte auf deutschen Handelsschiffen montiert. Die deutsche Kette erlebt ihre Premierenfeier 1952 auf dem Düsseldorfer Flughafen. Seit 1981 sind DECCA-Empfänger käuflich, für jedermann. Der Todestag für Decca stand bei Drucklegung dieses Buches jedoch schon fest: 31. Dezember 1999, Abschaltung der Sender.

Hyperbeln und kein Ende. Im Sommer 1966, auf dem Höhepunkt des Kalten Krieges und zu Beginn des Vietnam-Desasters startet das OMEGA-System, ein Längstwellen-Verfahren auf 10 bis 14 kHz. Längstwellen folgen der Erdkrümmung, so daß OMEGA mit wenigen Sendern auskommen kann und trotzdem rund um den Erdball verfügbar ist. Sieben Sender waren geplant, es wurden acht weltweit, von Norwegen über Argentinien und Australien bis Japan. Auch OMEGA mißt zu seiner Zeit Phasendifferenzen zwischen diesen Sendern. Die schicken ihre Signale sehr genau in den Äther, kontrolliert von einer Cäsium-Uhr, die alle 30 000 Jahre gerade mal eine Sekunde falsch geht. Zwei Signale, ein Empfänger und eine OMEGA-Karte sind für dieses Verfahren erforderlich. Die Karte visualisiert geographisch den Abstand der Phasen durch Striche. Die Phasenspitzen sind acht Seemeilen voneinander entfernt. Die Anzeige des Empfängers gibt an, wo zwischen den Strichen das Schiff steht. Die Genauigkeit Ende der Sechziger Jahre: zwei bis vier Seemeilen. Das war mehr als mäßig.

Entscheidend jedoch bei diesem ausgeklügelten Verfahren ist, daß U-Boote, nämlich die der strategischen Atom-U-Boot-Flotte mit ihren Polaris-Raketen, bis zu einer gewissen Antennen-Tauchtiefe die Längstwellen empfangen können. Das erste Atom-U-Boot, die USS Nautilus, hatte 1958 bei seiner Unterquerung des Nordpoleises noch auf OMEGA verzichten müssen. Der Navigator nutzte bei dieser Reise vom Pazifik in den Nordatlantik die Trägheitsnavigation. Am 3. August erreichte Nautilus den Nordpol als erstes Schiff.

Aber mit dem Ende des Jahres 1997 schicken die USA auch das OMEGA-System auf den Haufen mit den alten Navigations-Eisen. Die Navigations-Kunst hatte zu diesem Zeitpunkt bereits nie erwartete Erfolge gefeiert: Sie hatte den Mond zentimetergenau treffen können. Und Satelliten kreisten ohne Zahl um die Erde. Und die, so entdeckte man sehr früh, können auch der Seefahrt helfen. Diese Entwicklung bricht letztlich auch OMEGA das Genick.

Noch ein Tod ist anzuzeigen. Am 31. Dezember 1996 stellt Norddeich-Radio den Verkehr auf der Grenzwelle 2182 kHz und auf der Mittelwelle 500 kHz für den Notruf SOS nach rund 90 Jahren Betrieb ein. Schon seit 1980 werden keine Morse-Funker mehr ausgebildet. Nicht nur die Hyperbelverfahren, auch der Funker an Bord wird durch die Satelliten überflüssig. Am 1. Juni 1907 gab Norddeich-Radio den ersten Ton mit einem Telefunken-Gerät von sich, auf Initiative des Kaisers. Die Marconi-Station auf Borkum hatte nämlich eine Botschaft des Kaisers vom Dampfer Hamburg aus nach Berlin nicht weitergeleitet. Ab 1914 sendet Norddeich-Radio täglich Pressemeldungen an deutsche Schiffe. Und Hörer des NWDR und späteren NDR erinnern sich an die Sprechfunk-Grußsendung am Heiligabend, die über diese Küstenfunkstelle geschaltet wurde. Aber die Morse-Technik ist überholt. Aus. Vorbei.

Stattdessen wird sich INMARSAT weiter entwickeln, eine Telefonie, die weltweit durch Satelliten als Relaisstationen vermittelt wird. Aber erst einmal müssen die Satelliten da sein.

Modernes Radargerät Decca Bridge Master E 340 .
C. Plath

Vom Sputnik-Schock zu GPS

Und wenn es auch nicht jedem gefallen mag: Zur Wiederholung sei gesagt, daß wie so viele andere Kriege auch der Zweite Weltkrieg einen Technikschub auslöste, einen Sprung jedoch ohnegleichen. Sicher, schon der Schneider von Ulm wollte fliegen und Peterchen's Mondfahrt war bekannt. Jules Verne dachte 1865 noch an ein überdimensioniertes Kanonengeschoß, um den Trabanten zu erreichen, nennt aber bereits eine Fluchtgeschwindigkeit von 11,2 Kilometern pro Sekunde, die ein Flugkörper braucht, um die Anziehungskraft der Erde zu verlassen.

An eine Rakete denkt Verne noch nicht. Diesen Gedanken arbeitet Hermann Oberth aus. Der sogenannte »Vater der modernen Raketentechnik« veröffentlicht 1923 die Theorie der Raumfahrt in seinem Buch »Die Rakete zu den Planetenräumen«.

Aber es dauert bis zum Jahre1942, als von Peenemünde an der Ostsee aus eine V-2-Rakete mit der Geschwindigkeit Mach 5 eine Gipfelhöhe von 85 Kilometern erreicht. Mit dem Forschungschef Wernher von Braun und anderen Wissenschaftlern wandert dann nach Kriegsende, nicht ganz unfreiwillig, das komplette deutsche Raketenwissen in die USA. Aber der erste Schritt in eine ganz neue Welt der nautischen Navigation ist gemacht. Auch wenn ersteinmal die Raketen an Zielsicherheit und an Höhe gewinnen müssen.

Freunde von gestern sind oft die Feinde von morgen, und nach diesem Motto zerstreiten sich sofort nach Kriegsende die Westalliierten mit der Sowjetunion: Es kann nur Einen geben. Wer wird's? Der dritte Akt beginnt.

Die Amerikaner gründen ihre Weltraumorganisation NASA (National Aeronautics and Space Administration), und Wernher von Braun entwickelt weiter. Denn eines ist klar: spätestens seit der V 1 und der V 2 war den Militärs beider Seiten des Kalten Krieges lange vor dem SDI-Star-Wars-Programm der achtziger Jahre den USA bewußt, daß die Rakete die Waffe von morgen sein und womöglich der Weltraum Kampfplatz, zumindest Feuerstellung sein könnte.

Die Mühen des begnadeten Forschungs-Managers lassen im September 1956 eine Jupiter-Rakete mit einer Nutzlast 5 300 Kilometer weit in einer Höhe von 1 000 Kilometern fliegen. Konkurrenz belebt das Geschäft. Ein Jahr später meldet der UdSSR-Staatschef Nikita Chrutschtschow, seine Fernrakete habe 6 000 Kilometer zurückgelegt. Der Raketenwettlauf ist in vollem Gange. Er gilt nicht allein der Raumfahrt, sondern auch der Entwicklung der Interkontinentalraketen.

Es ist ein Tag im Oktober des Jahres 1957, der die USA völlig überrascht und ungeahnte Kräfte freisetzen wird: Am 4. Oktober schickt die UdSSR einen Satelliten in die Erdumlaufbahn: Sputnik 1, mit einer Masse von 83,6 Kilogramm, genug, um zum Beispiel einen Sender und Kameras zu tragen.

Der Sender ist an Bord. Er führt zu einer Erkenntnis, die die Navigation auf völlig neue Füße stellt. Physiker der John Hopkins-Universität merken, daß die Funksignale des Sputniks bei dessen Passagen zu Dopplerverschiebungen führen. Frank T. McClure vom Fachbereich Applied Physics Laboratory schließ daraus messerscharf: Wenn die Bahndaten eines künstlichen Satelliten genau bekannt sind, läßt sich die Dopplermessung zur Positionsbestimmung auf der Erde benutzen. Den Dopplereffekt kennt jeder: Wenn ein Auto am menschlichen Ohr vorbeirauscht, ändert sich – scheinbar – die Tonhöhe seiner Geräusche.

Die Messung des Dopplereffekts ist der Schlüssel. Sofort wird der Gedanke geboren, dieser Erkenntnis Taten folgen zu lassen. Der Chief of Naval Operations der US Navy schaltet sich ein, und am 13. April 1960 startet der erste Navigationssatellit vom US-Raumfahrtzentrum Cape Canaveral in Florida: TRANSIT I B meldet sich.

Der Zweck ist natürlich erstmal militärisch: Die Trägheitsnavigationen der nuklearen U-Boote sollen mit Hilfe dieses Navy Navigation Satellite System, kurz NNSS, beim Auftauchen auf Antennentauchtiefe jeweils auf den richtigen Stand gebracht werden. Ende der sechzigerJahre geben die USA das Verfahren auch für die zivile Schiffahrt frei. Und weil Not erfinderisch macht, zieht die UdSSR sofort nach. Sie entwickelt ein System, bei dem Satelliten im Erdabstand von 1 100 Kilometer über die Pole fliegen.

Auch diesseits des Weltraums schreitet die Navigationstechnik nach dem Kriege offensichtlich voran. Bekannte Instrumente und Geräte werden ständig verbessert, ganze Radarnetze werden aufgebaut. Zum Beispiel in Liverpool. Noch sind die Briten in der Seefahrt ein Gewicht. 1948 nehmen sie in der grauen Hafenstadt das Hafen-Radar in Betrieb. 1951 folgt das niederländische Ymuiden.

Ab 1950 werden neben DECCA-Geräten auch die ersten Radar-Anlagen auf deutschen Schiffen eingebaut. Ab 1953 sehen die deutschen Navigatoren mehr, und Deutschland darf sich wieder freier auf den Meeren bewegen: In diesem Jahr wird das Eisenbahnfährschiff DEUTSCHLAND in Dienst gestellt, auf der Brücke findet der Navigator 10- und 3-cm-Radar, DECCA und Sichtfunkpeiler. Deutsche Firmen dürfen in Lizenz amerikanische und britische Radargeräte kopieren.

Es sind nicht nur die ersten Urlauber, die seit Mitte der Fünfziger im eigenen Auto den Weg über die Alpen in das Land ihrer Sehnsucht Italien finden. Auch den Schiffen wird das Fahren in Deutschland leichtgemacht: 1958 wird die Elbe von Cuxhaven bis Hamburg mit einer Landradarkette aufgerüstet. Von jetzt an ist auch bei übelster Sicht dank der Radarberatung von Land eine risikofreie Anreise der Hansestadt möglich. Zwei Jahre vorher war das True-Motion-Radar auf den Markt gekommen.

Und wieder lassen sich die US-Militärs etwas einfallen: Mit dem Sperry Mark 19 installieren sie 1960 den ersten horizontstabilisierten Kreiselkompaß auf ihren Navy-Schiffen, den Vorläufer der späteren Trägheits-Navigationsanlagen. Das Prinzip hatten sie sich über den NASA-Mann und vorherigen Peenemünde-Chef Wernher von Braun aus Deutschland besorgt. Der entwickelte mit der V 2 das Patent eines gewissen Dr. Reisch weiter, der sich schon 1941 die Idee für eine einachsige Trägheitsortung mittels indirekter Überwachung hatte sichern lassen.

Der Funkpeiler wird ebenfalls verbessert, 1961. Gonio-Funkpeiler messen das elektrische Feld der Empfangsantenne. Sie übertragen das Minimum jetzt ohne Drehen der Antenne auf das Anzeigegerät. Ein Jahr vorher schloß die Collins Radio Company in Iowa/USA die Entwicklung des Allwetter-Radio-Sextanten ab: Das kreiselstabilisierte Gerät erlaubt es, die Sonnenhöhe auch bei bedecktem Himmel zu messen.

Die Sechziger werden das Jahrzehnt der großen Hoffnungen. Der US-Präsident John F. Kennedy verkündet nach seiner Wahl den Aufbruch zu den New Frontiers und gibt das Ziel der US-Weltraumfahrt vor: In diesem Jahrzehnt landet ein Mensch auf dem Mond.

Ersteinmal aber wird geübt. Im Dezember 1958 war schon der erste US-Nachrichtensatellit Score aufgestiegen, Pioneer V steuert 1960 die Venus an. Aber wieder werden die USA von der Sowjetunion blamiert: Juri Gagarin umrundet im April 1961 in einer Höhe von 327 Kilometern als erster Mensch im Weltraum die Erde in seiner Kapsel Wostok 1 und landet am vorhergesehenen Ort in Sibierien: ein Barvourstück der Navigation.

Während die USA mit ihren Raumkapseln Hopser mit 1980 Kilometern Gipfelhöhe vollführen, lassen die UdSSR ihren Piloten Titow im August 1961 17mal die Erde umkreisen. Erst 1962 umkreist John Glenn dreimal die Erde als erster Amerikaner in einer Kapsel, die »Friendship« heißt, »Freundschaft«. Damals hieß jede zweite Straße in der DDR Straße der Freundschaft. Man war sich näher als man dachte.

Daß noch viele Raketen für den Sieg im Wettlauf um den Mond fliegen müssen, dessen war sich auch ein Kennedy bewußt. Aber am 21. Juli 1969 betreten die US-Amerikaner Armstrong und Aldrin den Mond. Die US-Raumfahrt hat ein Niveau an Präzision und Zuverlässigkeit erreicht, das Anlaß zu den schönsten Hoffnungen gibt, zum Beispiel endlich die Entdeckung zu nutzen, daß Satelliten sich hervorragend für ein Navigations-System eignen.

Aber noch ist es nicht soweit, der entscheidende Schritt noch nicht getan. Noch besteht der Fortschritt einzig darin, Bekanntes weiter zu perfektionieren. Es tritt auf INA. Die Intergrierte Navigations-Anlage verdankt sich der Einsicht, daß Systeme und Verfahren jeweils einzeln ihre Stärken und Schwächen haben. Wie überall die Stärken nutzen? Die automatische Auswertung unterschiedlicher Positionssysteme und Kurs- und Fahrtwerte, so der Gedanke, sollte diese Frage beantworten. Rechnergestützte und zum Optimum, z.B. nach Kalman gefilterte Werte sind einzelnen Verfahren überlegen. Seit Ende der sechziger entwickeln Ingenieure die Integration der Verfahren, die mit der integrierten Brücke von heute jedoch noch nichts zu tun hat.

Wieder fährt das Militär vornweg. Ab Mitte der siebziger Jahre kommt eine perfekte INA auf den Fragatten vom Typ 122 zum Einsatz. Das Bundesministerium für Forschung und Technologie fördert die Entwicklung für die christliche Seefahrt mit einem Programm unter dem Titel SdZ, Schiff der Zukunft.

Seit 1971 nutzen deutsche Handelsschiffe jedoch schon das erste Satellitensystem, die TRANSIT-Technik aus dem Jahre 1960. In dieser Zeit, ab 1972, wird vereinzelt das Omega-System auf deutschen Schiffen installiert, 1974 kommen die ersten LORAN C-Geräte. Ein klarer Schritt auf der Stelle.

Eine Firma für Lagerstättenforschung in Hannover ist da schon viel weiter. 1974 gönnt das Ministerium dem deutschen Forschungsschiff METEOR die Anlage dieser Firma, die zum Beispiel am präzisen Wiederauffinden von Manganknollen-Feldern interessiert ist. Das System heißt INDAS: Integriertes Navigationssystem mit Datenerfassung und automatischer Schiffssteuerung. Eine feine Sache, wenn man bedenkt, daß Bill Gates damals noch zur Schule ging und noch nicht einmal der Volkscomputer von Commodore erfunden war.

INA ist Ausdruck einer prekären Situation: Es sind viele, zu viele Systeme in Gebrauch und teilweise auch an Bord. Die USA allein unterhalten Anfang der siebziger Jahre rund 40

Elektrisches Selbststeuer, 1965.
Raytheon / Anschütz

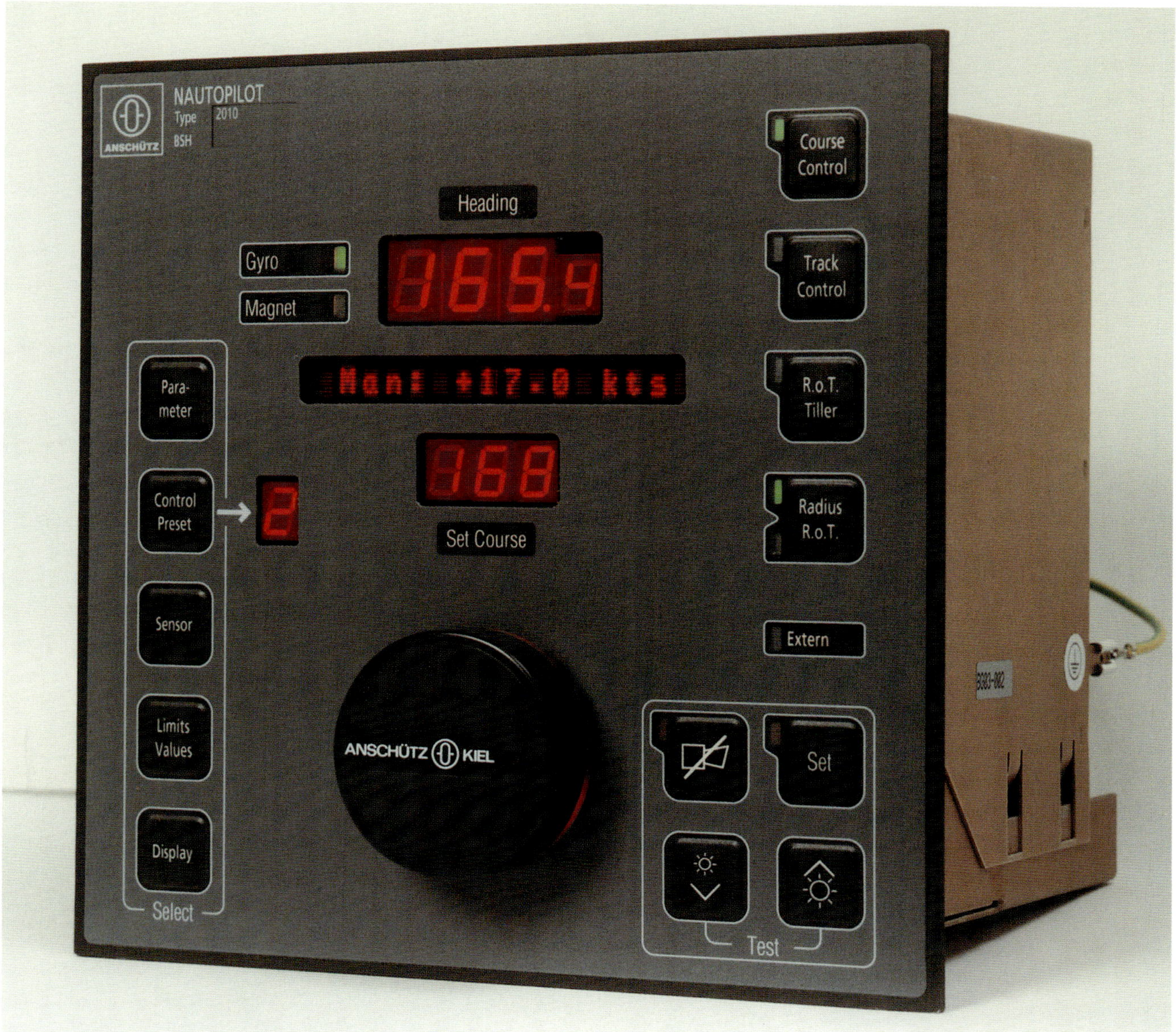

Autopilot Nautopilot, 1997.
Raytheon / Anschütz

verschiedene Systeme und Verfahren. Die zu reduzieren, darauf käme es an.

Der Lockruf des Navigations-Goldes kommt aus den USA. Klar ist dem Pentagon immer noch: Wenn es gelingt, das perfekte Navigationssytem zu entwickeln, dann liegen auf dem Weg zur unumschränkten Weltmacht keine Steine mehr. 1973 vergibt das US-Verteidigungsministerium, Department of Defense, in diesem fünfeckigen Bau in Washington den Auftrag, ein völlig neues System mit Navigationssatelliten zu finden. Es soll von Anfang an, immerhin, auch der zivilen Schiffahrt 24 Stunden zur Verfügung stehen. Der Name: NAVSTAR GPS, Navigation System with Time and Ranging, Global Positioning System.

Zuerst machen sich die Amerikaner daran, ein System mit fünf Satelliten auf die Beine zu stellen, die in etwa 1 000 Kilometern Höhe die Erde umkreisten: NAVSAT. Es steht ab 1980 zur Verfügung und ist das erste Satelliten-Navigationssystem überhaupt. Auch NAVSAT. nutzt den Dopplereffekt der Satellitensignale und ist bis 100 Meter genau. Aber schade: Die Position des Schiffes läßt sich nur zum Zeitpunkt des Satellitendurchgangs ermitteln. NAVSAT. ist kein 24-Stunden-System.

Da ist GPS schon von anderem Kaliber. Die Planung sieht vor, 24 Satelliten in sechs Bahnen zu je vier Satelliten in etwa 20 000 Kilometern kreisen zu lassen. Die Revolution in der Navigation ist da.

Auch das GPS mißt Laufzeiten, wie die landgestützten Hyperbelsysteme, aber die Zeiten des Zeit-Signals vom Satelliten zum Schiff. Da der Empfänger an Bord die Position des Satelli-

Navisat-Satellitennavigationsempfänger für das Transit-Satellit-System, aus der Anfangszeit der Satellitennavigation, um 1985.
C. Plath

ten erkennt, kann er die Entfernung errechnen. Da GPS jedoch als dreidimensionales System, also auch für die Luftfahrt geplant wurde, mißt der Empfänger als Standlinie eine Kugeloberfläche mit dem Mittelpunkt-Satellit. Es muß ein zweiter Satellit gemessen werden.

Die Entfernungsmessung zweier Satelliten ergibt eine Kreisfläche, als seien zwei Tomaten aneinandergedrückt worden. Anders: als sei außen jeweils eine Scheibe abgeschnitten worden, und sie seien an den Schnittstellen zusammengedrückt. Auf diesem Kreis muß das Schiff irgendwo stehen. Da das Schiff aber auf der Oberfläche der »Tomate« mit Meereshöhe Null fährt, kann sein Ort nur dort sein, wo der Kreis die Oberfläche der Tomate = Erde berührt. Mißt der Empfänger drei Satelliten, ergibt sich ein sicherer Ort nach Länge und Breite. Ein Vierter Satellit ist allein aus praktischen Gründen notwendig: Die Funkwellen der drei Satelliten laufen so schnell, daß ein vierter die Bezugszeit liefern muß.

GPS ist ein ziemlich elegantes System. Denn die Entwicklung der Rechner- und Chiptechnik bringt es mit sich, das ein GPS-Empfänger nicht nur alle paar Sekunden die aktuelle Position auf ein Display zaubert. Er rechnet ständig zwischen den verschiedenen Orten den Kurs über Grund aus, und da er von Hause aus den Zeitfaktor berücksichtigt, auch die Geschwindigkeit über Grund. Der Navigator kann für die ganze Passage Wegepunkte programmieren. Ist ein solcher Wegepunkt erreicht, gibt der Empfänger den Kurs und die Entfernung zum nächsten Wegepunkt an. Sollte das Schiff nicht auf Kurs liegen, wird der Fehler berechnet. Ein mit dem Steuerruder gekoppelter GPS-Empfänger führt ein Schiff im Idealfall von ganz allein in seinen Zielhafen.

1979 erst beginnen die USA mit der sogenannten full scale development phase des GPS. Von Anfang an gestanden die USA der zivilen Schiffahrt zwar die Nutzung des GPS zu, aber erfunden wurde das System dennoch nicht nur, um Schiffe, sondern auch Militärflugzeuge und Marschflugkörper metergenau über und ins Ziel zu bringen. Und es ist natürlich auch eine große Navigationskunst, Raketen im Welt-

Navipilot V HSC, Selbsteuer für schnelle Schiffe, 1997.
C. Plath

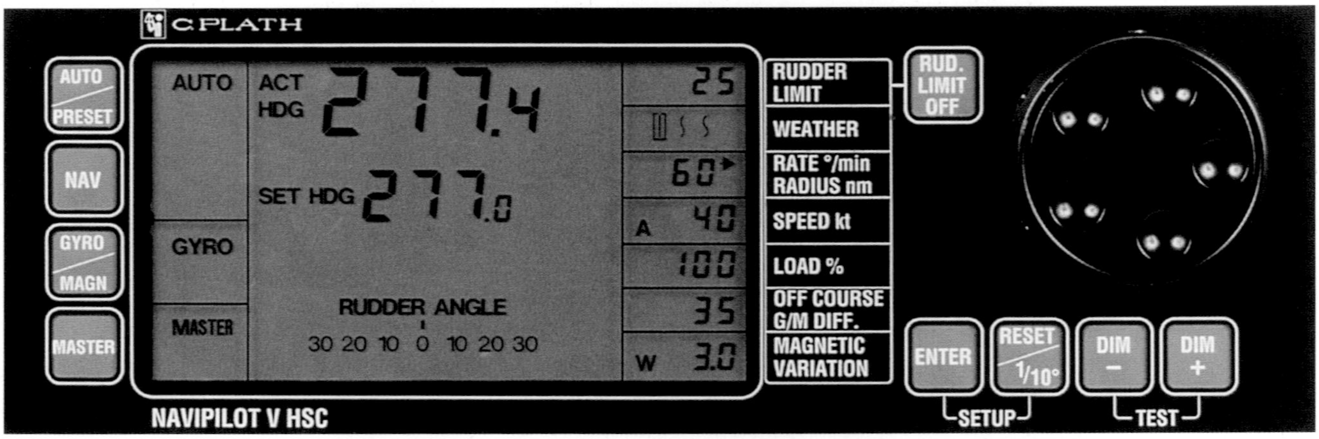

raum zu stationieren, die von dort aus Ziele auf der Erde ansteuern, eine Planung der achtziger-Jahre. Es gibt in den letzten beiden Jahrzehnten zwei Ereignisse, die wiederum den Satz belegen, wer genau navigieren kann, ist Weltmacht.

Aber: quod licet iovi, non licet bovi – was Jupiter darf, darf der Ochse noch lange nicht. Zivile Empfänger erhalten künstlich verschlechterte Signale und können den militärischen P-Code auf der Frequenz L2 (1 227,60 MHz) nicht nutzen. Ganz frühe GPS-Besitzer berichten noch von einer Genauigkeit der zivilen Frequenz L1 (1 575,42 MHz) von 30 bis 40 Metern und besser. Aber die Genauigkeit dieses C/A-Signals wurde absichtlich von den USA reduziert. Wer mit einem zivilen Empfänger 100 Meter kalkuliert, der liegt in etwa richtig.

Aber es gibt ja noch DGPS, das Differential-GPS. Dieses Verfahren nutzt das zivile, verkürzte GPS-System und stellt durch Vergleichsmessungen mit erdgebundenen Referenzstationen die Ungenauigkeit fest, korrigiert sie und liefert einen Wert, der auch im zivilen Bereich etwa zehn Zentimeter genau sein kann. Die Überlegenheit des militärischen Systems wird dadurch jedoch nur dort angetastet, wo die Referenzstationen stehen. Auf hoher See versagt DGPS. Die Sender reichen nur 200 Seemeilen weit.

Die Geschichte der Navigation, das sei wiederholt, ist immer auch Weltgeschichte. Mit dem ersten Menschen im Weltall ist die Sowjetunion noch schneller als die USA, bei der Mondlandung schon nicht mehr. Die Sowjetunion baut lieber Raumstationen, die später als fliegende Schrotthaufen eine traurige Existenz fristen.

Mit dem GLONASS-System (Global Navigation Satellite System), einer GPS-Kopie, liegt die UdSSR fast zehn Jahre zurück. Im Oktober 1982 startet sie die ersten Satelliten eines ebenfalls auf 24 Satelliten geplanten Netzes. Auch GLONASS sendet auf zwei Frequenzen, be-

Kreiselkompaß Navigat IX mit Selbsteueranlage Navipilot II und verschiedenen Bedien- und Anzeigegeräten, 80er Jahre.
C. Plath

nutzt aber, anders als GPS, Hochfrequenzkanäle. Die Empfänger unterscheiden die einzelnen Satelliten an den Kanalnummern. Die Treffsicherheit des zivilen GLONASS liegt bei 30 Metern. GLONASS hat nicht nur in der Genauigkeit Vorteile. Die getrennten Kanäle für jeden Satelliten machen es unempfindlicher gegen ionosphärische Störungen. Aber als die USA die Hohe Schule beherrschen, ihr SDI-System interstellarer Raketen einzurichten, gibt die Sowjetunion ihre Existenz auf. Ende des dritten Aktes.

Der Nachfolgestaat Rußland entwickelt das System weiter. 1996 wird es funktionsfähig, aber es fehlt das Geld, alle Satelliten auf Position zu bringen. Erst 15 sind oben, mit einer Haltbarkeit von drei Jahren. Die USA statteten ihre Trabanten mit einer Lebensdauer von zehn bis zwölf Jahren aus.

Aber Rettung naht. Die internationale Schiffahrtsorganisation IMO (International Maritime Organisation, arbeitet seit 1958 in London) will GPS und GLONASS miteinander verknüpfen und nennt das doppelt gehäkelte Netz GNSS: Global Navigation Satellite System. Die Satelliten-Navigation würde unabhängig von einem Betreiber funktionieren, könnte die Vorteile beider Systeme nutzen, läßt den USA ihren Militär-Code und kann DGPS in vielen Fällen ersetzen. Aber die Entwicklung steht buchstäblich in den Sternen. Beide arbeiten mit unterschiedlichen Koordinatensystemen: GPS nutzt das World Geodetic system von 1984, GLONASS arbeitet mit dem Sovjet Geocentric System von 1985/90. Auch die Zeitrechnung ist eine Klippe: UTC muß ein GNSS-Gerät mit der Moskau-Zeit auf einen Nenner bringen.

Sieg der Satelliten

Die GPS-Anwendungen heute sind umfangreicher als die militärischen geworden. Wanderer tragen ein Hand-GPS in der Hosentasche, Autos steuern mit einem Straßen-Navigationssystem im Armaturenbrett die richtige Adresse an. Die Sportschiffahrt nutzt GPS schon seit langem, und die Landvermessung kommt ohne dieses Verfahren auch nicht mehr aus. GPS ist Element von Komponenten-Zulieferung in der Industrie geworden und von Lagerhaltung. Denn mit GPS lassen sich Lastwagen genauso orten wie – Container. Die werden heute an Bord und im Hafen schon mit GPS verwaltet. GPS ist also auch nützlich für den ruhenden Verkehr. Ganz deutlich wird das bei der dynamischen Positionierung: ankern ohne Eisen. Das Dynamic Positioning System DPS hilft Yachten, die Sonnenliege in die richtige Richtung zu rücken und Bohrinsel-Versorgern, auch bei großer Wassertiefe und grober See immer auf einem Fleck liegen zu bleiben. Und für die wurde es ursprünglich auch erfunden, abgesehen mal wieder von militärischen Zwecken. Denn eine Fregatte verliert einfach zuviel Zeit, wenn ein Einsatzbefehl kommt, und sie muß erst noch den Anker hieven und die Kettenspülung anwerfen und und ...

Die DPS-Elektronik arbeitet auf Ruder, Propeller und Querstrahler. An einmal gewählten Positionen und Kompaßrichtungen hält sie eisern fest. DPS ist auch eine Art Servolenkung für Schiffe, auch beim Anlegen. Positionierungssysteme nutzen DGPS. Dazu kommen Sensoren zur Messung der vertikalen Ebene: Kreiselkompasse, die Gier-, Roll- und Stampfbewegungen in den dynamischen Standort einfließen lassen. Dopplerlogge, um die Fahrt über Grund zu messen. Der Kreisbogen nämlich, den eine im Mast sitzende GPS-Antenne beim Rollen beschreibt, zieht Standortungenauigkeiten von mehreren Metern nach sich. Die müssen Kreisel und Log kompensieren. Um Fehlsignale und elektronische Störungen zu eliminieren, nutzt DPS Kalmanfilter. Die füllen Meßlücken und ersetzen schlechte Daten durch gemittelte alte, die ohne Störungen gemessen wurden. Im dynamischen Positionierungsmodus wird ein Schiff so gehalten, als sei es verankert. Die norwegische Firma Simrad zum Beispiel rüstet Schiffe mit diesem Zaubermittel aus.

Schön, wenn dann auch ein elektronisches Seekartensystem an Bord ist. Auf der gläsernen Karte kann der Mann am Ruder, das heute aus einem Joystick besteht, den Umriß des Schiffes erkennen in Relation zur Nord-Süd-Richtung, auch in Relation zur Pier. Den Steuerknüppel zu bedienen ist dann keine große Kunst mehr. Wenn der Rudergänger will, kann er auf einem in die Karte eingeklinkten Fenster verfolgen, wie die Positionsautomatik arbeitet: Ruderwinkel verändern und Balkenfelder füllen oder leeren sich.

Das Fenster zeigt die Stellung der Hauptruder, mit wieviel Kraft die Propeller schieben, wie herum die Propeller drehen, mit wieviel Kraft und zu welcher Seite die Querstrahler arbeiten. Zwingend nötig ist das nicht, beeindruckt aber ungemein.

Von Satelliten unabhängige, bordautonome Geräte werden ebenfalls weiterentwickelt. 1996 stellte die Firma C. Plath auf der Hamburger Messe Schiff-Maschine-Meerestechnik SMS einen faseroptischen Kreiselkompaß vor, der mit drei Faserkreiseln arbeitet. Die Faserspulen messen die Erddrehung. Mit Hilfe von elektronischen Libellen und eines Kalman-Filters errechnet der Elektronik-Block kontinuierlich die Nordrichtung, die Roll-, Gier- und Stampfwinkel. Das Ziel ist offensichtlich ein »gyro on the chip«.

Wenn dann die Genauigkeit der Navigation eines Tages bei plus minus zwei Zentimetern liegt, dann weiß jedoch der Seemann auf einem 200 Meter langen Schiff, daß das allein ein Triumph der Technik und der Ingenieure ist. Für ihn hat das auf einem Massengutfrachter oder auf einem Container-Riesen keine Bedeutung. Zehn Meter reichen allemal.

Wohl aber schätzt er die Sicherheit. Auch die stützt sich in immer größerem Maße auf Satellitentechnik. Ein neues Funk- und Seenotsystem soll den Seefunk ablösen. Eine Entwicklung, der schon Norddeich-Radio zum Opfer fiel. Nicht mehr Mayday-Sprüche sollen fortan die Retter alarmieren, sondern automatisch gesendete, von Satelliten aufgefaßte und zu den Maritime Rescue Coordination Center MRCC weitergeleitete Daten, wie zum Beispiel die Position. Der Name des dazu nötigen weltumspannenden Apparates bereichert die Welt der Abkürzungen: GMDSS steht für Global Maritime Distress and Safety System. Mit dem GMDSS jedoch hat die Seefahrt bisher Erfahrungen gemacht, die den Elektronik-Skeptikern Munition geben.

Die Kommunikation auf See hat sich verändert. Das ist eine der Voraussetzungen für dieses neue Sicherheitssystem. Satelliten ersetzen als elektronische Schaltstellen nicht nur die landgestützten Navigationssysteme, sondern auch den Seefunk. Drahtverhaue an Schiffsmasten haben

Kommunikationsanlage für den Fahrtbereich A2 (erweiterte Küstenfahrt), 1998.
Raytheon / Anschütz

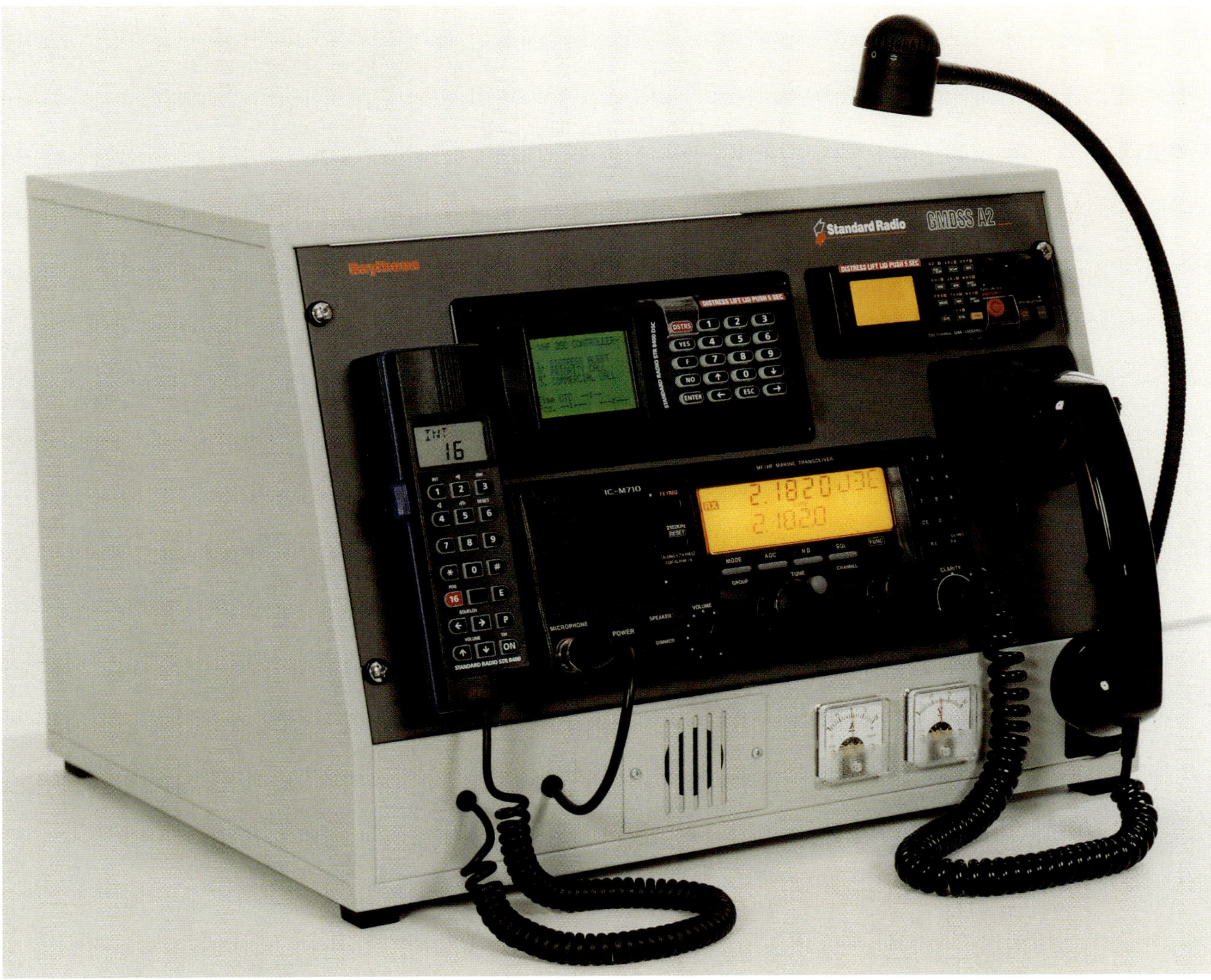

ausgedient. Schnellbewegliche Antennenspiegel treten an ihre Stelle: INMARSAT. Diese Abkürzung wiederum steht für Internationale Maritime-Satellitenkommunikation.

Es war im Jahre 1979, als die seefahrenden Nationen ihren Handelsflotten ein »zukünftiges weltweites Seenot- und Sicherheitsfunksystem« verschrieben, um mit künstlichen Himmelskörpern als Funkrelais jeden Punkt der Erde von jedem anderen funktechnisch zu erreichen. Moderne Kommunikationstechnik benutzt Frequenzen im Gigahertz-Bereich. Deren extrem kurze Wellen breiten sich geradlinig aus und folgen nicht der Erdkrümmung. INMARSAT braucht Spiegel im All und Spiegel auf den Schiffen. Die Antennenspiegel auf den Schiffen verwenden Satelliten als Reflektoren, um auch hinter der Kimm fahrende Telefonteilnehmer zu erreichen und auch, um hinter dem Horizont stehende TV-Sender zu empfangen. Ganz wichtig für Kreuzfahrtschiffe.

Die Schiffsantenne erhält permanent Navigationsdaten vom Schiffsrechner. Standlinien gibt ihr der Schiffselektroniker bereits während der Installation ein, danach koppelt sie selbsttätig weiter. Diese Parabolantennen bündeln hochfrequente Funkstrahlen extrem scharf und richten sie auf den Satelliten. Die scharfe Bündelung spart Energie und liefert auch eine äußerst exakte Zielpeilung. Das ist nicht leicht auf einem fahrenden Schiff. Die Antenne muß Standort, Kurs, Fahrt und Schiffsbewegungen berücksichtigen. Sendeverstärker und Empfangsumsetzer bringen die Ingenieure gleichermaßen im kugeligen Antennengehäuse, dem Radom, unter, so daß eine INMARSAT-Seefunkstelle unter Deck nur aus Telefon- und Faxterminal besteht. Da ist gewichtige Nachführmechanik mit elektronischen Kreiselsystemen gefragt.

INMARSAT überträgt Sprache, Text und Daten mittels eines weltweit einheitlichen Standards. Alle wichtigen Staaten treten 1979 der INMARSAT-Vereinigung bei. Sie betreibt seitdem Satelliten, die geostationär in 36 000 Kilometern Höhe über dem Atlantik, dem Pazifik und dem Indischen Ozean stehen.

Zum System gehören nicht nur die Bordanlagen und die Satelliten, sondern auch Erdfunkstationen als Kupplungsstellen zwischen Satelliten- und Land-Telekommunikation. INMARSAT bietet mehrere Möglichkeiten: Das A-System für uneingeschränkte Kommunikation telefoniert, faxt, telext, verschickt Videos und Fotos. Es ist auf Handelsschiffen und Kreuzfahrern zu Hause, arbeitet analog und kann 9 600 Bits pro Sekunde übertragen. Das B-System bietet den gleichen Service, aber digital, das heißt, daß es effektiver mit Bandbreite, Leistung und Übertragungsrate umgeht. Das E-System konzipierte die Staatengemeinschaft ausschließlich für den Seenotfall, der zum Unglück auch heute noch eintreten kann, trotz aller raffinierter Navigationstechnik.

Wie schwer es ist, komplexe Satellitensysteme zu handhaben, dafür sind INMARSAT und das Rettungssystem GMDSS ein treffliches Beispiel. Neubauten erhalten schon seit Jahren diesen Nothelfer. Aber 1998 protokollieren die Rettungsleitstellen immer noch Fehlermeldungen von 99 Prozent, »weil man dem anfangs als Alarmapparat konzipierten System im Laufe der Jahre immer mehr und letztlich den gesamten Seefunkverkehr aufgebürdet hat«. So sagen Kenner. Das System, so erklären sie, ist durch zweckentfremdente Integration vieler Verkehrssysteme und durch Rationalisierungen zu komplex geworden. Ein Phyrrus-Sieg der Satellitentechnik.

Fahrensleute meinen, GMDSS sei an den Bedürfnissen vorbeikonstruiert. Aber ein Zurück gibt es nicht. Seit Februar 1999 müssen Schiffe mit bezahlter Crew mit GMDSS-angepaßtem Gerät ausgerüstet sein. Ärgerlich ist eben nur, daß der verordnete Digital Selective Call – Abkürzung DSC – ein altbewährtes und beliebtes Verfahren nicht kennt: das Anpreien auf Kanal 16 per UKW mit der, natürlich nicht ganz ernst gemeinten Frage: »Können Sie mir sagen, wo wir sind?« Der moderne Seefunker muß darum ein Schiffsregister mit den Telefonnummern aller vorbeifahrenden Schiffe an Bord haben. Aber die IMO, die International Maritime Organisation, hat die Übergangsfrist verlängert.

GMDSS repräsentiert den letzten Stand der Schiffstechnik im Punkt Kommunikation, soll retten, wenn die Navigation versagt oder das Schiff havariert. Es zeigt aber auch die Grenzen einer Entwicklung, die sich zu sehr auf komplexe Elektronik verläßt.

Alles automatisch – Von der integrierten Brücke bis zur Zukunft

Die Brücke eines modernen Schiffes wirkt heute wie ein Jet-Cockpit: bunt flimmern Bildschirme, Digitalanzeigen blinken. Und von einem Steuerrad ist nichts mehr zu sehen. Wohin führt die Reise der Navigationskunst?

Die Welt auf dem Display – Die integrierte Brücke

Die Elbe zeigt ihr typisches Herbstgesicht. Ein Containerfrachter, nennen wir ihn »Joystick Carrier«, verläßt den Hamburger Hafen Richtung offene See. Auf Kurs hält ihn ein Navigationssystem, das aus der Schiffsbrücke ein Elektronengehirn macht: NACOS, ein Beispiel für modernste Brückentechnik und auch schon wieder eine respektheischende Abkürzung. Sie steht für Navigation and Command System. NACOS ist Teil von IBS: dem Integrated Bridge System.

Es ist eben nicht mehr der Kompaß mit großer feingezeichneter und womöglich verzierter Rose und auch nicht mehr das Steuerrad, das die Atmosphäre einer modernen Brükke bestimmt. Das Rad hängt bestenfalls als Erinnerung an der Wand der Offiziersmesse. Bildschirmstationen mit Trackball- und Touchscreen-Funktionen machen heute das Flair des Fahrstandes aus. Letzte Reminiszenz an vergangene Zeiten: »Joystick Carrier« hat, oh Wunder, noch einen Kartentisch, für den äußersten Notfall und zum Abstellen der Tasse Kaffee.

Ansonsten übernehmen integrierte Navigationssysteme das Kommando. IBS erlaubt eine vollautomatische Steuerung aller Schiffsysteme von einem Bildschirm aus. Den Kapitän versetzt diese Technik in die Lage, durch schwieriges Wasser zu navigieren und gleichzeitig auch alle technischen Bordsysteme zu überwachen.

»Joystick carrier« fährt zum Beispiel mit dem System NACOS des Bremer Herstellers STN Atlas Marine Electronics. Es unterlegt das Radarbild mit einer elektronischen Karte und spielt die Daten unterschiedlichster Schiffsfunktionen ein. Es nutzt den Standort, die eingegebenen Wegpunkte, den Kurs, die Geschwindigkeit, Drehkreisradius, Ruderlage, Drift, Versetzung durch Strömungen, Wind, Wassertiefe und sogar die Propellerdrehzahl für eine perfekte Navigation.

Auf der gläsernen Bildschirmkarte erkennt der Kapitän nicht nur den eigenen Standort auf der Elbe oder sonstwo auf der Welt. Kurs, Drift und Fahrt seines Schiffes kann er sehen, die Ufer, die Seezeichen, und dank der Kombination mit Radar kann er seine Schiffsposition auch im Verhältnis zu anderen Schiffen ablesen. Und das nicht in Form von komplexen Zahlen, sondern analog auf dem Bildschirm, wie mit dem Finger im Shell-Atlas.

Integrierte Brückensysteme können noch mehr. Zu ihnen gehört selbstredend auch ein Autopilot, der das Schiff auf vorgegebenem Kurs hält. Aber anders als konventionelle Selbststeueranlagen berücksichtigen die neuen auch Strom und Wind und schließen eine unfreiwillige Versetzung aus. Hier, in Landnähe, kommt auch das übergenaue DGPS zum Einsatz, das Differential-GPS, mit einer Genauigkeit von besser als zehn Metern. Der Automat korrigiert permanent die Stellung des Ruders und hält das Schiff auf dem vorgegebenen Kurs.

Auf hoher See programmiert der Navigator Wegpunkte, und zwar immer dann, wenn Kursänderungen nötig werden. In Küstennähe programmiert er Distanzen nach dem abzufahrenden Radarbild. Das System ist außerdem so klug, bei auftretenden Hindernissen, zum Beispiel die eigene Fahrtrichtung kreuzenden anderen Carriern Vorschläge zur Umschiffung des Problems zu machen. Der Kapitän kann mit dem Joystick eingreifen. Für die Zeit des Ausweichmanövers übersteuert der Stick den Automaten in Handarbeit. Anschließend bringt

Oben:
Kartenplotter Nautoplot, 1987.
Raytheon / Anschütz

Rechts:
Elektronische Seekarte ECDIS, 1995.
Raytheon / Anschütz

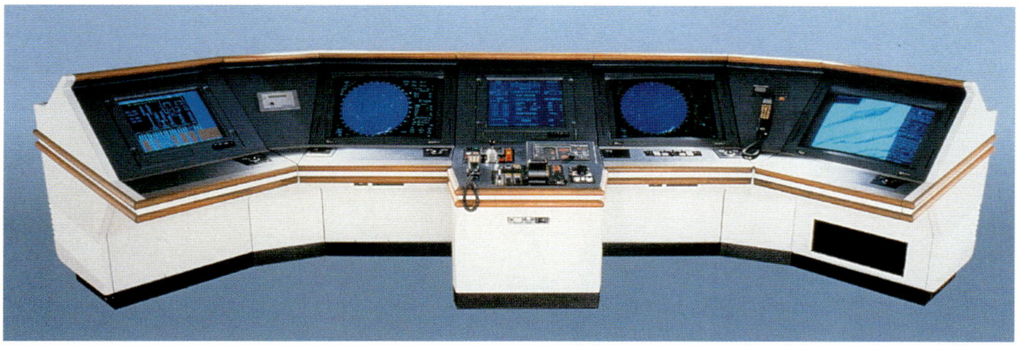

Integrierte Brücke, 1998.
C. Plath

der die »Joystick Carrier« wieder auf Kurs. Captain Cook hätte gestaunt, Magellan vor Freude geweint.

Am Rande des Bildschirms und gelegentlich auch auf einem zweiten kann der Chef des Schiffes alle möglichen anderen Funktionen ablesen, für die die Ingenieure der Werft Geber und Sensoren eingebaut haben: die Maschinen- und Antriebsfunktionen mit allen Drehzahlen und Temperaturen. Die Liste dieser Funktionen ist heute beliebig erweiterbar.

Da gibt es zum Beispiel das System ISIS 2500 von der Firma Litton C. Plath. Das ist ein »Alarm, Monitoring, Control and Condition«-System zur Maschinenüberwachung. Es erkennt Fehler schon im Anfangsstadium, warnt und verhindert größeres Mißgeschick.

Es gibt noch weitere Abkürzungen, hinter denen wahre Wunderwerke der Navigationstechnik stecken. Nehmen wir ECDIS. Dieses Kürzel steht für Electronic Chart and Information System. ECDIS versorgt den Radarschirm mit der für das Fahrtgebiet zuständigen Seekarte und macht aus dem für Laien zum Beispiel völlig rätselhaften Radarbild den Shell-Atlas. Radar und die Satelliten-Navigation über GPS synchronisieren laufend die Karte und das Radarbild, aktualisieren die Küstenlinien – wie zum Beispiel jetzt, querab von Glückstadt – und lassen das Schiff metergenau über den Bildschirm, pardon, die Elbe, fahren.

Die Elbe ist heute voll wie immer. Vorn, achteraus, überall reger Verkehr. Der Kapitän, nennen wir ihn Käpt'n Blaubär, zeigt, was seine integrierte Brücke noch leisten kann: Er »trackt« die anderen Schiffe. Wenn Blaubär die Radar-Echos der anderen Schiffe mit einem Marker belegt, »fahren« sie auf dem Bildschirm. Ferdinand Braun und seiner Kathodenstrahlröhre sei es gedankt.

Die wird übrigens immer häufiger von LCD-Flachbildschirmen ersetzt. Auch der »Joystick Carrier«, erst 1999 in Dienst gestellt, hat einen solchen Flachmann im Ruderhaus. Auf ihm gesellt sich jetzt zu den etwa zwanzig Radarkontakten ein Problemfall. Ein Querläufer kommt ins Bild und schiebt sich vor die Vorauslinie. Bevor Blaubär anfängt nachzudenken, macht ihn eine Stimme aus dem Lautsprecher auf den Leichtsinnigen aufmerksam. Vieleicht wird ein Manöver fällig: wieder Handarbeit für den Käpt'n. Der Kursrechner bietet bereits mehrere Ausweichkurse an. Blaubärs Rückenmuskeln spannen sich. Aber der Kontakt dreht ab. Bald kommt Brunsbüttel.

Auf der fast 50 Meter langen einmastigen Segelyacht HYPERION hat sich der Eigner übrigens in seinem Schlafzimmer einen LCD-Flachbildschirm von der Größe einer Schreibtischplatte einbauen lassen, mit der Kontrolle des letzten Betriebszustandes inklusive Weinvorrat. So kann er sich durch seine Flaschen navigieren, je nach Lust und Laune. Aber Yachten sind eine eigene, sehr verrückte Abteilung in der Geschichte der Navigation. Heute sind oft sie es, wie am Beispiel HYPERION zu sehen, die die Entwicklungen vorantreiben, neben den Marinen, versteht sich.

In jedem Falle aber bedeutet die integrierte Brücke das Ende der Kartenwelt, des papierenen Universums, der Gutenberg-Galaxy an Bord.

Ausbildung heute – Das Institut für Schiffsbetrieb, Seeverkehr und Simulation in Hamburg

Wie sieht die Zukunft der Seefahrt aus? Fachleute sprechen von automatischer Schiffsrouten-Einhaltung, vollautomatische Containerortung- und Positionierung an Bord und an Land. Vom menschenleeren, satellitengesteuerten Schiff ist schon seit einiger Zeit die Rede. Ob es je fahren wird, sei dahingestellt.

Navigationsschule an der Bernhard-Nocht-Straße. Aufnahme von Johann und Heinrich Hamann.
Landesmedienzentrum

Aber selbst wenn: Es muß dann immer noch von Land aus gesteuert und navigiert werden. Auch das vollautomatische Schiff wird einen Kapitän haben. Wie auch immer die Entwicklung aussehen wird, sie verlangt immer besser ausgebildete und qualifiziertere Schiffsführungen. Darauf stellt sich auch die Ausbildung ein. »Professionalität, nautische und technische Qualifikation in Verbindung mit Managementqualitäten und großer praktischer Erfahrung«, das, so sagen die Hamburger vom Institut für Schiffsbetrieb, Seeverkehr und Simulation ISSUS, zeichnet ihre Ausbildung aus.

Nach acht Semestern Regelstudienzeit verläßt ein Diplom-Ingenieur für Schiffsbetrieb das Hamburger Institut, mit doppelter Qualifikation für den nautischen und den Maschinen-Betrieb, auf hohem wissenschaftlichem Standard, weltweit einsetzbar und weltweit gefragt. Die Absolventen sind fähig, Schiffe aller Art, Größe und Maschinenleistungen in allen Fahrtgebieten der Welt zu führen, unter deutscher wie unter fremder Flagge. »Führungspositionen im Gesamtschiffsbetrieb (als Kapitän auf Großer Fahrt, als Schiffsoffizier oder als Schiffsingenieur) stehen ihnen ebenso offen wie schifffahrtsnahe Tätigkeitsbereiche an Land.«

Die Hamburger Seefahrtausbildung begreift das Schiff als »Teil einer internationalen und multimodalen Transportkette«. Das Ausbildungsmodell intergriert ein breites Spektrum an Fächern. Von der Steuermanns- und Ingenieurs-Ausbildung alter Schule hat es sich weit entfernt. Welche Parameter heute eine Rolle für eine qualifizierte Schiffsführung spielen, läßt sich an den Lehrfächern ablesen:

- Integriertes Schiffsmanagemant
- Seeverkehrstechnik
- Logistik und Umschlagtechnik
- Schiffs- und Anlagenbetriebstechnik
- Navigation
- Umweltbedingungen (inkl. Wettter und Klima)
- Seemannschaft
- Schiffahrtsrecht
- Kommunikation und Telematik
- Hafen und Wasserstraßenentwurf
- Seeverkehrswirtschaft

– Sicherheits- und Zuverlässigkeitstechnik
– Simulation

Für den Laien dürfte die Simulation das Aufregendste sein. Denn was und wie hier simuliert wird, das zu erfahren ist eine Reise an die Elbe und einen Besuch des ISSUS wert.

Exkurs: Plötzlich wackelt die Wand.

Die Schaltstelle eines Schiffes steckt heute voller Elektronik. In Hamburg lernt der Seemann, sie zu bedienen.

Frage von der Brücke: »Querabstand achtern, bitte.« Antwort: »150« und »kommt schnell näher«. Wenige Minuten später der Bescheid: »Vorn 20. Wurfleine ist an Land.« Ein Frachtschiff wird angelegt. 150, das heißt 150 Meter Abstand des Hecks vom Kai. Der wird geringer, und auch den Bug zieht der Offizier mit dem Bugstrahlruder immer dichter an die Mauer. Und wenn die erste Wurfleine für die Festmachertrossen 20 Meter weit an Land geflogen ist, dann ist das Manöver so gut wie abgeschlossen.

Fragen und Antworten geben sich Offizier und Bootsmann jedoch nicht in einem Hafen, sondern in seiner Nähe, genauer: im Simulationszentrum SUSAN des Instituts für Schiffsbetrieb, Seeverkehr und Simulation ISSUS an der Hamburger Elbchaussee. Der Offizier steht am Steuerpult in einem Stahlkasten, der Bootsmann in einem Kontrollraum hinter dieser künstlichen, simulierten Brücke, in einem bunkerähnlichen gelben Klinkerflachbau, hoch und trocken an Land. Die Elbe fließt unter uns in ihrem Tal und ist von hier aus gar nicht zu sehen.

Der Ausbilder spielt den Bootsmann und genießt am Kontrollmonitor eine überlegene Perspektive. Auf seinem Bildschirm zeichnet sich in der Vogelschau genau ab, welche Folgen die Manöver des Offiziers haben. Der ist Student der Hamburger Fachhochschule und seine Bewegungen an den Fahrthebeln bewegen einen fingergroßen Frachter. Was immer er tut, schreibt der SUSAN-Rechner hier auf: 0,9 Knoten Geschwindigkeit des Hecks Richtung Ufer, mit 0,1 Knoten nähert sich der Bug.

Außenansicht von ISSUS.
ISSUS

Kreiselkompaß Anschütz Standard 4, 1954.
Raytheon / Anschütz

Die Offiziers-Studenten können freilich auch nicht klagen. Ihre Position auf dem simulierten Frachter hat deutlich Schauwerte. Und die sind zumindest an Größe einem PC-Monitor haushoch überlegen. Der Rundblick nach dem Anlegemanöver zeigt eine beeindruckende maritime Kulisse: Kai, Kräne, Lagerschuppen, andere Schiffe.

Wir laufen aus in die Elbmündung, um zu erleben, was SUSAN kann. Ersteinmal das Kommando: »Festmacher los.« Ohne dieses Kommando bleibt ein Frachter nämlich an der Kaimaier kleben. Auch der Simulator legt mit Festmachern nicht ab, es sei denn, er bringt sie zum Zerreißen, was der Seemann brechen nennt. »Die Bruchlast der Festmacher läßt sich einstellen.« Backbord von unserem vorderen Mast taucht ein Containerschiff auf. Wie unendlich lang so ein Schiff von hier oben aus ist. Ein Schlepper läuft querab, lächerlich winzig. Der Hafen bleibt zurück. Wir fahren Richtung Nordsee. Rechts an Steuerbord gleitet eine rote Fahrwassertonne an uns vorbei.

Wie ist diese Illusion möglich? Außerhalb des Stahlkastens werfen Röhrenprojektoren die Bilder eines Hafenrunds mit Kai, Kränen und anderen Schiffen auf eine weißgestrichene Rotunde. Die Scheiben der SUSAN-Brücke reflektieren die Bilder stilisiert und ein wenig unwirklich, aber maßstabgerecht exakt in die Kommandozentrale. Jede Bewegung der Fahrthebel setzen die Projektoren in Bewegungen des HOLMEN CARRIER um.

Ein wenig Seegang gefällig? Das Schiff beginnt zu stampfen, neigt den Bug und steigt wieder. Nach ein paar Minuten stellen sich Seebeine ein, leicht knicken die Knie bei jeder Bewegung ein. Die Erinnerung an die kugelförmigen 3D-Kinos auf Rummelplätzen wird wach, in denen sich die Zuschauer kreischend den Illusionen von Auffahrunfällen und Achterbahnfahrten hingeben. Als ob das alles nicht genug wäre, beginnen die Bodenplatten unter den Füßen plötzlich zu vibrieren. Täuschend echt imitieren sie die Schiffsschwingungen bei laufenden Maschinen.

Und dann gesellt sich plötzlich die Rollbewegung dazu: leicht wiegt sich der Frachter zur Seite und zurück. Wiegt sich der Frachter? Na klar. Daß hier eine fein gesteuerte Hydraulik den stählernen Brückenkasten auf Trab hält, ist schon längst vergessen.

Das simulierte Schiff ist heute Nachmittag die HOLMEN CARRIER, ein Roll-on-roll-off-Schiff von 140 Metern Länge. Als es fest vertäut ist, liegt es auf den Koordinaten 53 Grad und 51,842 Minuten Nord und 08 Grad und 43,307 Minuten Ost. Wo das ist? »Cuxhaven«, heißt die Antwort der Controller, die sich nach dem perfekten Studenten-Manöver ersteinmal wieder einen Kaffee eingeschenkt haben.

Die Nautik-Jünger könnten auch mit der BARBER TAIFUN unterwegs sein, einem Ro-Ro-Schiff von 210 Meter Länge. Und es muß auch nicht immer Elbe sein. Fünfzehn Seegebiete stehen dem Simulator als »digitalisierte Landschaften zur Verfügung. Dabei sind die Gewässer vor Newcastle in Australien, die Nordseite der Singapurstraße, die Deutsche Bucht, die südliche Nordsee von Rotterdam bis kurz vor Dover und eine ausgedachte Landschaft: Kanalland getauft, mit allen Problemen für die Studenten gespickt, die Kanäle bieten.

Durch diese künstlichen Nautik-Welten steuern sich die ISSUS-Studenten im Simulator mit einer Brücke von modernstem Zuschnitt, dem »Letzten Schrei von STN«, wie der Hersteller

Links:
Faseroptischer Kreiselkompaß Navigat 2100 HSC, 1996.
C. Plath

Unten:
Konventioneller Kreiselkompaß mit digitaler Steuerung Navigat X MK I 1997.
C. Plath

heißt. Groß wie ein halber Kürbis hängt der Kompaß an der Decke. Dahinter leuchten riesig rot die Zahlen für Kurs und Geschwindigleit. Großformatige Monitore zeigen Radarbilder und elektronische Seekarten. An beiden Seiten leuchten auf Bildschirmen die Betriebszustände der Antriebe, Druck, Drehzahl. Vor den Monitoren blinken Lampen, Tasten. Fahrthebel für die Maschinen, Bug- und Heckstrahlruder laden den Laien zum Spielen ein.

Und die Trommel mit dem Griff? »Das ist der Joystick«, ein voller Ersatz für Ruder und Fahrthebel. Dank des Joysticks kann eine Hand Richtung und Geschwindigkeit des Schiffes bestimmen. Er sieht zwar erheblich robuster aus, wirkt aber wie eine Computermaus. Das Rad für das Ruder ist übrigens nur noch so groß wie ein Bierdeckel.

Die Brücke ist heute unbestritten Herz und Hirn der Schiffsführung. Früher war sie nur Hirn. Hier wurde navigiert, hier wurden die Entscheidungen getroffen. Aber den Antrieb des Schiffes, das Herz, das steuerte der Ingenieur unten im Bauch des Schiffes, lästernd von den Nautikern »Fettkeller« genannt. Der Ingenieur bekam seine Anweisungen über den Maschinentelegraphen. Wer kennt nicht die senkrecht stehende Trommel mit den Schriftzügen vor und

Steuerstand mit Kreiselkompaß,
Selbststeuer und Handsteuer, 80er Jahre.
C. Plath

zurück, langsame, halbe und volle, gar äußerste Fahrt, die Trommel, die nicht nur im Film immer klingelt, wenn der Kapitän am Hebel zieht. Der Maschinentelegraph ist tot. Und jetzt kommt er, der Begriff »integrierte Brücke«. Nicht nur die Nautik, auch die Technik der Maschine wird heute vom haushoch über dem Wasser schwebenden Kommandostand gesteuert.

Das hat Folgen für die Führung des Schiffes, Folgen für die Offiziere und ihre Ausbildung. Denn eine integrierte Brücke braucht den integrierten Offizier. Darum bilden die Hamburger keine Nautiker aus und auch keine Ingenieure, sondern den Schiffsbetriebsoffizier. Und der kann alles, ist überall einsetzbar, unten im Keller und im Obergeschoß. ISSUS-Studenten werden mit einem nautischen Patent und mit einem Diplom für ihre maritime Zukunft gerüstet. Wer bei ISSUS ablegt, ist Diplom-Ingenieur für Schiffsbetrieb.

Aber dieser Begriff von Integration sei noch zu eng gefaßt, ergänzt Holger Stoltenberg, der technische Leiter der Simulationsanlage. Denn die Integration erfaßt nicht nur die Struktur der Brücke, sondern auch die der technischen Instrumente. Schon läßt sich das Radarbild auf einem einzigen Monitor auf das Bild der elektronischen Seekarte legen. Die zeigt dank GPS den genauen Standort des Schiffes, das Radar seine Umgebung.

Aber das Schiff liegt gar nicht auf diesen hinter dem Komma dreistellig genauen Koordinaten, nur die Antenne seines GPS, seines satellitengesteuerten Global Positioning System. Und diese Antenne kann sonstwo auf einem Schiff stehen, das 250 Meter lang und länger sein kann. Ein auf zehn Meter genau arbeitendes GPS bildet den Standort der Antenne, nicht den des Schiffes ab. Und die Radar-Antenne ist mit der des GPS nicht identisch, steht wenigstens ein paar Meter daneben. Bewegt sich das Schiff, wandern die beiden Standorte aufeinander zu, entfernen, umkreisen sich. Enorm ist der Aufwand, um diese beiden Meßwerte miteinander zu koordinieren, sie auf einem Bildschirm zu integrieren.

Wenn die ISSUS-Lehrer es darauf anlegen, können sie die Schiffsführungsqualitäten der Studenten übrigens auch mit einem veritablen Orkan überprüfen, Sturmgeheul inklusive. Dem Reporter bleibt das erspart. Aber er begreift: Ein nautisches 3D-Kino mit Dolby-Surround, eine Scharlatanerie wie »Der Krieg der Sterne« im Kinosessel ist nichts gegen SUSAN.

Steuerstand Compilot 2, 1960.
Raytheon/Anschütz

Letzte Warnung

Die Probleme der terrestrischen Navigation scheinen an ihr Ende gekommen zu sein. Plus minus zehn Zentimeter: Das ist heute ein möglicher wahrer Ort auf dem winzigen Planeten Erde. Wovon alle Seefahrer träumten, das ist zwar nicht auf allen Schiffen wirklich, aber möglich. Schade: Nicht alles, was möglich ist, wird wirklich. Hinter der Perfektion lauern Gefahren.

Erfahrene Science Fiction-Leser wissen: Über die Zukunft nachzudenken, das schwankt stets zwischen Scharlatanerie, simpler Verlängerung schon vorhandener Kenntnisse und einer gewissen Melancholie, einer merkwürdigen Traurigkeit. Wie haben sie sich nicht alle geirrt, die Futurologen. Wie zum Beispiel ein Herman Kahn, der Ende der sechziger die unglaublichsten Voraussagen machte. Wenn es nach dem Mann gegangen wäre, säßen wir heutzutage

abends am Grunde des Pazifik an der Bar eines Unterwasser-Hotels, um am nächsten Morgen auf dem Mars unserem Broterwerb nachzugehen. Er redete über das Jahr 2000, als sei es eine riesige Brain-Party.

Wahrscheinlicher ist vielmehr eines: In einem irgendwann wieder einmal zu schreibenden Buch der Geschichte der Navigation – etwa mit dem Titel: »Hamburg bildet seit 300 Jahren wackere Seeleute aus« – wird ein Kapitel wie der Teil 5 dieses Buches bestenfalls eine Fußnote, vielleicht sogar, wenn es hoch kommt, zwanzig Textzeilen einnehmen. In dem Sinne: »Damals erfanden Menschen Satelliten, schickten sie in den Orbit, und ließen Bordempfänger den Standort errechnen.« GPS und GLONASS sind eben nur die erste Generation einer Entwicklung, die wir nicht abschätzen können.

Darauf, daß stets Strom an Bord ist, läßt sich zu Recht vertrauen. Trotzdem sind angesichts der Entwicklung Bedenken erlaubt. Im GPS zum Beispiel steckt nicht nur eine früher nie für mögliche gehaltene Präzision und Eleganz, sondern auch die Kraft der Verführung. Daß ein GPS ausfällt, ist wenig wahrscheinlich. Durch ein zweites Gerät an Bord kann der Navigator solchen Havarien Paroli bieten. Wohl aber kam es vor, daß GPS zu Servicezwecken abgeschaltet wurde. Und nicht wenige Navigatoren rechneten im Golfkrieg damit, daß die USA das System abschalten würden, um ganz allein die freie Hand der Navigations-Präzision zu haben. Möglich ist auch, daß militärische Gegner GPS und auch GLONASS stören.

Was bleibt, ist die Einsicht, sich nicht allein von der Elektronik abhängig zu machen. Jedes Schiff sollte auch ohne Satelliten-Unterstützung sicher in einen Hafen kommen können. Hier, als Sicherheitsfaktoren, spielen sie dann wieder eine Rolle, der Sextant, die nautischen Tafeln, Seekarten – und ein Navigator, der mit diesen altertümlichen Gerätschaften auch umgehen kann.

GEBAUT BEI HDW

sse 123 Fregatte

Forschung im Schiffbau

Open-Top-Feederschiff

Passagierschiff
MS Deutschland

Schiffskesselbau

U-Boot der
Dolphin Klasse

0 FEU Reeferschiffe, erste Fast Ferry Sektion

Passagierschiffeinrichtung

5.200 TEU Containerschiff

Schiffbau Innovationen

HDW – seit über 160 Jahren erste Adresse für außergewöhnlichen Schiffbau. Heute ist HDW ein Hightech-Unternehmen für den richtungsweisenden Bau von luxuriösen Passagierschiffen, schnellen Fähr- und Feederschiffen, den weltgrößten Open-Top-Reeferschiffen sowie Containerschiffen und LNG-Tankern für ein neues Millenium.

Und: HDW ist eine der weltführenden Spezialwerften für anspruchsvolle Marineschiffbautechnologie über- und unter Wasser.

HDW: Die Zukunft Heute

HDW

HOWALDTSWERKE-DEUTSCHE WERFT AG

Postfach 6309 · D-24124 Kiel · Telefon: (0431) 700-0 · Fax: (0431) 700-2312
http://www.hdw.de